国外科技期刊典型案例研究

中国科协学会服务中心　主编

科学出版社
北京

内 容 简 介

《国外科技期刊典型案例研究》结合世界科技发展历程梳理国际科技期刊的4个发展阶段，提出并论证计量学表现前5%的一流科技期刊标准，对世界一流科技期刊发展态势进行整体分析；精心遴选能够代表基础科学、工程科学和医学3大类的11种世界一流科技期刊，从其发展历程、组织运营、主编编委、内容建设等多个角度开展系统研究，凝练其主要特征和成功经验，进而分析当前中国建设世界一流科技期刊所面临的机遇与挑战，并提出相应的对策和建议，以期为我国科技期刊从业人员、科技出版管理人员和科研人员提供参考。

图书在版编目（CIP）数据

国外科技期刊典型案例研究/中国科协学会服务中心主编. —北京：科学出版社，2019.9

ISBN 978-7-03-062229-7

I.①国… II.①中… III. ①科技期刊－出版工作－案例－世界
IV. ①G237.5

中国版本图书馆 CIP 数据核字(2019)第 183998 号

责任编辑：闫　群 / 责任校对：刘凤英
责任印制：关山飞 / 封面设计：杨东海

科 学 出 版 社 出版
北京东黄城根北街 16 号
邮政编码：100717
http://www.sciencep.com
北京科信印刷有限公司 印刷
科学出版社发行　　各地新华书店经销
*
2019 年 9 月第 一 版　　开本：720×1000 B5
2019 年 9 月第一次印刷　　印张：17
字数：270 000
定价：**98.00** 元
（如有印装质量问题，我社负责调换）

前　　言

2018 年 11 月 14 日，中央全面深化改革委员会第五次会议通过了《关于深化改革培育世界一流科技期刊的意见》，会议强调："科技期刊传承人类文明，荟萃科学发现，引领科技发展，直接体现国家科技竞争力和文化软实力。要以建设世界一流科技期刊为目标，科学编制重点建设期刊目录，做精做强一批基础和传统优势领域期刊。"

2019 年 7 月 24 日，中国科协、中宣部、教育部、科技部联合印发《关于深化改革培育世界一流科技期刊的意见》（以下简称《意见》），意见明确了我国科技期刊的发展目标，提出了实现一流期刊建设目标的措施和途径，将以中国科技期刊卓越行动计划为统领，着力提升科技期刊专业管理能力，着力提升科技期刊出版市场运营能力，着力提升科技期刊国际竞争能力，全力推进数字化、专业化、集团化、国际化进程，构建开放创新、协同融合、世界一流的中国科技期刊体系。

为了配合《意见》出台和相关工作的落实，中国科协学会服务中心针对世界一流期刊建设，从国际科技期刊的发展态势，一流期刊的概念以及发展历程，到学会如何办刊等多个层面开展了多项研究课题。本书即"国外科技期刊发展战略及国际一流科技期刊建设模式案例研究"课题的成果。课题从战略的高度，分析国内外一流科技期刊的具体案例，梳理归纳可借鉴的操作模式，提出具有较强示范带动作用的典型经验，为我国建设世界一流科技期刊提供可借鉴、能复制、易推广的创新经验。课题组利用案例调研与科学计量学相结合的方法，不仅开展了世界一流科技期刊的定量标准研究，为建设方案的编制提供数据化的目标，更是基于国际科技期刊的发展历程以及当前的态势，从基础科学、医学和工程技术三个方向遴选了 11 种国际一流期刊，从其发展历程、组织运营、主编编委、内容建设等多个角度开展了系统性的案例研究，研究成果最终形成本书。

本书由中国科协学会服务中心主编，《中国学术期刊（光盘版）》电子杂志社有限公司所属中国科学文献计量评价研究中心承担具体研究并执笔完成。研究方向和框架由肖宏、伍军红设计规划；第一章执笔人徐婉桢、赵一方，第二章执笔人孙隽、赵一方，第三章执笔人邵兰、郝舸、崔红霞和王艺繁，第四章执笔人邵兰、汤丽云和赵聪聪，第五章执笔人赵一方、黄岑；第六章执笔人肖宏、赵一方、汤丽云和伍军红；总体审校伍军红、肖宏。所选案例各有特色，但涉及具体细节特色的材料受时间限制很难完整收集，课题组虽努力调研，但限于水平和材料，仅能从有限的角度进行研究，难免存在问题或遗憾，不足之处尚请读者指正。

编　者

2019 年 8 月

目　　录

第一章

国际科技期刊的
发展历程与态势

第一节　科技期刊发展的四个历史阶段

科技期刊与科学技术发展相互促进,并行贯穿于历次科技革命和产业变革之中。在科技发展进程中,世界科学中心的变迁对科技期刊的发展也有显著影响。自 1665 年科技期刊首先在欧洲问世以来,到现在历经了三百五十余年的发展历程,探究科技期刊在不同时期的发展形态,大概可分为四个不同的历史时期:第一个是伴随启蒙时代的开始直至第一次工业革命的初创期,时间范围大致由 17 世纪中期至 19 世纪中期,众多学科的第一种期刊相继于此二百年间创刊发行;第二个是贯穿电气革命至物理学革命的发展期,时间范围从 19 世纪中期至 20 世纪中期,在此过程中,现代科技期刊与科学及学术共同体共同成长,不仅专业期刊大量涌现,同时也出现了文摘索引类期刊;第三个是随着信息时代逐步到来的繁荣期,时间阶段为 20 世纪的下半叶,科技期刊不仅从交流方式上基本替代了以往的书籍和通信,同时成为和平年代表征国家科技竞争力的基础指标;第四个是互联网革命以来的转型期,整个科技期刊行业在短短的十几年中在全球化的背景下,相继迎来了数字化、互联网化、移动化、智能化的时代浪潮,发表的学术内容更加多元、丰富和精彩,出版服务的模式更加多样和灵活,同时依托作者、读者和评审者以及编辑构成学术共同体所承载的话语权和评价权更加强化。沿着四个时代划分的时间线(图 1-1),我们将依次介绍科技期刊的四个时期作为本书的开端。

图 1-1　科技期刊发展的四个历史时期

一、初创期：启蒙时代伴生初创时期

在科技期刊问世之前，限于当时的物质条件和传播技术，科学家们的研究成果主要有三种呈现和交流方式：以书籍形式出版、出席学术协会组织的会议和学者之间个人信件交流。但是，公开出版的书籍出版时间较长，学术会议传播范围小，信件不具有公开性和公正性，有限的媒介方式严重地限制了科学成果的传播与交流。

公元 14 至 16 世纪，欧洲的文艺复兴极大地解放了人们的思想，促使欧洲从以神为中心过渡到以人为中心的文明时代。它提倡科学方法和实验，唤醒了人们的积极进取精神、创造精神以及科学实验精神。新兴资产阶级开始积极寻求政治解放，大力兴办教育，欧洲从一个中世纪的神权时代转向冒险和充满活力的人文时代。16 世纪中叶之后，出现了大量的科学社团，学术活动十分活跃，为科技期刊的创办奠定了政治与文化基础。

1450 年，德国人约翰·古腾堡制成了铅、锡、锑合金的活字，有了欧洲的活字印刷术，带来了一次交流媒介革命。活字印刷术和新式印刷机的出现，改变了手工抄写图书的媒介方式，成为信息和知识传播的新工具，为不久之后出现的科技期刊提供了关键的物质条件。在欧洲科学技术蓬勃发展的背景下，出于空前增强的学术成果记录、传播与交流需求，借助于新式印刷机带来的信息和知识传播方式的改变，科技期刊应运而生。

诞生初期的科技期刊也伴随着欧洲地区一场重要的知识文化运动——启蒙运动，或者说科技期刊诞生在启蒙时代。这是一个理性的时代，相信理性发展知识可以解决人类实际存在的基本问题。如果说文艺复兴提倡的是人文主义精神，为科技期刊的产生奠定了政治与文化基础，那么启蒙运动所倡导的理性主义精神，力图以经验加理性思考建立独立知识体系的方式，则为科技期刊的诞生提供了土壤与滋养，而科技期刊本身就是启蒙运动的象征之一，同时其刊行的科技知识彻底将欧洲送入了现代文明发展的轨道，两者呈现出了相生相伴的背景特征。

世界上第一种科技期刊，是 1665 年 1 月法国议院参事戴·萨罗（Denys de Sallo）在巴黎创办的 *Journal des Scavans*（《学者杂志》）。其内容是向读者报道一些新书出版动态、目次和文摘，也发表一些解释自然现象的物理、化学和解剖学实验，以及气象观测记录数据等，其办刊宗旨为：满足我们的好奇心和不用花费多大气力就能学到东西的一种手段。可见它的办刊目的并不是用于学术交流。仅仅 2 个月后，1665 年 3 月 6 日，世界上第一种真正用于学术交流的科技期刊——英国皇家学会的 *Philosophical Transactions*（《哲学汇刊》）诞生于伦敦，从此开启了科技期刊的发展历程。*Philosophical Transactions* 在创办之初发表的内容就包括物理学、天文学、动物学、金属学、航海等多个领域，牛顿、李斯特、麦克斯韦等十几位科学巨匠在该刊发表过具有重要意义的论文，是世界上连续办刊时间最长的科技期刊。

Journal des Scavans 和 *Philosophical Transactions* 问世以来，由于能及时报道科学上的最新发现，又能在更广泛的范围内传播和交流，很快引起了科技界的重视，各国的科学社团开始纷纷效仿出版。但是诞生初期的科技期刊数量并不多，普莱斯在 1961 年的研究中指出，1750 年世界科技期刊数量只有 10 种左右。

从内容上看，启蒙时代的科技期刊刊登内容广泛，几乎囊括了自然哲学方面的全部知识，但其刊登的论文缺乏严格的论证和理论推导，形式上多为一些观察报告或实验说明，专业化程度不高。从编辑团队角度来看，启蒙时代的科技期刊没有专职的编辑人员，大多由科学家兼职做编辑工作，如 *Philosophical Transactions* 的创始人、第一任主编奥尔登伯格是一位优秀的语言学家、文学家，同时是英国皇家学会的第一任秘书，其主要工作是学会的秘书工作。这一时期的科技期刊兼有传播交流和科技信息存储作用，但后者是主要的。

18 世纪 60 年代，第一次工业革命（又称产业革命）从英国发起并逐渐向西欧大陆和北美传播。产业革命从本质上说是人类使用动力的一次大飞跃，以蒸汽机作为动力机被广泛使用为标志，机械作为新的动力来源取代了人力和畜力，提高了各行各业的工作效率，改变了人们方方面面的生活。

在 1785 年瓦特改良蒸汽机，开启产业革命的序幕之后，新发明层出不穷：1807年富尔顿发明蒸汽船，运输业开始迈进蒸汽时代；1825 年史蒂芬森发明火车，开启了铁路运输的历史；1793 年美国人惠特尼制造出轧棉机，大大提高了美国的棉花产量等。在各种新发明不断涌现的同时，也向科学界提出了大量急需解决的工程技术性问题，这一时期，西欧和北美的科学技术得到了较快发展，特别是英国，由于率先完成工业革命，在较长的一段时间内，一直处于世界的科技中心。

科学的大发展产生了大量的研究成果和一系列的发表、交流与学习需求，助推了科技期刊的发展。同时，以蒸汽船和火车为代表的运输业的变革加快了期刊的发行与传播速度，可以说，工业革命带来的欧洲经济社会的繁荣是科技期刊发展的有力保障。

到 19 世纪中叶，全世界科技期刊的数量发展到 1000 种左右。这一时期科技期刊的种类也有所丰富，许多国家出版了通讯、通报类期刊，这类期刊出版周期短，主要反映有关学科的动态、经验、成果，便于抢占科学发明的首创权。此外，还出现了以"进展""年评""述评"为名的综述类期刊和年鉴类期刊，前者按研究内容将发表在不同刊物上的成果综合起来并加以分析，后者主要报道某一领域当年的重大事件或发现。

与启蒙时代的综合类期刊不同，第一次工业革命之后的科技期刊专业化程度有所提高。科学的发展以及与生产的紧密结合，促使科学本身分化成一个个相对独立的方法论体系，如基础科学分化成物理学、化学、生物学、天文学、地质学等学科。科学家们开始在较窄的领域进行科学研究和探索，由于交流的需要，科学学会、协会等团体不断产生，随之而来的是科技期刊的专业化，有许多世界知名的专业期刊就是在这一时期创办的，如：

1790 年，德国 *Journal der Physik*（《物理学杂志》）创刊，并最终更名 *Annalen der Physik*（《物理学年鉴》），是世界上历史最悠久的物理学期刊。

1823 年，世界上第一种医学期刊 *The Lancet*（《柳叶刀》）在英国创刊。

1830 年，世界上第一种地质学期刊 *Bulletin de la Société Géologique de France*（《法国地质学会通报》）创刊。

1830 年，英国伦敦动物学会（Zoological Society of London）创办了世界上第一种动物学期刊 *Journal of Zoology*（《动物学杂志》）。

虽然创办于同一时期，但是这些专业期刊在后来的命运并不相同，表 1-1 列出了《期刊引证报告》（Journal Citation Reports，JCR）发布的四种期刊在 2018 年的影响因子及学科排名情况，可以看出，它们在当今的影响力差距还是比较大的。以创刊较早的 *Annalen der Physik* 和 *The Lancet* 为例，在第二次世界大战以前，*Annalen der Physik* 在物理学界期刊地位非常高，一些改变 20 世纪物理学面貌的论文最初都是发表在此刊上的。例如，1905 年发表了爱因斯坦的论文《论动体的电动力学》，标志着狭义相对论的创立。但是第二次世界大战之后随着世界科技中心转向美国，*Annalen der Physik* 的影响力逐渐下降，目前只位于国际物理学类期刊的第二梯队中，2018 年影响因子仅有 2.267。而 *The Lancet* 随着英国率先完成工业革命而成为世界霸主，并受到第二次世界大战之后英语成为主流科学语言的有力驱动，逐渐成长为世界顶尖的医学类期刊。*The Lancet* 2018 年影响因子 59.102，在 JCR 报道的世界范围内 160 种综合医学类期刊中排名第二，仅次于 *The New England Journal of Medicine*（《新英格兰医学杂志》，NEJM）。

表 1-1　早期代表性专业期刊当今的影响力

刊名	ISSN	学科	2018 年影响因子	学科排名
Annalen der Physik	0003-4916	Physics, Multidisciplinary	2.267	29/81
The Lancet	0140-6736	Medicine, General & Internal	59.102	2/160
Bulletin de la Société Géologique de France	0037-9409	Geosciences, Multidisciplinary	1.053	165/196
Journal of Zoology	0952-8369	Zoology	1.676	45/170

二、发展期：电气革命塑造基本格局

19 世纪 60 年代后期，以德国人西门子制成发电机为标志，第二次工业革命开始，电力开始成为补充和取代以蒸汽为动力的新能源。随后，电灯、电车、电影放映机相继问世，人类进入了"电气时代"。

除电器的广泛应用外，内燃机的创新和使用、电讯事业的发展也是第二次工业革命的重要标志。内燃机的创新和使用，解决了交通工具的发动机问题，引起了交通运输领域的革命性变革。19 世纪 80 年代，德国人卡尔·本茨成功地制成了第一辆用汽油内燃机驱动的汽车；1903 年，美国莱特兄弟制造的飞机试飞成功。科学技术的进步也带动了电讯事业的发展，19 世纪 70 年代，美国人贝尔发明了电话；19 世纪 90 年代，意大利人马可尼试验无线电报取得了成功。新型交通方式和通讯方式的出现极大地推动了社会生产力的发展，让人类彼此之间的距离迅速缩短，世界逐渐成为一个整体。

这一时期科学知识逐渐国际化，科学上的发现和发明一旦在某种刊物上被发表，便不再受地域、语言、文化的限制，成为全人类共享的资源。同时，科学已基本职业化和体制化，大学教师和私人企业实验室中的科学家是两支主要的科学家角色。如 19 世纪末，德国的大学转变为新型的以实验研究为主的大学，形成了由教授领导的实验室以及与教学直接联系在一起的研究所。随着电气革命带来的社会生产和生活方式的重大变革，以及科学的国际化、职业化、体制化，世界科技期刊也进入了快速成长的发展时期。不仅当前耳熟能详的大刊是在此期间创刊，同时整个科技期刊的现代格局基本是在发展期奠定。我们大致总结了发展期的四项特征，现分别叙述如下。

（一）专业学会办刊

普莱斯在 1961 年的研究中指出，从 1750 年开始，世界科技期刊的数量以每半个世纪 10 倍的速度增长，到 1950 年已达 60000 种左右。随着学科的进一步细化，科技期刊报道的内容专业性增强。同时，从 19 世纪中叶开始，一些专业技术人员从科学家的队伍中分离出来，成立了工程师和技术学协会。这一时期，科技学协会大量涌现，是创办和出版科技期刊的主体。如英国皇家化学会的前身化学协会（Chemical Society）于 1841 年创立，并出版了 *Memoirs of the Chemical Society of London*，即后来大名鼎鼎的 *Journal of the Chemical Society*（《英国化学会志》）。美国于 1876 年成立美国化学会（American Chemical Society，ACS），并于 1879 年创办 *Journal of the American Chemical Society*（《美国化学会志》，简称 JACS）。美国化学会目前共出版期刊 52 种，旗下 JACS 是化学领域内重要的学术刊物，根据 JCR 的统计数据可知，JACS 是化学领域内被引用最多的期刊，2018 年影响因子为 14.695。这是化学一级学科的情况。二级学科的学会组织与期刊也成型于该发展期。如 1903 年，代表物理化学方向学会共同体的法拉第学会成立（Faraday Society），并于 1905 开始出版 *Faraday Transactions*（《法拉第学会会报》）。1906 年美国生物化学与分子生物学学会（American Society for Biochemistry and Molecular Biology）的前身——美国生物化学家协会成立（American Society of Biological Chemists），该学会于 1925 年接手了 1905 年创刊的 *Journal of Biological Chemistry*（《生物化学杂志》），这也是发展期一项特色，即学会接手由科学家或出版人独立出版的期刊。事实上,当前学会办刊的基本格局正是在发展期逐步形成的。

(二)文摘和检索类期刊兴起

从期刊种类来看,这一时期文摘类和检索类期刊开始兴起。随着期刊种数的增多,科学家想要了解最新的发明和技术成果,就必须阅读大量的期刊文献,这需要耗费大量的时间。在提高科研人员查阅文献效率的背景下,德国于 1830 年创办了 *Pharmaceutisches Centralblatt*(《药学总览》),后来改为 *Chemisches Zentralblat*(《化学总览》),它是世界上最早的专业文摘期刊。随后,世界各国相继出版了各种文摘期刊,如英国 1898 年创办的 *Science Abstracts*(《科学文摘》)、美国 1907 年创办的 *Chemical Abstracts*(《化学文摘》)、法国 1939 年创办的 *Bulletin Signaletique*(《文摘通报》)等。除文摘类期刊之外,1848 年起又出现了以题录、目录及文摘形式出版的检索类期刊,检索类期刊不仅可以使研究人员高效地查阅某些学科最新研究成果,还可以回溯科学文献,了解学科演变和发展的历史。

(三)齐头并进,德国领跑

这一时期德国科技期刊的发展居于世界领先地位。得益于推行大学改革,德国的大学在 19 世纪首先演变为研究型的大学,加之"德意志帝国"诞生,德国综合实力增强,科学技术迅速发展,成为世界科技中心。其出版主要领域是数学、物理和化学。为了保持在各自领域的领先发展,美国和英国的物理学家、化学家不得不阅读德国的期刊。据统计,1909 年 *Chemical Abstracts* 上所有学术文献的 45%引文来自德国期刊。这一时期,德国期刊的重要发展事件有:

1845 年,德国物理学会(Deutsche Physikalische Gesellschaft)成立,并创办 *Verhandlungen der Deutschen Physikalischen Gesellschaft*(《德国物理学会通报》)、*Fortschritte der Physik*(《物理学进展》)等。

1887 年,德国 *Zeitschrift für Physikalische Chemie*(《物理化学杂志》)创刊。

1888 年,德国 *Angewandte Chemie*(《应用化学》)创刊,并逐渐成长为化学领域的顶级期刊。

1905 年 9 月,德国 *Annalen der Physik*(《物理学杂志》)发表了爱因斯坦的论文《论动体的电动力学》,标志着狭义相对论的创立。

除德国之外，英国和美国的科技期刊也有较大发展：

1869 年，英国杂志 *Nature*（《自然》）创刊，并开始报道全球科技领域里最重要的突破性成果。

1887 年，英国 *Philosophical Transactions of the Royal Society*（《皇家学会哲学会刊》）分为 A 辑和 B 辑，分别刊载数学、物理学与工程学和生物学领域的文献。

1880 年，美国杂志 *Science*（《科学》）创刊。

1893 年，美国第一份物理期刊 *Physical Review*（《物理评论》）创刊。1899 年，美国物理学会（American Physical Society，APS）成立，并于 1913 年接管这份期刊。

1897 年，美国化学会（American Chemical Society，ACS）创办 *Journal of the American Chemical Society*（《美国化学会志》，JACS）。

1907 年，美国化学学会化学文摘社（Chemical Abstracts Service，CAS）创办 *Chemical Abstracts*（《化学文摘》，CA）。

（四）商业科技出版初现

由于科技期刊的快速成长，出版的需求和市场增大，这一时期出现了以盈利为目的商业科技期刊出版。如 1823 年，*The Lancet* 由 Thomas Wakley 创立，在其后的近两百年均由 Wakley 家族所有并运营。1869 年，*Nature* 由麦克米伦公司创刊。事实上，今天的科技期刊出版巨头也大多于该时期创立。1842 年，德国施普林格（Springer）成立，1913 年，施普林格成为德国第二大出版社。1881 年，荷兰爱思唯尔（Elsevier）成立。不过这一时期，学会、大学等科学团体仍是出版科技期刊的主体，商业出版的科技期刊仅占较小的一部分，能够流传至今的更是寥寥无几，但是进入繁荣期后，商业公司开始成为了科技期刊出版的主流力量之一，或者可以说正是商业公司的大举进入，才推动了科技期刊进入了繁荣期。

三、繁荣期：信息技术推动全面繁荣

第二次世界大战期间和战后，各国对于高科技迫切需要，催生了以原子能、电子计算机、空间技术和生物工程的发明和应用为主要标志的第三次科技革命，人类社会跨入信息时代。1945 年，美国成功试制原子弹，随后的 20 年间，苏联、英国、法国和中国也相继试制核武器成功；1946 年，世界上第一台通用计算机"ENIAC"在美国宾夕法尼亚大学诞生；1957 年，苏联发射了世界上第一颗人造地球卫星，1961 年苏联宇航员加加林率先乘坐飞船进入太空，1969 年"阿波罗"11 号载着美国宇航员登上月球，实现了人类登月的梦想。

现代科学知识急剧膨胀，带来的是学术成果发表需求的激增，这一时期科技成果的传播与交流是以科技期刊为主要载体的，而信息技术的发展也带来了出版传播方式的重大创新，推动科技期刊进入全面发展的繁荣时期。第三次科技革命从美国发端，世界科技中心由欧洲向美国转移。这一时期美国科技期刊迅猛发展，根据 JCR 报告数据统计，2018 年其报道的 3031 种美国科技期刊中超过 60% 都是在这一时期创办的，其中 *Cell*（《细胞》）、*Physical Review Letters*（《物理评论快报》）等发展成为世界顶尖科技期刊，刊登了众多来自世界各国著名科学家们的前沿研究成果。

（一）学科细分趋势明显

第二次世界大战之后，大学和科研机构纷纷恢复科学技术事业，科技期刊也获得了繁荣发展的土壤。这一时期科学研究逐渐转为大科学模式，即以系统论为指导，以多学科合作为基本特征。这种多学科的综合研究不仅使人类在很多重大科学问题上有了突破，还带来了研究领域的进一步深化，产生了许多新的学科和领域，如信息科学、分子生物学等。科技信息的快速增长和新兴学科的不断出现，带来的是科技期刊按照学科、专业的进一步细分趋势显著以及科技期刊数量的爆炸式增长，这一特征从分子生物学的兴起及以 *Cell* 为代表的一系列期刊的创办可见一斑。

（二）快报类期刊兴起

虽然已有 *Nature*、*Science* 等以周刊形式出版的快报平台，但是真正意义上快报类期刊的兴起和快速发展是从 20 世纪中期开始的。由于科研成果的爆发式增长，科研人员必须以最快的速度了解到某领域最新的研究成果，1958 年 *Physical Review* 中的快报专栏作为新期刊单独出版，即 *Physical Review Letters*，这也是世界上第一份快报类期刊，1964 年，*Physical Review Letters* 改为周刊。快报类期刊以完整的短文形式快速发表重要的研究内容，迅速地传播科学研究的最新重要信息和动态，在科技界颇受欢迎。自 1958 年 *Physical Review Letters* 创刊以来，英国、荷兰等国家也相继创办了快报类期刊。如英国 1959 年创办了 *Tetrahedron Letters*（《四面体快报》），荷兰在 1962~1968 年的 6 年里创办了 *Physics Letters A*（《物理快报 A》）、*Physics Letters B*（《物理快报 B》）等 6 种快报类科技期刊，这些期刊在当今仍具有较高影响力。

（三）评价功能走进科技期刊

大科学时代，科技期刊在科研管理中的评价功能开始显现出来。这种评价功能主要表现为科技期刊对科研成果的评价功能以及学术界开始以量化标准评价科技期刊。前者来说，在大科学时代人们有着这样的共识：一个科学家的研究成果能发表在 *Nature*、*Science* 这样的 "Top Journal"（顶尖期刊）上，毫无疑问是具有极高价值的前沿研究成果。后者来说，随着文献计量学的发展，有了核心期刊的概念，学术界也开始有了影响因子、被引频次这样的量化指标来辅助界定在海量的期刊中到底哪些是 "Top Journal"。而定量评价体系的提出和实现依赖于这一时期开始出现以期刊论文为基础的文摘和引文数据库，著名的 SCI 数据库（Science Citation Index，"科学引文索引"）就是由美国科学信息研究所于 1961 年创办，通过论文的被引用频次等统计，对学术期刊和科研成果进行多方位的评价研究，是目前国际上被公认的最具权威的科技文献检索工具。

（四）数字化出版时代的到来

这一阶段，世界科技期刊出版与计算机科学等新兴技术融合，出版传播方式出现重大创新，一些期刊开始选择网络在线的出版方式，世界上第一种电子期刊出现在 1976 年，科技期刊实现了从纸质载体到电子载体传播的飞跃。网络出版大大降低了期刊的发行成本，商业出版社意识到其所蕴含的巨大商业价值，开始打造期刊网络出版发行平台，新型出版平台不断涌现。如这一时期的施普林格在 1990 年成为第一个将纸本期刊做成电子版发行的出版商，1996 年正式上线 SpringerLink，实现在线阅读和购买期刊以及科学出版物。爱思唯尔在 1998 年将

ScienceDirect（科学和医学文献信息平台）投入商业运营并获得成功，标志着科学期刊订阅从印刷版逐渐转向在线。

（五）商业公司逐渐成为主流

在第二次世界大战之前，出版科学期刊是学术团体的任务，而商业公司的主流业务则是科学书籍。20世纪美国逐步成为科学中心的过程中，有一项制度在当时的欧洲并不存在，即期刊论文的版面费，因为美国的研究是由政府或大公司资助的，而美国学会的主要经费便来自于期刊向作者收取版面费。当战后科学出版成为全球性活动的时候，此种高额的版面费使处于经济恢复期的欧洲人难以相对从容地在美国领先的科学期刊发表他们的成果。但第二次世界大战后科学的发展是十分迅速的，因此以爱思唯尔为代表的商业公司便开始组织欧洲知名的科学家瞄准核物理、生物化学等新兴领域创办期刊，然后将这些连续性出版的高智力成果源源不断地转卖至出手阔绰的美国大学，从而形成了一整套的科技期刊出版产业链。不仅西欧如此，德意志民主德国出版商 Akademie-Verlag 于 1961 年创办的 *Physica Status Solidi* 还一度成为了德意志民主德国创汇的来源（20世纪80年代，年收入 200 万德国马克）。商业公司的规模不断扩大，技术不断升级换代，销售网络逐步成熟，到了 20 世纪末，基本形成了爱思唯尔、施普林格等巨头垄断的局面。

四、转型期：互联智能开启转型时代

（一）新科技革命与新时代

21世纪以来，第三次科技革命方兴未艾，还在全球扩散和传播。与此同时，以人工智能、机器人技术、虚拟现实、量子信息技术、可控核聚变、清洁能源以及生物技术为技术突破口的第四次科技革命也正在发生，人类越来越重视绿色发展、智能发展和可持续发展，竭力打造数字地球与和谐社会。科学技术和社会文明的进步推动科技期刊转变发展模式，进入新的发展时期——互联智能新时代。

值得指出的是，党的十八大以来，以习近平同志为核心的党中央把科技创新摆在国家发展全局的核心位置，高度重视科技事业发展，先后出台了《国家创新驱动发展战略纲要》等文件，加大科研经费投入力度，加快科研体制改革进程，重视人才引进和支持。在不断努力之下，我国科技创新水平加速迈向国际第一方阵，科技事业取得举世瞩目的成就。2018 年有关数据显示：我国的 SCI 论文量已位居世界第二，论文产出进入高速通道；知识产权申请量位居世界第一，专利成果持续激增。来自中国高水平的科研成果的跨越式增长是这一时期科技期刊发展最为重要的时代背景之一。

（二）新时代的科技期刊

新时代的科技期刊，出版集中程度很高，发达国家的出版业通过强强联合和业务重组，实现了集团化和全球化的规模经营，少数商业出版集团出版了大量科技期刊，各出版集团非常注重品牌的塑造与影响力的提升。与此同时，在数字化浪潮下，科技期刊的出版和传播交流方式都发生巨大改变，基于文献基础数据的一次平台开发和基于知识服务的二次平台开发是各出版集团的业务重心所在。期刊纸版、电子版、网络版、移动终端等多种载体并存的传播格局形成，科技期刊走上了融合发展的道路。在当今的学术生态中，开放获取（Open Access，简称 OA）和"预印本"模式的出现与快速发展改变了知识获取和学术交流的传统模式，是新时代对科技期刊传统同行评议模式带来的最显著的时代冲击。

当下科技期刊的发展模式是历史的积淀，也是时代的召唤，关于其具体的时代特征将在后文中再做详细介绍。一部世界科技期刊的发展史就是一部人类工业革命的进步史，350 余年来科技期刊的诞生和每一个阶段发展的内在动力都离不开那个时代科学技术发展对其的召唤和保障。科技的进步推动科技期刊的发展，而科技期刊所报道和传播的科学知识又促进了全人类科技的进步，二者从来都是不可割裂而相辅相成的。

世界科技期刊的发展既不是一蹴而就，也不是相互独立的，而是具有连贯与传承性的，而且阶段性的积累和转变速度也是愈来愈快的。世界科技期刊的初创期历经了约 200 年，只有千余种期刊，又经过了 100 年的快速成长期，数量达到 6 万种左右，随后是 50 年的繁荣发展期和当今全媒体、数字化的转型期。科技期刊发展阶段的转变速度直接体现了人类加速式科技发展的历史趋势。接下来，我们将针对当前国际科技期刊的发展态势做相应的描述，为后面逐步展开的一流期刊概念与案例研究奠定基础。

第二节　当前科技期刊发展态势

在数字化发展时期的今天，科技期刊不仅在数量上大增，而且种类繁多，成果丰硕，对社会的影响力越来越大。根据乌利希国际连续出版物指南数据库（下称"乌利希数据库"）统计，目前全球正在出版的自然科学、工程技术、医药卫生领域学术期刊（下称 STM 期刊）约为 5.6 万种[①]，这些期刊由全球 167 个国家和地区出版。美国以出版 11305 种 STM 期刊名列第一，占全球总量的 20.07%；其次为英国（6307 种），占全球总量的 11.20%；中国的 STM 期刊数量在全球排名第三（4398 种）[②]，占全球的 7.81%。美国与英国 STM 期刊出版之和占据了全球 1/3 的市场份额。出版数量最多的前 20 个国家期刊之和占全球出版总量的 82.07%，少数国家出版了大量的学术期刊（表 1-2）。

表 1-2　STM 期刊出版量前 20 个国家、地区分布

序号	国别	刊数/种	序号	国别	刊数/种
1	美国	11305	11	意大利	1034
2	英国	6307	12	巴西	1024
3	中国	4398	13	瑞士	958
4	德国	4207	14	西班牙	909
5	印度	2749	15	乌克兰	823
6	日本	2720	16	印度尼西亚	695
7	荷兰	2554	17	伊朗	657
8	俄罗斯	1979	18	韩国	605
9	法国	1150	19	澳大利亚	555
10	波兰	1052	20	加拿大	541

如同大量期刊由少数国家出版一样，国际四大出版集团是 STM 期刊出版的巨

---

① 数据统计时间为 2018 年 12 月 31 日，以正在出版的学术期刊为统计条件，并根据乌利希数据库提供的每种期刊的学科类目选择了自然科学、工程技术、医学类期刊（STM 期刊）为本文的统计对象。期刊认定的基本条件为连续出版（有国际连续出版物编号 ISSN）且出版频率不大于每周一次（每年 52 期）。在本书中，当同一出版机构出版的一种期刊有多个载体时，视为同一种期刊。

② 该数据来自乌利希数据库，其收录中国 STM 学术期刊数量为 4398 种，部分学术期刊在该数据库没有出现，因此，该数据与原国家新闻出版广电总局认定的科技类学术期刊数据不一致。本章由于对比的需要，统一采用乌利希数据库数据。

头，施普林格-自然（Springer Nature）出版期刊 3024 种、爱思唯尔出版期刊 2284 种、威立（Wiley）出版期刊 1538 种、泰勒-弗朗西斯（Taylor & Francis）出版期刊 1172 种，四大出版集团期刊出版量占全球 STM 期刊总量的 14.24%。其余约 85%的 STM 期刊由全球 2.1 万余个机构出版，包括了学协会、研究机构、大学出版社等各种出版机构，但这些出版机构的出版规模均不大，每家出版机构少到仅出版一种期刊，多的也只有上百种期刊。

乌利希数据库定义的 STM 期刊涉及的学科领域有 7 个：医药与健康，技术与工程，生物科学与农业，地球、空间与环境科学，化学，数学，物理学，本书根据这 7 个学科领域统计分析全球 STM 学术期刊的学科分布情况。特别说明的是，一种期刊可有多个学科属性，下文中各学科期刊占期刊总量的比例是指：某一学科领域的期刊数量除以所有领域期刊数量之和。其中医药健康类期刊数量最多（22904 种），占期刊总量的 35.22%；其次为技术与工程类（16249 种），占比为 24.99%。医药健康与技术工程两个领域的期刊数量占 STM 期刊总量的 60.21%，是 STM 类期刊的主体。生物科学与农业领域期刊数量位列第三，有 10886 种，占比为 16.74%。如果进一步按照理、工、农、医四大类统计，则期刊占比大小依次是医学类、工学类、理学类、农学类（图 1-2）。

图 1-2　各学科领域期刊数量分布图

当下国际科技期刊的发展，除期刊数量增加、期刊专业细分、期刊论文质量提高、同行专家评议机制愈发完善等传承性特征之外，还体现出一些独特的时代特征。

一、评价功能凸显

从科技期刊的功能来看，当下科技期刊除了传统的科研成果记录保存、传播交流功能之外，在学术评价中的独特作用亦非常显著。自 SCI 数据库建立，科技期刊的评价功能开始显现出来，而这种评价功能在新时代被极度强化了。科技期刊通过同行评议判断科研成果的学术水平和创新价值，是对科研成果的一种客观检验，是科技工作者获得同行认可、学术认定和社会认同的重要途径。当下科研管理部门也将科研成果是否发表在本学科的优秀期刊上作为成果认定、人才评价、项目评审的重要参考。随着科技期刊的评价功能被应用地越来越广泛，到底哪些期刊是学科内的优秀期刊也是需要解决和认定的问题，随之而来的便是对期刊本身的评价。

当下国内外期刊评价机构和带有评价功能的数据库种类很多，各种形式的期刊排名、榜单以及期刊定量评价指标也是层出不穷。如美国科睿唯安（Clarivate Analytics）公司开发 Web of Science 数据库，每年定期发布 JCR 报告，计算世界范围内 8000 余种科技类期刊和 3000 余种社科类期刊的影响因子并给出各学科期刊的排名情况；爱思唯尔推出的 Scopus 数据库每年发布期刊的 CiteScore、SNIP 等指标及期刊排名数据；谷歌学术（Google Scholar）在 2012 年推出谷歌学术计量（Google Scholar Metrics），并开发了 H5 指数等期刊评价指标。我国也十分重视和强调科技期刊的评价功能，2015 年，中国科学技术协会、教育部、国家新闻出版广电总局、中国科学院、中国工程院等五部委联合发布《关于准确把握科技期刊在学术评价中作用的若干意见》，明确指出要充分认识科技期刊及其在学术评价中的独特作用、准确把握科技期刊在学术评价中的功能定位。相应地，我国也有多家学术机构致力于期刊评价研究并定期发布其来源期刊或核心期刊名单，例如中国科学院文献情报中心研制的《中国科学引文数据库》来源期刊、中国科学技术信息研究所研制的《中国科技论文统计源期刊》、北京大学图书馆等单位研制的《中文核心期刊要目总览》等。

二、集团化与品牌塑造

20世纪下半叶以来，国际大型出版集团之间通过强强联合和业务重组，国际出版产业趋向集中，实现了全球化和集团化的规模经营，例如，爱思唯尔在20世纪90年代初期收购具有很高声誉的医学期刊 *The Lancet*，1999年收购了生命科学顶级期刊 *Cell*。2015年，施普林格和自然出版集团（Nature Publishing Group）宣布合并，成立施普林格-自然集团。目前国际科技期刊出版集中程度很高，少数商业出版集团出版了大量科技期刊。根据乌利希数据库统计，目前施普林格-自然、爱思唯尔、威立（Wiley）、泰勒-弗朗西斯四大出版集团出版了全球 STM 学术期刊总量的 14.24%，其余约 85% 的 STM 期刊由全球 2.1 万余个机构出版。

科技期刊出版的集团化不仅限于出版集中度的提高，各出版集团还非常注重品牌建设和影响力的提升。主要集中体现在品牌子刊的兴起，其中最为典型的案例当属自然系列，除 *Nature* 主刊外，目前自然品牌期刊还有 Nature Research 系列子刊 32 种、Nature Review 系列子刊 20 种、*Nature Communications*（《自然通讯》）以及 npj 系列期刊 23 种（图 1-3）。

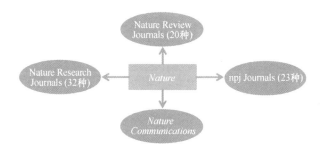

图 1-3　自然品牌系列期刊

其中，Nature Research 系列是自然品牌在各学科领域出版的高水平研究类期刊，根据 JCR 报告 2018 年数据可知，32 种期刊中被 JCR 收录 25 种，其中 24 种为 Q1 区期刊，平均影响因子 21.143。Nature Review 系列是各领域的高水平综述类期刊，20 种期刊中有 18 种被 JCR 报告报道，且均为 Q1 区期刊，平均影响因子 34.120。*Nature Communications* 是自然集团的的一本开放获取期刊，旨在出版自然科学所有领域的高质量研究成果，其 2018 年共发表研究类论文 5058 篇，影响因子 11.878。npj 系列期刊均为与世界各地学（协）会、科研院所合作出版的开放获取期刊，23 种期刊中有 7 种被 JCR 报告报道，有 4 种是与中国机构合作出版的。不仅是以 *Nature* 为班底打造的 Nature 品牌，实际上 1999 年 *Cell* 被爱思唯尔收购之后，以此为分水岭，经过 20 年的建设，也已经形成了体系完整、梯次分明、协同出版的生命科学期刊集群，并开始以 *Joule*、*Chem* 等新刊向生命科学之外的领域扩大。

三、数字化浪潮下的融合发展

从 20 世纪 90 年代开始，新媒体和数字技术对传统媒体的改造是以几何倍数推进的。数字化浪潮下，随着移动互联网的迅速发展，传统纸媒读者的数量持续递减，阅读习惯发生了重大的变化，科技期刊也走上了融合发展的道路，这种融合发展不仅是形式融合，即信息传播渠道的多样化，也体现为内容生产的融合。

从形式融合的角度看，当下科技期刊的出版和传播已不再局限于传统的纸质出版和发行模式，数字出版和传播模式开始盛行起来，即内容生产数字化、管理过程数字化、产品形态数字化和传播渠道网络化。新时代的科技期刊出版机构非常重视期刊文献数据的网络平台建设，具有规模的出版单位会整合自身旗下期刊数据资源，独立开发数据信息服务平台，规模较小或独立的期刊编辑部也会建设期刊官方网站。除前面已经提到的 SpringerLink、ScienceDirect 平台之外，威立的 Wiley Online Library、泰勒-弗朗西斯的 Taylor & Francis Online、电气和电子工程师协会（Institute of Electrical and Electronics Engineers，IEEE）的 IEEE Xplore Digital Library 等都是当今运作较为成功的数字出版服务平台。除网络平台建设外，各期刊出版单位还开发期刊 App，以适应正在兴起的移动阅读的浪潮。目前的期刊论文除传统纸版发行外，还可以在期刊网站客户端、期刊数据库平台、微博、期刊微信公众号、期刊头条号等不同渠道跨平台传播，实现了期刊的纸版、电子版、网络版、移动终端等多种载体并存的传播格局。无纸化的数字出版极大地提高了编辑出版的时效性和读者的阅读效率，而多种形式的传播渠道不仅是知识传播途径的线性增加，同时借助媒体融合技术，可以将抽象深奥的专业知识以形象化、动态化的形式呈现给读者，有利于受众范围的扩大和实现科研成果与社会实践的对接。

如果说基于期刊文献信息的平台建设属于一次平台开发，那么基于知识服务的二次平台建设也是当今科技期刊发展的重要时代特征。数字化浪潮下科技期刊的发展注重知识服务和内容挖掘，以用户为目标、面向用户需求、解决用户问题并使知识不断升值的服务开始成为期刊出版或者说知识出版的重要着力点。对大量的期刊数据库信息进行专业化深加工，进一步挖掘、整理有用的分门别类的专业知识和各种方法、技术等专业信息，可以成为专业人员必备的参考资料。例如 Web of Science 平台除了提供来源期刊文献的文摘和引文信息之外，还提供基于文献集合的国别、机构、作者、研究方向、出版年、期刊等多维度综合分析功能，以及基于引用统计的领域高被引论文、热点论文等统计分析，让研究机构和学者能快速了解某一领域的研究前沿和发展现状等信息。

四、开放获取日渐深入

OA 是国际学术界、出版界、文献情报界为推动科研成果利用互联网自由传播而采取的行动，旨在促进科研信息交流、打破学术研究成果传播壁垒，实现网络自由阅读。以 OA 形式出版时，文章在出版商处因获得附加价值而产生的一切费用，需要在出版前支付；而读者在阅读文章内容时无需支付任何费用，也不受任何限制，只需网络和搜索条件。

开放获取是当前科技期刊的发展趋势。从各大牌期刊的动作来看，从 2006 年 *PLOS ONE* 创刊并发展成为现在最大的 OA 期刊以来，各大型期刊出版单位也在纷纷创办自己的 OA 期刊，如自然集团 2010 年创办 *Nature Communications*，细胞出版社 2012 年创办 *Cell Reports*，*Science* 所属的美国科学促进会（American Association for the Advancement of Science，AAAS）2015 年创办 *Science Advances*。

从 OA 论文的比例来看，图 1-4 分别列出了 2013~2018 年 SCI 论文和 SCI 高被引论文中 OA 论文的比例[①]。可以看出，2013~2016 年，SCI 论文及高被引论文中开放获取的比例逐年增加，SCI 论文中 OA 的比例在 30% 以上，SCI 高被引论

---

① 数据来自于 Web of Science 数据库。

文中 OA 的比例在 40% 以上。2017~2018 年 OA 的比例有所下降，且 2018 年的比例低于 2017 年，或许是由于一些论文在正式出版一年后才开放获取。总体来看，近年来 OA 论文所占比例在三成以上，高水平论文中 OA 比例更高，充分体现了 OA 浪潮其鲜明的时代特征。

图 1-4　2013~2018 年 SCI 论文及 SCI 高被引论文 OA 占比变化图

这场声势浩大的开放获取运动，既是科技期刊发展与知识传播的发展趋势的体现，同时与各国政策支持也密不可分。近年来，很多国家陆续发布强制性开放获取政策（Open Access Mandate），要求由公共基金资助的科研成果必须通过各种方式开放获取。迄今为止，全世界已有 700 多个资助机构、研究机构发布开放获取政策。

2013 年 2 月 13 日，美国发布《公平获取科学技术研究法案》（原《联邦研究成果公共获取提案》）。

2013 年 4 月 1 日，英国研究理事会（Research Councils UK, RCUK）强制性开放获取政策正式生效。

2013 年 5 月 29 日，全球研究理事会（Global Research Council, GRC）通过并正式发布开放获取行动计划。

2014 年，欧盟发布"地平线 2020"计划，要求项目成果进行开放获取。

2014 年 5 月，中国国家自然科学基金委和中国科学院分别发表开放获取政策声明，要求受到公共资助发表的科研论文在发表后将论文最终审定稿存储到相应的知识库中,并在发表后 12 个月内实行开放获取。这标志着中国在推动知识开放获取方面迈出具有里程碑意义的一步。

2015 年 5 月 20 日,中国"国家自然科学基金基础研究知识库"正式发布,收集国家自然科学基金资助项目成果的研究论文全文,并向社会公众免费开放。

2018 年 9 月,法国、英国、荷兰等 11 个欧洲国家的研究资助者宣布实施"S计划",共同要求受其资助发表的科研文章从 2020 年起一旦被发表立即实现开放获取,"S 计划"明确表示"任何科学都不应该被锁在付费墙之内!"。这项政策标志着素来进展缓慢的开放获取运动可能会发生"重大改变"。

五、"预印本"模式冲击同行评议

互联网时代的学术交流正处在一个重要的变革期,而推动其变革的两个推手,一个是前文所述的开放获取,另一个则是"预印本"模式,即研究者把未经同行专家评审的学术论文以"预印本"的方式通过网络直接发布在开放平台上,供广大科研人员免费共享和交流。

"预印本"模式省去了传统刊物发表文章漫长的评审和出版周期,大大加快了知识传播和交流的速度。同时,以"预印本"模式发表的文章可被作者主动更新为新版本,且不同版本可以被分别引用,这种模式可以使阶段性研究成果被及时报道出来,有利于学术争鸣。"预印本"模式的出现,在一定程度上弱化了审稿人决定文章"生死"的权利,把发表文章和进行学术交流的权利还给了作者,是对同行评审机制的一大冲击。"预印本"模式的出现打破了固有的学术生态和传统学术成果发表的"游戏规则",在问世之初并不受到商业和非商业出版机构的欢迎,一些期刊甚至禁止接受已经以"预印本"模式发表过的文章。但是其符合学术成果传播和交流的需要,符合科学家的利益,是具有强大生命力和远大发展前途的新事物,这种新型论文出版载体最终被当今的科技出版界所接受。

世界上最早的预印本平台是美国洛斯阿拉莫斯(Los Alamos)国家实验室于 1991 年 8 月建立的"arXiv.org",目前该平台已经拥有超过 150 万篇的论文,涉及物理、数学、计算机科学、统计学、定量生物学、经济学等多个学科领域。最初的预印本文章主要集中在物理学和数学领域,而今预印本已经涉及自然科学和社会科学等多个学科，很多学科也建立了针对本学科的专业预印本平台，如美国冷泉港实验室 2013 年建立的生命科学预印本平台"bioRxiv"，其存储论文数量由 2013 年的不足 100 篇发展到目前的 5 万多篇，受到生命科学领域学者的广泛认可，"bioRxiv"还被 *Science* 评为 2017 年全球十大科学突破之一。我国的中国科学院科技论文预发布平台"ChinaXiv.org"于 2016 年 1 月开始上线运行，到 2018 年末已经接受稿件 1.1 万多篇。并且"ChinaXiv.org"收集了近 2.6 万种国际学术期刊的预印本，其中超过 90%期刊都接受"预印本"模式，包括 *Nature*、*Science*、*Cell* 等顶尖期刊。

第三节　研究背景、方法和数据来源

一、案例研究的背景：服务国家战略布局

科技期刊自问世以来就成为展示创新成果、推动学术交流、传播科学文化、传承科技进步的重要载体，既是记录科学发现与激发创新思想的主战场，也是国家科技竞争力和文化软实力的重要标志，更是科技强国的重要支撑。在数字化浪潮席卷全球的新时代，科技期刊也迎来了数字化出版和传播交流的新发展时期，形成了基于文献基础数据和基于知识服务的平台建设蓬勃发展，多种载体并存的传播新格局。新时代科技期刊的评价功能非常显著，科技期刊的价值和品牌效应被应用到了科研管理和成果认定、人才评价的方方面面。在这种功能导向之下，已形成集团化规模经营的出版集团们都致力于品牌建设，优化科技期刊布局，努力打造高影响力的国际期刊品牌。尽管开放获取和"预印本"模式改变了传统的学术交流模式，提升了知识传播和学术争鸣的广度与速度，是科技期刊发展的时代趋势之一，但是仍然无法撼动顶尖期刊在学术评价中的品牌效应和话语权，在一定程度上讲，学术成果被发表在顶尖期刊上可作为全球学术共同体的通行证，已经成为当今学术界的普遍共识。

中国科技期刊虽然起步较晚，但经过长期积累，特别是改革开放 40 年来已取得了显著成绩，然而与科技强国和世界一流期刊相比，我国科技期刊数量和质量、学术引领、视野格局、资源配置、体制政策、文化沉淀等方面差距甚大。总体来

看，我国科技期刊数量多而不强，缺少世界一流科技期刊和领跑种子选手；学术竞争力和国际影响力偏弱，资源整合能力和融合发展能力不强。

2018 年 11 月 14 日，中央全面深化改革委员会第五次会议审议通过了《关于深化改革培育世界一流科技期刊的意见》，强调指出科技期刊传承人类文明，荟萃科学发现，引领科技发展，直接体现国家科技竞争力和文化软实力。要以建设世界一流科技期刊为目标，科学编制重点建设期刊目录，做精做强一批基础和传统优势领域期刊。当前，我国科研投入稳定增加，科研成果水平不断提高，科技论文数量日益增多，打造世界一流科技期刊基础条件已经具备，科技界内外也形成了共识，下一步就是把建设一流科技期刊的国家部署落到实处，真正把中国科技期刊做大做强。

中国科协学会服务中心在 2018 年部署并启动了"国外科技期刊发展战略及国际一流科技期刊建设模式案例研究"课题，要求从战略的高度，从更大范围分析国内外一流科技期刊的具体案例，梳理归纳可借鉴的操作模式，提出具有较强示范带动作用的典型经验，形成研究成果报告，为我国更富成效地建设世界一流科技期刊提供可借鉴、能复制、易推广的创新经验，从而提高我国科技期刊整体水平。课题组利用案例调研与科学计量学相结合的方法，基于国际科技期刊计量学数据、发展历程、主编编委等多方面情况，不仅针对性地开展了世界一流期刊的计量学标准研究，为建设方案的编制提供数据化的目标，同时基于国际一流科技期刊的布局情况，从基础科学、医学和工程技术三个方向遴选了 11 种国际一流期刊，从其发展历程、组织运营、内容建设、主编编委等多个角度开展了系统性的案例研究，研究成果最终形成了本书。

二、研究方法简介：科学计量学及 VOSviewer

科学计量学是对科学本身进行定量研究的学科，它是科学学和科技史的一门重要分支。科学计量学以整个社会大环境为背景，运用数学方法测量科学研究主体，描述科学的体系结构，分析科学系统的内在机制，揭示科学发展的时空特征，探索整个科学活动的定量规律。科学计量学研究方法主要有：出版物统计、著者统计、引文分析、社会网络分析、主成分聚类分析、图谱分析等。苏联科学家在

1969 年创造科学计量学这个词时说："科学计量学是指科学学研究中的定量问题"。*Scientometrics*（《科学计量学》）主编布劳温则说"科学计量学主要分析科学情报的产生、传播和利用的量的规律性，以便有助于更好地理解科学研究活动的机制"。加菲尔德认为科学计量学是"对科学技术进步进行测度的学科"。荷兰科学计量学家瑞安指出，科学计量学的核心前沿研究集中在 4 个方面：科研指标与科学活动评价；科学技术的文献计量信息系统；科学与技术的交互作用；科学学科领域的认知结构及社会组织结构。科学计量学在科学学和科技史研究中的地位与作用业已形成共识，并取得累累研究硕果。本书中，我们主要利用科学计量学方法进行编委、稿源分析以及科研发展态势等方面的研究，同时利用 VOSviewer 软件来进行关系网络研究。VOSviewer 是众多科学知识图谱软件之一，即通过"网络数据"（主要是文献知识单元）的关系构建和可视化分析，实现科学知识图谱的绘制，展现知识领域的结构、进化、合作等关系，其突出特点是图形展示能力强，适合大规模数据。VOSviewer 是荷兰莱顿大学科技研究中心（The Centre for Science and Technology Studies, CWTS）的 Eck 和 Waltman 于 2009 年开发的一款基于 Java 的免费软件，主要面向文献数据，侧重科学知识的可视化。VOSviewer 提供可视化视图包括三种：聚类视图（network visualization）、标签视图（overlay visualization）、密度视图（density visualization）。本书中，我们主要是用标签视图。

三、数据来源：JCR、ESI 与 Scopus

JCR 报告是由科睿唯安所发表的年度出版物。它通过该公司旗下 Web of Science 平台的引文资料进行学术期刊评价，针对自然科学版本（JCR-SCI）和社会科学版本（JCR-SSCI）两部分，基于期刊被引用次数来计算出影响因子等多种评比指标，并作为期刊排名依据。影响因子（Impact Factor）：通过该期刊"前两年"所发表文章总数，与"前两年"的文章在"该年度"被引用的总次数计算而得出。当影响因子的数字越高，代表此期刊的文章被引用次数越多，即此期刊在学术界的影响力越大。一般而言期刊的影响因子越高，代表此期刊的学术品质越佳。我们将利用 JCR 报告所提供的的影响因子、总被引频次等多种数据来研究世界一流科技期刊的定量标准。

"基本科学指标数据库"（Essential Science Indicators，ESI）是衡量科学研究绩效、跟踪科学发展趋势的基本分析评价工具，由原汤森路透（Thomson Reuters）研发。ESI 涵盖全球 12000 多种期刊的 1200 万余篇文献资源，从引文分析的角度，分为 22 个学科，可以揭示在某个研究领域有影响力的国家、机构、论文、期刊以及研究前沿。通过 ESI，用户可以分析机构、国家和期刊的论文产出和影响力、发现自然科学和社会科学领域中的重大发展趋势，还可以按研究领域对国家、期刊、论文和机构进行排名，评估潜在的合作机构和具有潜力的人才。被引用数量前 1% 机构被称为 ESI 高被引机构，其排名数据被广泛地应用于教育科研评估中。本书中，我们将用期刊涉及到的机构的 ESI 排名分析期刊的稿源质量。

Scopus 数据库由爱思唯尔研发，涵盖了由 5000 多家出版商出版发行的科技、医学和社会科学方面的 20000 多种期刊，其中同行评审期刊 19000 多种，另外还收录丛书、会议录、专利及网页等资源。相对于其他单一的文摘索引数据库而言，Scopus 的内容更全面，学科更广泛，特别是在获取欧洲及亚太地区的文献方面，用户可检索出更多的文献数量。通过 Scopus，用户可以检索追溯到 1823 年以来的近 5000 万条文献信息，其中 1996 年以来的文献有引用信息。数据每日更新约 5500 条。Scopus 数据库提供电子邮件检索功能，我们将利用此功能检索以编委为通信作者的论文发表数据。

计量学数据采集于 2019 年 7 月 20 至 31 日。

第二章

何为一流、一流为何：
概念、现状和特征

第一节 一流成果一流学者：基于直观印象的数据洞察

西方发达国家非常重视科技期刊的建设，在其近现代科技发展历史过程中，形成了一大批有历史、有品牌、有市场的国际一流品牌科技期刊，例如 *Nature*、*Science*、*Cell* 等，在国际前沿的发现引领、重大创新成果的传播评价等方面发挥了至关重要的作用，甚至成为各国学术创新力量竞争角力的重要舞台。

然而世界一流科技期刊的概念却是一个相对模糊的概念，*Cell*、*Nature*、*Science* 显然是世界一流科技期刊，那么影响因子仅有它们 1/3 甚至 1/4 的 PRL 和 JACS 这种专业类期刊是否被科学家群体认为是世界一流呢？考虑到 *Nature* 和 JACS 都有超过 100 年的历史，我们可以从期刊百年庆典来切入何为世界一流科技期刊这个问题。图 2-1 展示了 *Nature* 和 JACS 两本期刊官方网页上对于自己历史以及标志性事件的介绍。

对于 *Nature*，主要展示了两类内容：第一类是期刊自身的发展，例如何时创刊、主编何人等等；第二类即为发表的代表性论文，例如 X 射线的发现等。对于展示自身 140 年发展历程的 JACS 来说，刊登诺贝尔化学奖得主的代表性成果无疑是最好的宣传。而 PRL 在庆祝 *Physical Reviews* 125 周年时基本也沿用了 *Nature* 和 JACS 的模式：代表人类科技发展的里程碑式的论文总是位于宣传的中心位置。下面我们从两个视角做更进一步地考察何为世界一流科技期刊：国际上采用诺贝尔奖获奖论文的发表期刊，国内采用高水平科学家的认可程度。

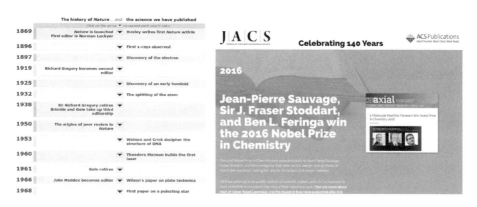

图 2-1 *Nature* 和 JACS 官网历史介绍截图

一、国际视角：高密度发表诺奖获奖论文

正如 JACS 在 140 年庆典的时间线网页上宣传的一样，诺贝尔奖得主或者诺奖论文经常是期刊品牌宣传阵地上的主要出发点，同时也是科学计量学研究的重点对象，*Nature* 尽管没有在时间线上直接列出诺奖，但图 2-1 上所展示的都是足以改变人类科技进程的成果，其意义也就不言而喻了。表 2-1 统计了 20 年来诺贝尔物理奖和化学奖论文的期刊分布情况。我们能看到分布情况呈现出高度集中的状态：物理奖总计 51 篇，PRL 一个期刊有 28 篇，超过 50%；化学奖前三名 *Science*，JACS 和 *Nature* 总计 24 篇，占比同样超过了 50%。在科学研究已经高度职业化的今天，科研人员对于能够代表自身水平的成果是有着清晰判断的，他们充分清楚高水平的成果会带来名利双收的赢家地位。因此 20 年诺奖成果论文的分布意味着：这些期刊在 20~30 年就已经成为了科研人员主要甚至是唯一的扬名立万途径。然而诺奖主要是奖励经得起时间考验的成果，反映的是几十年，或者十几年以前的情况，当下科学界如何看待世界一流科技期刊是我们要研究的第二个问题，我们将以国内视角来进行相应的数据分析。

表 2-1　1995~2016 年诺贝尔物理奖和化学奖获奖论文期刊分布表格

期刊名称	诺贝尔物理奖论文篇数	期刊名称	诺贝尔化学奖论文篇数
Physical Review Letters	28	*Science*	9
Astrophysical Journal	4	*Journal of the American Chemical Society*	8
Physical Review	3	*Nature*	7
Science	3	*Cell*	2
Japanese Journal of Applied Physics	2	*Chemical Communications*	3
Nuclear Physics B	2	*Journal of Molecular Biology*	2
Physica Scripta	2	*Optics Letters*	2
Bell System Technical Journal	1	*Physical Review*	2
IEEE Transactions on Electron Devices	1	*Proceedings of the National Academy of Sciences of the United States of America*	2
Journal of Physics C: Solid State Physics	1	*Physical Review Letters*	2
Physics Letters A	1	*Accounts of Chemical Research*	1
Proceedings of the IEEE	1	*Journal of Cellular and Comparative Physiology*	1

续表

期刊名称	诺贝尔物理奖论文篇数	期刊名称	诺贝尔化学奖论文篇数
Progress of Theoretical and Experimental Physics	1	*Surface Science*	1
Soviet Physics - JETP	1	*Tetrahedron Letters*	1
		Theoretica Chimica Acta	1
		Ultramicroscopy	1

二、国内视角：高水平科学家的集体认可

通过对两院院士进行调研，我们发现高水平科学家的个人论文发表介绍中，关于期刊的前后顺序实质上已经表明了对于期刊的态度，如图 2-2 所示。

化学

索实现催化新反应，解决催化剂均相催化异项化实验室与工业化技术难题。在国际学术期刊包括Science, Nature,（及其子刊），JACS, Angew Chem,PRL, Adv Mater., Nano Letters,等发表学术论文300余篇，被他引超40000次（H-index 超100）。已先后培养

物理学

发表学术论文143篇（其中《科学》2篇、《自然》2篇、《自然》子刊6篇、PRL 25篇）；应邀在美国物理学会和化学学会、亚太顺磁共振学会等举办的国际会议上做特邀报告20余次。作为第

生命科学

省自然科学一等奖、江西省技术发明一等奖等国家以及省部级奖励7项。公开发表学术论文297篇，以通讯作者发表SCI论文133篇，其中在畜牧学科50种国际学术期刊JCR排名前10%的刊物发表论文90篇。任国际学术期刊《BMC Genetics》Editorial Advisor以及《Genetic

图 2-2　院士发表论文介绍案例

基于对 2009 年、2011 年、2013 年、2015 年和 2017 年数理、化学以及生命科学和医学学部三个学部新当选的中国科学院士群体的自我论文介绍情况的梳

理，我们进行了一流期刊高水平科学群体的认可研究。三个学部 2009 年至 2017 年有 5 轮增选，总计有 136 人当选为院士，表 2-2 给出了相应的统计分析结果。期刊的分布结果和诺贝尔奖获奖论文期刊分布具有一致性，*Science*，JACS 及 *Nature* 位于总出现次数前三名，*Science*，*Nature* 和 PRL 位于排第 1 次数的前三名。同时我们发现无论是总出现次数还是排名第 1 的次数，Nature 品牌均有多次出现。创刊于 2010 年的 *Nature Communications* 在总排名上甚至还高于 PRL，在第一名上面高于各 *Nature* 子刊。显然，*Science* 和 *Nature* 以及 *Nature* 子刊已经得到了新院士群体的集体认可，当然在专业领域的顶级期刊可能会有一些分歧。

表 2-2　院士论文情况介绍期刊分布

期刊学科	期刊名称	总出现次数	排第 1 次数
综合	*Science*	21	13
	Nature	15	9
	Proceedings of the National Academy of Sciences of the United States of America	15	2
	Nature Communications	14	3
化学	*Journal of the American Chemical Society*	16	
	Angewandte Chemie	14	
	Advanced Materials	7	
	Chemical Science	3	
	Nano Letters	3	
	Nature Cell Biology	3	
	Nature Medicine	3	
	Nature Chemical Biology	1	1
	Nature Chemistry	1	1
	Plant Cell	1	1
物理	*Physical Review Letters*	10	6
生命与医学	*Cell*	8	5
	Nature Genetics	4	
	The New England Journal of Medicine	4	2
	Blood	3	
	Nature Immunology	1	1

三、一流标准：科学计量学尺度下的5%

在本章一步一步地将直观的印象转化为表格形式的数据之后，这也基本奠定了世界一流科技期刊数据标准的回归分析基础。但我们仍要指出的是所谓一流科技期刊的数据标准并非严格而精准的数字概念，一流的标准应尽可能与社会上主流的数字概念保持一致，事实上，某高水平专家对个人发表论文期刊排名10%的概念就是一个很好的启示。因此，我们首先参考与一流科技期刊息息相关的学科评估标准，以此为基础开展我们的研究。

教育部第四轮学科评估的分级标准明确指出：评估结果按"分档"方式呈现，具体方法是按"学科整体水平得分"的位次百分位，将前70%的学科分9档公布：前2%（或前2名）为A+，2%~5%为A（不含2%，下同），5%~10%为A-，10%~20%为B+，20%~30%为B，30%~40%为B-，40%~50%为C+，50%~60%为C，60%~70%为C-。

根据学科分档的标准，我们以1%，5%和10%进行了数据测试，期刊的评价指标采用两项：广为熟知的影响因子做单篇论文平均标准；总被引频次作为期刊总影响力的指标，并对以上两项指标在本学科归一后分别取权重10：0、9：1、8：2、7：3、6：4、5：5计算综合指标得分。在JCR报告中去掉综述类期刊（综述类文章占比超过80%）的基础上经过多轮交叉测试，我们得到：如果以各学科下综合得分TOP1%为标准进行选取，将有70%以上的学科由于学科刊数太少无法入选；如果以各学科下综合得分TOP10%为标准进行选取，入选的期刊与本章论述中不论从国际视角还是国内视角调研高水平科学家青睐的期刊名单出入较大；所以采用各专业学科下综合得分TOP5%作为世界一流科技期刊的门槛，对于学科刊数不足20种的学科，取综合得分第一名的期刊入选，对于综合学科（Multidisciplinary Sciences），由于不同综合类期刊学科专业侧重不同，为了更多地覆盖不同学科特点，取综合得分TOP10%。影响因子与总被引频次两项指标不同权重下的综合得分代表对期刊两方面的侧重不同，排名结果也会有所差异，但是对于世界一流科技期刊应该是无论单篇论文平均标准方面还是期刊总影响力方面均应该表现优秀，因此我们认为在不同权重条件计算的综合得分均进入学科

TOP5%的期刊才可被认为"世界一流科技期刊"。

世界一流科技期刊遴选规则：满足影响因子、总被引频次不同权重下计算的综合得分分别进入本学科 TOP5%条件的期刊。根据 2018 年的 JCR 数据，总计遴选出一流科技期刊 311 种。具体期刊名单见附表。

综合类 *Nature*、*Science*、*Proceedings of the National Academy of Sciences of the United States of America*（《美国科学院院报》，PNAS）、*Nature Communications* 和 *Science Advances*（《科学进展》）五种期刊入选；化学综合类 JACS、*Energy & Environmental Science*（《能源与环境科学》）、*Advanced Materials*（《新材料》）、*Nature Chemistry*（《自然化学》）和 *Advanced Functional Materials*（《先进功能材料》）五种期刊入选；物理综合类仅 PRL，*Review of Modern Physics*（《现代物理评论》），*Nature Physics*（《自然物理》）和 *Physical Review X*（《物理学评论 X 辑》）四种期刊入选。事实上，对于 *Nature*、*Science* 等综合性实力很强的期刊来说，无论影响因子、总被引用频次的权重如何调整，始终位于本学科前列，之所以对以上六种权重方式下分别计算综合得分，并取均为学科 TOP5%的期刊主要是为了能够有效的避免由于两项指标差异过大，即某一指标太高，另一指标太低的发展不均衡的期刊进入。举例来说，化学综合类学科期刊里，*Chem* 在影响因子与总被引频次权重 10：0、9：1、8：2、7：3 的条件下才能进入 TOP5%期刊，因为 *Chem* 的总被引频次只有 3493，一年的发文只有 150 篇左右，相对于其他刊的总被引频次确实太小了。本标准的目的还是希望在影响因子和总被引频次均获得较好指标的期刊才能进入世界一流科技期刊名单。在此标准之下，我们将以 JCR 期刊数据为基础，进行世界一流科技期刊整体情况和个案研究。

第二节　世界一流期刊概貌总览：巨头林立和新陈代谢

在 JCR 期刊数据和 TOP5%的标准下，我们进行了世界一流科技期刊的遴选，得到了 311 种科技期刊，下面针对这 311 种期刊做具体的分析。以下将从一流科技期刊的学科分布、地区分布、语种分布、出版商分布、影响力分析等几个方面简要探讨目前国际一流科技期刊的现状。

一、出版地：三国垄断

表 2-3 给出了 311 种科技期刊的出版地分布情况。一流科技期刊分布在 13 个国家，主要集中在美国、英国、荷兰等科技发达的西方国家，其中，美国期刊最多，共 151 种，涵盖了一流科技期刊总量的 48.55%，英国期刊次之，共 97 种，占一流科技期刊总量的 31.19%。我国的 *Light：Science & Applications*（《光：科学与应用》）、*Fungal Diversity*（《真菌多样性》）和 *Molecular Plant*（《分子植物》）三种期刊也在一流科技期刊之列。此外，意大利、法国等 6 个国家各有 1 种期刊入选。与国际科技期刊总体发展现状类似：大量一流科技期刊由少数国家出版，美国，英国与荷兰以合计超 90%的份额，几乎垄断了一流科技期刊的出版。

表 2-3　世界一流科技期刊出版地分布

序号	国别	期刊数量/种	占比
1	美国	151	48.55%
2	英国	97	31.19%
3	荷兰	32	10.29%
4	德国	12	3.86%
5	瑞士	4	1.29%
6	丹麦	4	1.29%
7	中国	3	0.96%
8	澳大利亚	2	0.64%
9	其他	6	1.93%
	合计	311	100%

二、语种分布：英语绝对优势

统计一流科技期刊的出版语种发现，311 种一流科技期刊中，294 种为英语出版期刊，占一流科技期刊总量的 94.53%，其余 17 种为多语种出版期刊。英语在当今世界科技成果交流中发挥着重要作用，英语语种在国际一流科技期刊中占据主导地位。同时，各国借由多语种出版期刊提升本国期刊和本国语言在国际上地位和影响力的趋势也有所增强。

三、学术影响力：主流学术声音

根据 JCR 报告 2018 年的统计结果，从期刊数量上看，一流科技期刊数量（311 种）占科技类 Q1 区期刊总量（2486 种）的 12.51%，2018 年总发文 124912 篇，占 Q1 区期刊总发文（667488 篇）的 18.71%。从总被引频次来看，一流科技期刊在 2018 年总被引 15223120 次，占 Q1 区期刊总被引频次（42075860 次）的 36.18%（表 2-4）。可见，一流科技期刊以占比 Q1 区期刊近 20% 的发文量获得了近 40% 的被引频次。

表 2-4 一流科技期刊与 Q1 区期刊发文、被引情况对比

项目	一流期科技期刊	SCIE-Q1 区期刊	占比
期刊数量/种	311	2486	12.51%
2018 年发文量/篇	124912	667488	18.71%
2018 年总被引频次	15223120	42075860	36.18%

对 ESI 数据库 2009~2019 年 11 年高被引论文数据进行分析（数据获取时间为 2019 年 6 月 27 日），可以看出一流科技期刊与 Q1 区期刊近 11 年以来的高被引论文数基本都呈逐年增长趋势（表 2-5）。并且除 2018、2019 年外，每年产出的高被引论文数都占到了 Q1 区期刊总产出高被引论文数的 50% 以上。

表 2-5 一流科技期刊与 Q1 区期刊 2009~2019 年高被引论文量对比

年份	一流科技期刊高被引论文数/篇	Q1 区期刊高被引论文数/篇	占比
2009	4805	9532	50.41%
2010	4965	9738	50.99%
2011	5555	10576	52.52%
2012	5846	11136	52.50%
2013	6189	11904	51.99%
2014	6599	12515	52.73%
2015	6814	13035	52.27%
2016	7118	13689	52.00%
2017	7232	14050	51.47%
2018	6477	13701	47.27%
2019	372	1170	31.79%
合计	61972	121046	51.20%

在一流科技期刊中，影响因子最高可达 223.679 分（*CA-A Cancer Journal for Clincians*）（《临床医师癌症杂志》），科技综合类领先的 *Nature* 期刊 43.070 分，医学综合类领先的 *The New England Journal of Medicine*（《新英格兰医学杂志》，NEJM）期刊 70.670 分，专业类领先的 *Energy & Environmental Science*（《能源与环境科学》）期刊 33.250 分，这些都是欧美国家创建的质量水平和影响力俱佳的世界大刊，并且影响因子平均值数据显示，一流科技期刊的影响因子平均值为 12.020 分，远高于 Q1 区期刊的平均值 5.826 分。

从发文量、总被引频次、高被引论文数、影响因子等多个角度都可以看出在学术影响力占主流的评价环境下，一流科技期刊不仅稿源多，而且整合经营能力强，聚焦一流前沿科学问题，发表论文质量水平高，影响力大，备受各领域研究学者的青睐。

四、出版商：爱思唯尔大幅领先

表 2-6 列出了出版一流科技期刊数量在 5 种以上（不含 5 种）的机构，可以看出，与科技期刊总体发展现状类似，一流科技期刊的发展呈现出明显的产业化和集中化特征，大量一流科技期刊由少数机构出版。311 种一流科技期刊由全球范围内的 60 个机构出版，其中出版一流科技期刊数量 5 种以上的机构有 8 个，共出版一流科技期刊 229 种，占一流科技期刊总量的 73.63%，其余不足 30% 的一流科技期刊由全球 52 个机构出版。属于爱思唯尔的一流科技期刊 99 种，占一流科技期刊总量的 31.83%，居出版一流科技期刊数量的第一位。

表 2-6　一流科技期刊出版商分布

序号	出版商名称	期刊数量/种	占比
1	Elsevier	99	31.83%
2	Wiley	43	13.83%
3	Springer Nature	37	11.90%
4	IEEE	18	5.79%
5	Oxford University Press	14	4.50%
6	American Chemical Society	9	2.89%
7	Lippincott Williams & Wilkins	9	2.89%
	其他	82	26.37%

但是，有别于科技期刊总体的出版机构分布特征，"高产"一流科技期刊的机构不仅限于爱思唯尔、威立、施普林格-自然等大型商业化出版集团。Nature 品牌共有一流科技期刊 29 种，占一流科技期刊总量的 9.32%，IEEE、牛津大学出版社（Oxford University Press）等机构出版一流科技期刊数量也较多。除大型商业出版集团外，主流学会、知名高校出版社、顶尖科学杂志社也是建设一流科技期刊的重要阵地。

五、出版商的 20 年：向头部集中

期刊品牌和知识产权在出版业是被定位在核心利益的位置之上，这一点在 JCR 的数据库中有着充分的体现，这样品牌传承脉络可以让我们在长时间尺度上回顾一流科技期刊的发展变化趋势。图 2-3 展示了 JCR 数据库中对于 *Water Research* 和 *Angewandte Chemie-International Edition* 数据的展示，我们可以清晰看到品牌的历史痕迹。因此我们将以 1998 年，2008 年以及 2018 年的 JCR 报告为数据来源，在前文的标准基础上，简要回顾分析世界一流科技期刊的发展。

图 2-3　两种期刊的 JCR 数据展示

图 2-4 给出了 1998 年、2008 年、2018 年世界一流科技期刊的出版商位序期刊数及累计百分比，以出版商出版世界一流科技期刊数量倒序排序，灰色柱状表示 1998 年出版商位序期刊数量（即出版期刊数量第一名出版商出版的期刊数量，

以此类推），灰色曲线表示出版商出版世界一流科技期刊数量的累计百分比；同理，蓝色柱状与曲线代表 2008 年，红色柱状与曲线代表 2018 年。

由图 2-4 可见，1998 年 191 种一流科技期刊分布在 101 家出版商，累计百分比达到 80% 时的期刊出版商数量为 64 家，占到全部出版商数量的 63% 左右，2008 年 238 种一流科技期刊分布在 72 家出版商，累计百分比达到 80% 时的期刊出版商数量为 25 家，占到全部出版商数量的 35%；2018 年 311 种一流科技期刊分布在 60 家出版商，累计百分比达到 80% 时的期刊出版商数量为 13 家，占到全部出版商数量的 22%。可见，在这 20 年的发展历程中，集中化程度较之前大幅提升，2018 年的分布情况基本符合二八定律。

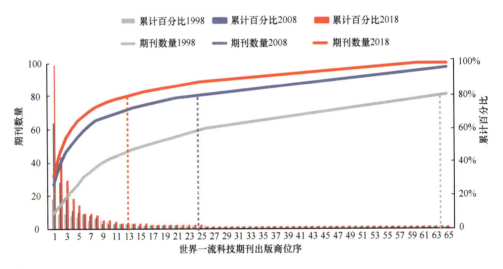

图 2-4　1998 年、2008 年、2018 年世界一流科技期刊出版商位序期刊数及累计百分比

举例来说，布莱克威尔（Blackwell）出版公司的世界一流科技期刊 1998 年为 9 种，2007 年 2 月威立收购布莱克威尔出版公司，并将其与自己的科学、技术及医学业务合并组建威立-布莱克威尔，所以在 2008 年不再出现布莱克威尔出版公司，而是威立出版公司，且 2008 年出版一流科技期刊 28 种；而威立出版世界一流科技期刊数量从 1998 年的 6 种迅速上升到 2018 年 43 种，位于 2018 年出版商的第二名。另外，Nature 作为出版商品牌在 1998 年还不存在（麦克米伦在 1999 年成立 Nature Publishing Group，简称 NPG），其世界一流科技期刊数量从 2008

年 19 种至 2018 年 29 种，也出现大幅增长。爱思唯尔在 1998~2018 年均位于出版商的第一名，从 1998 年的 18 种飞速上升到 2008 年的 64 种，到 2018 年的 99 种，爱思唯尔的成功离不开同其他同样出色的科技出版商之间的合作，其中包括 North Holland、Excerpta Medica、Pergamon、Mosby、W.B. Saunders、Churchill Livingstone 和 Academic Press，这些具有悠久历史的出版商现已成为爱思唯尔的一部分。可见，1998~2018 年，国际出版集团出现大规模的兼并和重组，2018 年世界一流科技期刊的格局，基本在 10 年以前已经奠定。

六、世界一流期刊的 20 年：新刊崛起于竞争

在前一节的基础上，我们交叉比对了 1998 年，2008 年和 2018 年世界一流科技期刊的名单，进行如下分组：连续 3 次上榜和 2018 首次上榜。基于此本节我们展开相应的讨论。

■ **连续三次上榜**

经统计，连续上榜的期刊总计有 58 种，占比 2018 年 311 种一流科技期刊的 18.65%。58 种连续上榜的一流科技期刊影响因子平均值从 1998 年的 8.527 上升到了 2018 年的 18.206。影响因子最高值由 1998 年的 40.361 上升到了 223.679。经过 20 年的发展，一流科技期刊之间的竞争非常激烈，不足 20% 的期刊稳定在一流科技期刊行列，平均影响因子增加了一倍多，其中最高的影响因子甚至增加了 5 倍还要多。表 2-7 给出了详细的数据情况。医学类期刊呈现出了明星学科特征，*CA-A Cancer Journal for Clinicians*、NEJM、*The Lancet* 和 *JAMA-Journal of the American Medical Association*（《美国医学会杂志》，JAMA）均实现影响因子的跳跃式增长，在 2018 的排名中 Top5 占据了 4 席。可见，只有大幅提高期刊的学术影响力，保持期刊期刊学术影响力的不断增长，才能在激烈的竞争中保留一流科技期刊的位置。

■ **2018 首次上榜**

相对于 1998 年、2008 年，总计 162 种期刊在 2018 年首次进入到一流科技期刊行列中，这意味着老刊有超过 50% 的比例落榜。考虑到这是以 10 年为尺度的测量，基本可以认为：科技期刊的发展存在正常的新陈代谢规律，即大约每 10 年会

表 2-7　1998 和 2018 年影响因子 TOP20

期刊名称	1998 年影响因子	期刊名称	2018 年影响因子
Nature Genetics	40.361	*CA-A Cancer Journal for Clinicians*	223.679
Cell	38.686	*The New England Journal of Medicine*	70.67
Nature	28.833	*The Lancet*	59.102
The New England Journal of Medicine	28.66	*JAMA-The Journal of the American Medical Association*	51.273
Science	24.386	*Nature*	43.07
CA-A Cancer Journal for Clinicians	21.432	*Science*	41.037
Immunity	20.518	*Reviews of Modern Physics*	38.296
Genes & Development	19.067	*Cell*	36.216
Neuron	16.505	*Journal of Clinical Oncology*	28.245
Journal of Experimental Medicine	15.882	*Nature Genetics*	25.455
Reviews of Modern Physics	13.439	*Circulation*	23.054
The Lancet	11.793	*Immunity*	21.522
Plant Cell	11.757	*Gastroenterology*	19.233
Gastroenterology	10.33	*Journal of the American College of Cardiology*	18.639
Proceedings of the National Academy of Sciences of the United States of America	9.821	*Blood*	16.562
JAMA-The Journal of the American Medical Association	9.522	*American Journal of Respiratory and Critical Care Medicine*	16.494
Annals of Neurology	9.455	*Circulation Research*	15.862
Circulation	9.173	*Hepatology*	14.971
Blood	8.372	*Journal of the American Chemical Society*	14.695
Psychological Review	8.239	*Neuron*	14.403

有 50% 的期刊离开一流的行列，同时会有新的期刊补充进来。图 2-5 展示了 2018 年影响因子大于 20 的期刊 20 年影响因子变化的色阶图。灰色代表影响因子为 0 的年份，可以理解为该刊为近年新创办，JCR 没有收录，因此没有影响因子数据。从图上可以看出，在 42 本期刊中，近 60% 的期刊（25 种期刊）均在 2000 年及以后年份 JCR 报告中才有影响因子，说明在影响因子大于 20 的期刊历史不足 20 年。25 种期刊历史不足 20 年的期刊中，有 16 种期刊第一年的影响因子就超过 10，占比超过 60%，尤其是 *Nature Energy*，2017 年第一年影响因子就达到 46.859，2018 年影响因子继续上升到 54.000。其他不足 20 年的期刊虽然第一年影响因子不是很高，但其保持着不断增长的态势，也很快进入前列，例如 *World Psychiatry*，2008

期刊名称	IF1998	IF1999	IF2000	IF2001	IF2002	IF2003	IF2004	IF2005	IF2006	IF2007	IF2008	IF2009	IF2010	IF2011	IF2012	IF2013	IF2014	IF2015	IF2016	IF2017	IF2018
CA-A Cancer Journal for Clinicians	21.432	22.327	24.674	35.933	32.886	33.056	44.515	49.794	63.342	69.026	74.575	87.925	94.333	101.780	153.459	162.500	144.800	137.578	187.040	244.585	223.679
The New England Journal of Medicine	28.660	28.857	29.512	29.065	31.736	34.833	38.570	44.016	51.296	52.589	50.017	47.050	53.486	53.298	51.658	54.420	55.873	59.558	72.406	79.258	70.670
The Lancet	11.793	10.197	10.232	13.251	15.397	18.316	21.713	23.878	25.800	28.638	28.409	30.758	33.633	38.278	39.060	39.207	45.217	44.002	47.831	53.254	59.102
Nature Energy	0.000	0.000	0.000	0.000	0.000	0.000	0.000	0.000	0.000	0.000	0.000	0.000	0.000	0.000	0.000	0.000	0.000	0.000	0.000	46.859	54.000
JAMA-The Journal of the American Medical Association	9.522	11.435	15.402	17.569	16.586	21.455	24.831	23.494	23.175	25.547	31.718	28.899	30.011	30.026	29.978	30.387	35.289	37.684	44.405	47.661	51.273
Nature	28.833	29.491	25.814	27.955	30.432	30.979	32.182	29.273	26.681	28.751	31.434	34.480	36.104	36.280	38.597	42.351	41.456	38.138	40.137	41.577	43.070
Science	24.386	24.595	23.872	23.329	26.682	29.781	31.853	30.927	30.028	26.372	28.103	29.747	31.377	31.201	31.027	31.477	33.611	34.661	37.205	41.058	41.037
Nature Materials	0.000	0.000	0.000	0.000	0.000	10.778	13.531	15.941	19.194	19.782	23.132	29.504	29.920	32.841	35.749	36.425	36.503	38.891	39.737	39.235	38.887
Reviews of Modern Physics	13.439	16.833	12.774	12.762	23.672	28.172	32.771	30.254	33.508	38.403	33.985	33.145	51.695	43.933	44.982	42.860	29.604	28.710	36.917	36.367	38.296
Cell	38.686	36.242	32.440	29.219	27.254	26.626	28.389	29.431	29.194	29.887	31.253	31.152	32.406	32.403	31.957	33.116	32.242	28.710	30.410	31.398	36.216
The Lancet Oncology	0.000	0.000	0.000	0.000	0.000	7.411	8.794	9.608	10.119	12.247	13.283	14.470	17.764	22.589	25.117	24.725	24.690	26.509	33.900	36.418	35.386
World Psychiatry	0.000	0.000	0.000	0.000	0.000	0.000	0.000	0.000	0.000	0.000	3.896	4.375	5.562	6.233	8.974	12.846	14.225	20.205	26.561	30.000	34.024
Nature Nanotechnology	0.000	0.000	0.000	0.000	0.000	0.000	0.000	0.000	0.000	0.000	20.571	26.309	30.324	27.270	31.170	33.265	34.048	35.267	38.986	37.490	33.407
Energy & Environmental Science	0.000	0.000	0.000	0.000	0.000	0.000	0.000	0.000	0.000	0.000	0.000	8.500	9.488	9.610	11.653	15.490	20.523	25.427	29.518	30.067	33.250
Nature Reviews Disease Primers	0.000	0.000	0.000	0.000	0.000	0.000	0.000	0.000	0.000	0.000	0.000	0.000	0.000	0.000	0.000	0.000	0.000	0.000	6.389	16.071	32.274
Nature Biotechnology	8.085	10.117	11.542	11.310	12.822	17.721	22.355	22.738	22.672	22.848	22.297	29.495	31.090	23.268	32.438	39.080	41.514	43.113	41.667	35.724	31.864
Nature Photonics	0.000	0.000	0.000	0.000	0.000	0.000	0.000	0.000	0.000	0.000	0.000	26.506	29.278	23.565	27.254	29.958	32.386	31.167	37.852	32.521	31.583
Nature Medicine	27.930	26.584	27.905	27.906	28.740	30.550	31.223	28.878	28.588	26.382	27.553	27.136	25.430	22.462	24.302	28.054	28.223	30.357	29.886	32.621	30.641
The Lancet Neurology	0.000	0.000	0.000	0.000	0.000	0.000	8.340	11.231	9.479	10.169	14.270	18.126	21.659	23.462	23.917	21.823	21.896	23.468	26.284	26.201	28.755
Nature Methods	0.000	0.000	0.000	0.000	0.000	0.000	0.000	0.000	14.959	15.478	13.651	16.874	20.721	19.276	23.565	25.953	32.072	25.328	25.062	26.919	28.467
Journal of Clinical Oncology	8.228	7.963	8.773	8.530	9.868	10.864	9.835	11.810	13.598	15.484	17.157	17.793	18.970	18.372	18.038	17.960	18.443	20.982	24.008	26.303	28.245
BMJ-British Medical Journal	0.000	0.000	0.000	0.000	0.000	0.000	0.000	0.000	0.000	0.000	0.000	0.000	0.000	0.000	17.215	16.378	17.445	19.697	20.785	23.259	27.604
The Lancet Infectious Diseases	0.000	0.000	0.000	0.000	0.000	0.000	10.788	10.008	11.808	12.058	13.165	15.583	16.144	17.391	19.966	19.446	22.433	21.372	19.864	25.148	27.516
Advanced Materials	4.960	5.415	5.522	5.579	6.801	7.305	8.079	9.107	7.896	8.191	8.379	8.379	10.880	13.877	14.829	15.409	17.493	18.960	19.791	21.950	25.809
Nature Genetics	40.361	30.693	30.910	29.600	26.711	26.494	24.695	25.797	24.176	25.556	30.259	34.284	36.377	35.532	35.209	29.648	29.352	31.616	27.959	27.125	25.455
Advanced Energy Materials	0.000	0.000	0.000	0.000	0.000	0.000	0.000	0.000	0.000	0.000	0.000	0.000	0.000	0.000	10.043	14.385	16.146	15.230	16.721	21.875	24.884
The Lancet Diabetes & Endocrinology	0.000	0.000	0.000	0.000	0.000	0.000	0.000	0.000	0.000	0.000	0.000	0.000	0.000	0.000	0.000	0.000	9.185	16.320	19.742	19.313	24.540
Materials Today	0.000	0.000	0.000	0.000	0.000	0.000	0.000	0.000	0.000	0.000	0.000	0.000	0.000	5.565	6.071	10.850	14.107	17.793	21.695	24.537	24.372
Cancer Cell	0.000	0.000	0.000	0.000	18.725	18.913	18.122	18.725	24.077	23.858	24.962	25.288	26.925	26.566	24.755	23.893	23.523	23.214	27.407	27.407	23.916
Nature Immunology	0.000	0.000	0.000	0.000	27.868	28.180	27.586	27.011	27.596	26.218	25.113	26.000	25.668	26.008	26.199	24.973	20.004	19.381	21.506	21.809	23.530
European Heart Journal	3.631	3.210	3.840	5.153	6.131	5.997	6.247	7.341	7.286	7.924	8.917	9.800	10.052	10.478	14.097	14.723	15.203	15.064	19.651	23.425	23.239
Nature Chemistry	0.000	0.000	0.000	0.000	0.000	0.000	0.000	0.000	0.000	0.000	0.000	0.000	0.000	20.524	21.757	23.297	25.325	27.893	25.870	26.201	23.193
Circulation	9.173	9.903	10.893	10.517	10.255	11.164	12.563	11.632	10.940	12.755	14.595	14.816	14.432	14.739	15.202	14.948	15.073	17.202	19.309	18.880	23.054
IEEE Communications Surveys And Tutorials	0.000	0.000	0.000	0.000	0.000	0.000	0.000	0.000	0.000	0.000	0.000	0.000	3.692	6.311	4.818	6.490	6.806	9.220	17.188	20.230	22.973
Cell Metabolism	0.000	0.000	0.000	0.000	0.000	0.000	0.000	0.000	0.000	17.148	16.107	17.350	18.207	13.668	14.619	16.747	17.565	17.303	18.164	20.565	22.415
Nature Climate Change	0.000	0.000	0.000	0.000	0.000	0.000	0.000	0.000	0.000	0.000	0.000	0.000	0.000	0.000	14.472	15.295	14.547	17.184	19.304	19.181	21.722
Immunity	20.518	20.563	21.083	18.866	17.468	18.913	18.122	18.725	18.306	19.266	20.579	20.589	24.221	21.637	19.795	19.748	21.561	24.082	22.845	19.734	21.522
Cell Stem Cell	0.000	0.000	0.000	0.000	0.000	0.000	0.000	0.000	0.000	0.000	0.000	23.563	25.943	25.421	25.315	22.151	22.268	22.387	23.394	23.290	21.464
Nature Neuroscience	0.000	8.863	12.636	15.668	14.857	15.141	16.980	15.456	14.805	15.664	14.164	14.345	14.191	15.531	15.251	14.976	16.095	16.724	17.839	19.912	21.126
JAMA Internal Medicine	0.000	0.000	0.000	0.000	0.000	0.000	0.000	0.000	0.000	0.000	0.000	0.000	0.000	0.000	0.000	0.000	13.116	14.000	16.538	19.989	20.768
Nature Physics	0.000	0.000	0.000	0.000	0.000	0.000	0.000	0.000	0.000	0.000	12.040	15.491	18.430	18.967	19.352	20.603	20.147	18.791	22.806	22.727	20.113

图 2-5　2018 年入榜的期刊的期刊影响因子 20 年变化（影响因子>20）

年第一年影响因子只有 3.896，但每年的影响因子均有较快的增长，2018 年的影响因子 34.024，仅通过 10 年的发展，影响因子增长了近 10 倍。另外 *Nature*、*Cell* 及其子刊表现出色，同时这些子刊也确实是前面中国科学院院士们列入简历的期刊名字。虽然在影响因子 TOP10 的期刊中，老刊还是占据 8 个席位，且保持着很高的增长趋势，但新刊的突出表现正不断为一流科技期刊注入新的活力，新老期刊的对碰不仅带动了整个科技期刊的竞争激烈程度，也激发了各自成长的潜能。新刊只有在竞争中崛起，才能不断发展为有历史、有品牌、有市场、有影响的世界一流科技期刊。

第三节　模式案例：学会旗舰、商业品牌与 PNAS

一、学会旗舰：*Science*、PRL、JACS、NEJM 等

2018 年，中国科学技术协会启动了世界一流学会建设项目，实施方案提出了五项建设内容，分别是提升学会的群众组织力、提升学会的学术引领力、提升学会的战略支撑力、提升学会的文化传播力和提升学会的国际影响力，同时指明了八个重点建设方向，其中第四个即为"建设世界一流的科技期刊"，具体要求致力于提升学会主办期刊的质量和水平，拓展办刊视野，创新办刊模式，吸引世界高水平原创科技创新成果首发，打造本领域国际前列的一流期刊。在 311 种顶尖期刊阵列中，排在爱思唯尔、威立等商业巨头之后就是英美的一流学会，例如美国科学促进会的旗舰 *Science* 及新创的 *Science Advances*，入选 18 种期刊的电子电气工程师学会，入选 9 种期刊的美国化学会以及入选 5 种期刊的美国医学会。

本书以科技综合类以及理、工、医学四个方向遴选六种期刊作为案例开展研究，分别是：

美国科学促进会：《科学》杂志，即 *Science*，作为科技综合类代表。

美国物理学会：《物理评论快报》，即 *Physical Review Letters*，简称 PRL，作为物理学科代表。

美国化学会：《美国化学会志》，即 *Journal of the American Chemical Society*，

简称 JACS，作为化学学科代表。

美国医学会：《美国医学杂志》，即 *JAMA-The Journal of the American Medical Association*，简称 JAMA，作为医学学科代表。

马萨诸塞州医学会：《新英格兰医学杂志》，即 *The New England Journal of Medicine*，简称 NEJM，作为医学学科代表。

电子电气工程师学会：《IEEE 会刊》，即 *Proceedings of the IEEE*，作为工程科学代表。

二、商业品牌：*Nature*、*Cell*、*The Lancet* 与 *Advanced Materials*

前文的出版商分布显示，超过 50%的一流科技期刊为爱思唯尔、自然和威立所掌握，它们科技期刊业务收入规模也是以亿美元为单位进行计算。但这三家企业的发展历程和运营模式以及办刊理念确是截然不同的。自然出版集团起源于 1869 年创办的 *Nature*，一直到创刊 100 年后，才缓慢的以 Nature 品牌为依托逐步发展成了现在规模。*Nature* 的扩张是基于内部的专业化的科技编辑团队兴办新刊为主，合作出版为辅的模式。而起源于荷兰皇家科学院印刷厂的国际学术出版巨头爱思唯尔则走出了一条科技出版业的并购崛起的道路，旗下最负盛名的 *The Lancet* 和 *Cell* 分别于 1991 年和 1999 年收购而来。威立在资源整合的模式道路上较之爱思唯尔走的更远，不仅早期的科技期刊业务是通过逃离纳粹德国的科学家重返欧洲之后牵线搭桥收购而来的，如今威立平台上约 50%的期刊均为合作出版发行，包括当今影响因子最高的 *CA: A Cancer Journal for Clinicians*，实际上是美国癌症协会与威立合作出版发行。尽管三大企业分属于不同的国家，都走过的是不同的道路，但在品牌建设方面却呈现出了惊人的一致性，均采用了主刊—子刊集团协同发展的模式，自然品牌的阵型相对最为成熟，基本形成了："*Nature* 主刊"—"*Nature* 子刊"—"*Nature Communications*"三个层级的出版格局。爱思唯尔旗下的 *Cell* 和威立旗下的 *Advanced* 系列也采用了类似的模式：

对于 Cell Press，*Cell* 主刊—*Cell* 子刊—*Cell Reports*。

对于 *Advanced* 系列，*Advanced Materials—Advanced-XXX-Materials—Advanced Science*。

主刊和子刊的影响因子一定是位于学科或者类别顶尖水平，第三层级的开放获取期刊的影响因子也都在 10 以上，发文量通常都在 1000 篇/年以上，连论文处理费都一致性地落在 4000~5000 美元/篇。

基于发展模式的多样性，出版模式的一致性，以及学科的覆盖度，我们遴选了四种商业品牌期刊作为第五章的研究对象，分别是多学科领域的 *Nature*，生命科学领域的 *Cell*，医学领域的 *The Lancet* 以及材料科学领域的 *Advanced Materials*，期望能从单刊的发展历程，内容建设、主编、编委、编辑等多个角度的研究中提炼共性，得到启发。

三、独树一帜：PNAS

前文的数据分析显示，尽管无论是整体还是所谓一流期刊都呈现出了集中化的趋势，但在 311 种顶尖期刊中，仍然有 35 种期刊分别由 35 家单位出版，比较典型的案例就是院士云集的美国国家科学院所出版的《国家科学院院刊》（*Proceedings of the National Academy of Sciences of the United States of America*，简称 PNAS）。事实上，以院士稿件为主要论文来源的 PNAS 的办刊模式与上述的学会或者商业公司有着显著的差别，PNAS 不仅是院士进行学术交流的主要阵地，同时由于其独特的地位，PNAS 更代表着美国科研的水平。因此，我们将 PNAS 单独作为一类案例来开展研究。

第三章

学会旗舰：
一流学会的学术品牌

第一节 一流学会与一流期刊：休戚与共的学术资产

学会的兴起可以追溯到科技期刊的发展期，相比现在，既没有陆海空联合交通方式以及基于互联网的通信手段，又没有现在占主导地位的政府资助的科研模式，那么这一时期刚刚建立的无论是综合性质的美国科学促进会、还是专业化的美国化学会、美国物理学会、美国医学会们以及电子电气工程师学会如何生存或维系自身的运转呢？办刊便成为了这一时期，特别是现如今这些国际一流学会立身的根本。我们将以美国医学会与《美国医学会杂志》创办之初和当前的财务情况开启作为学会旗舰案例的背景基础。需要特别指出的是，四个时期的科技期刊，无论是学会还是商业公司所遵循的法则都是"物竞天择、适者生存"的自然原则，超级巨头因此而壮大崛起，自甘平庸的也因此而销声匿迹，这一点与我国科技期刊的生存发展环境有根本性的区别。

早期美国的医生大多由英国留学生构成的，规模日益壮大之后，美国医生群体仿照英国医学会于 1847 年成立了美国医学会。美国医学会成立的第二年，即 1848 年 12 月，《美国医学会杂志》（JAMA）的前身《美国医学会年报》在芝加哥创刊发行，这是美国医学会历史上创办的第一份刊物，主要刊登医学会的会议记录、委员会报告、主席的就职演说等。然而当时已经刊行的英国 British Medical Journal（《英国医学期刊》，BMJ）以及 The Lancet 均为周刊，因此在《美国医学会年报》刊行伊始，要求其改组为周刊的意见就被提了出来。意见是一回事，执行是另外一回事。1797~1884 年，美国先后创办的医学杂志共计 509 份。这一时期创刊的 509 份医学杂志中，173 份仅有刊名而未出版，42 份仅出版了第 1 卷后就宣告停刊，53 份仅出版了 2 卷，而发行到 1884 年 2 月的仅有 103 份杂志。美国医学会的谨慎是可以理解的。事实上，直到 1881 年，学会才形成一份年报周刊化的可行性报告，两年后的 1883 年，《美国医学会杂志》在芝加哥刊行。随之而来的是大幅上涨的开销，周刊的开销是每年 15000 美元以上，而 1865~1879 年间，学会年均收入约为 4000 美元，1875~1879 年间的年均收入有所增加，超过了 5000 美元，但从来没有达到 6000 美元。入不敷出的窘境使得 JAMA 很快债台高筑，到 1893 年的时候，JAMA 负债 1 万美元，也就是在同期，爱迪生曾经资助过的《科学》在 1882 年停刊之后，再次于 1894 年因为财务困境导致期刊被出售。需要补充的背景是，世纪之交中，或者说物理学奇迹年（1905）之后，以大白舰队（Great White Fleet）为主体的美国海军首次进行了全球航行，美国人口突破了 7500 万，而美国的 GDP 超过英国首次成为了世界第一。而当时美国医学会的会费为 3 美元/年，杂志的订阅为 5 美元/年，如果经营得当，3000 个订户就足以让 JAMA 在财务上走出困境。1900 年，在美国医学会改组的基础上以及西蒙斯的领导下，JAMA 的发行量超过了 17000 份。JAMA 不仅摆脱了财务困境，而且成为了学会的财政主体。1901 年发行和广告收入接近10 万美元，在美国强大的国力和学会坚实的财政资源的支撑下，美国医学会也一跃成为世界上影响力最大的医学组织。如今，学会有 14 个学术出版物，其中包括 JAMA 及其 11 种子刊、*JAMA Network Open*、*AMA Journal of Ethics*，出版业务整体收入超过 2.5 亿美元，占整体收入的 70%以上。事实上，本章中美国科学促进会、美国物理学会、美国化学会均走过类似的道路，有鉴于此，一流期刊对于一流学会来说可谓是休戚与共的学术资产，这也是本章给予读者的第一个观点。

第二节　《科学》杂志：新大陆的科学周刊

《科学》（*Science*）杂志是由世界上最大的科学团体美国科学促进会所出版的一份学术周刊，是世界上最权威，同时也是发行量最大的学术期刊之一，影响因子长期处于世界前 10，全球拥有约 13 万付费订户。*Science* 是由科学家、发明家爱迪生（Thomas Edison）于 1880 年赞助创立，并于 1900 年成为美国最大的科学团体——美国科学促进会（American Association for the Advancement of Science，简称 AAAS）的正式刊物。

Science 秉承 AAAS "发展科学，服务社会"（To advance science, engineering, and innovation throughout the world for the benefit of all people）的宗旨和理念，让科学家掌握科学前沿发展动态，紧跟科技发展趋势。其每一期的前半部分由一组出色的科技新闻记者撰稿；后半部分主要发表来自世界各地的出类拔萃的科学家们所撰写的科学论文。*Science* 以发表具有重要意义的原创性科研报告为主，这些文章持续地排在世界引用率最高的研究报告前列。同时，它的科学新闻报道、综述、分析、书评等部分，都是权威的科普资料，因此，该杂志也适合一般读者阅

读。目前，*Science* 已经发展成为各国科学家公认的世界一流的科技学术期刊，在科学界具有深远的影响并拥有广泛的读者群。*Science* 要求论文应当揭示崭新的概念，是对自然或理论世界提出的重要的新见解和原创性研究，而不是对已有认识的再次论证，是出版最激动人心和全新科学研究发现的前沿阵地。本节我们将从 AAAS 的介绍进入到 *Science* 的案例中，从代表性论文、文献计量学数据、内容建设、历任主编等多个角度挖掘 *Science* 的一流特征。

一、美国科学促进会：规模庞大，体系完善

AAAS 成立于 1848 年，是世界上最大的科学和工程学协会的联合体，也是最大的非营利性国际科技组织，下设 21 个专业分会，涉及的学科包括数学、物理、化学、天文、地理、生物等自然科学和社会科学。AAAS 的宗旨和任务是：发展科学，服务社会，致力于推动学术交流、科学教育以及科技人力资源和基础设施发展，并向美国政府积极提供科技政策咨询意见。它的主要目标是：推进科学家的工作、相互合作，促进科学自由，提高科学在为人类造福方面的效益，增进公众对科学在人类进步中重要性的了解。

AAAS 现有 265 个分支机构和 1000 万成员。其年会是科学界的重要聚会，近年来，每次年会都能吸引数千名科学家和上千位科学记者参加。自 1874 年开始，AAAS 委员会每年会推选出"在学术界或社会上对推动科学发展或其应用方面作出卓越贡献"的会员授予会士（Fellow）荣誉。AAAS 会士是授予对科学创新、教育和科学领导作出杰出贡献的会员。其遴选程序非常严格，每年根据学术影响及科学贡献从其会员中推选优秀的学者，最终当选会士的会员必须是被认为"在科学研究领域和科学技术进步方面做出杰出贡献"的科学家。历史上先后有十多位诺贝尔奖得主担任过 AAAS 的主席、部门领导或 *Science* 的主编。2002 年的诺贝尔奖得主中就有 5 位是 AAAS 会员。

AAAS 目前出版 6 种高水平同行评议期刊：

- *Science*，AAAS 旗舰期刊。
- *Science Signaling*，1999 年创刊，出版细胞信号通路领域研究论文。
- *Science Translational Medicine*，2009 年创刊，出版医学领域研究论文。

● *Science Advances*，2015 年创刊，为开放获取类期刊影响因子最高的期刊之一，2018 年为 12.804。

● *Science Immunology*，2016 年创刊，发表免疫学领域研究论文。

● *Science Robotics*，2016 年创刊，发表机器人领域研究论文。

二、发展历程：从家族经营到学会办刊

（一）源起爱迪生（1880~1894）

1880 年，John Michels 和著名发明家汤姆·爱迪生（Thomas Edison）联手创办了 *Science*。1880 年 6 月 3 日出版第一期，为周刊。二人合作 18 个月后最终分开。1881 年，经过 Michels 的努力，*Science* 绝处逢生，Michels 增加 *Science* 页数，由著名科学家负责专栏并写稿，同时增加插图，用以吸引读者，争取订户。1882年，在 AAAS 蒙特利尔会员大会上，Michels 被排斥。最后 Michels 交出 *Science*的控制权，转给电话的发明人之一，亚压山大·贝尔（Alexander Bell）。

Bell 启用波士顿昆虫学家 Samuel Seudder 任主编。Seudder 于 1883 年 1 月起请年轻物理学家 H. D. C. Hodges 协助自己工作。由于 Seudder 与 Bell 在很多决策上存在分歧，Seudder 不得不离职，由助手 Hodges 担任主编。Hodges 将大部分精力用在发行和广告上，但因资金不足，再加上没有得到 Bell 等人的支持，1886~1894年，投资人撤资，Hodges 在没有工资的情况下坚持着。1888 年，编委会解散，Hodges 完全是单打独斗，1894 年，*Science* 出版再次中断。1894 年，Bell 将杂志产权转给心理学教授 James Cattell。

两大美国工业巨头——通用电气和美国电报电话的创始人，一位出资创办*Science*，另外一位短期经手，可以说这是 *Science* 早期经历中最令人惊叹的部分，但这些并不能保证期刊的正常发展。*Science* 在等待一位同时拥有扎实科学背景、丰富的出版经验和杰出的商业运营能力并高度专注的主编将其带入美国世纪，而这四点几乎是后来一流期刊创刊的普遍经验。

（二）James Cattell 时代（1894~1945）

在 *Science* 的编辑出版史上，Cattell 最富盛名。他不仅使刊物死而复生，而

且奇迹般地当了 50 年的主编，使世人对 *Science* 刮目相看。Cattell 是哥伦比亚大学（Columbia University）心理学教授，1894 年，接管 *Science*。Cattell 从 AAAS 中挑选人员组成编委会，不断拓宽自己与科学界的联系，吸引科学家提建议，投稿、审稿、组稿、增加栏目、丰富期刊内容。经过 Cattell 的不懈努力，*Science* 成为了美国科学家必读刊物之一。1900 年，*Science* 正式成为了 AAAS 的官方期刊。

（三）AAAS 时代：1945 年至今

Cattell 去世后，*Science* 进入了一段较为困难的过渡时期，一直延续到 1962 年。从 1946 年到 1954 年大约有 6 个总编来去匆匆。他们都没有足够的能力和时间将 *Science* 办好。1954 年，Dael Wolfle 担任总编，又兼任 AAAS 执行主席。他受命于艰难之时，采取了避免刊物继续滑坡的措施。1956 年，Graham Dushane 任总编。Dushane 曾是斯坦福大学（Stanford University）一名生物学家，在其任内，刊物质量虽有进步，但力不从心。1962 年他离开杂志，任范德比尔特大学（Vanderbilt Univeristy）生物系主任。离职前他举荐华盛顿卡内基研究所（Carnegie Institution of Washington）所长、地球物理学家 Philip Abelson 继任。Abelson 是首先在 *Science* 内建立严格的论文审稿制度的人物。过去稿件都寄给编委会成员来决定取用与否。后来 Abelson 建立了审稿人详细专业档案，人数达一万之多。由审稿人决定稿件优劣，取用还是退稿。另外，Abelson 采取打电话与审稿人联系，代替费时的写信方法。

1962 年，*Science* 的发行量达到 7.7 万份，之后逐年增长，1971 年达 16.3 万份。1979 年，*Science* 的订户超过了 12000，分布在 140 多个国家和地区，超过 5000 个图书馆购买了期刊的缩微胶卷副本，这项销售额在《时代周刊》（*Time*）、《新闻周刊》（*Newsweek*）、《美国新闻与世界报道》（*U.S. News and World Report*）及其他 12200 种期刊中排名第九。1978 年 JCR 报告显示，*Science* 杂志上发表的文章被引用了 59000 次，在科学和临床期刊中排名第七。1978~1979 年，*Science* 报道的论文出现在 70 种杂志以及 400 多种美国报纸上。至此，*Science* 形成了今天我们所熟悉的世界一流的地位。

三、代表性论文：诺奖成果，重大文章

一百多年来，*Science* 刊登了大量代表人类科学进步的论文，尤其在第二次世界大战后美国逐渐成为了新的世界科学中心后，*Science* 更是成为了美国科技实力的象征，例如，1970 年 1 月 30 日整期报道了阿波罗计划和 2001 年对于人类基因组计划的全面报道等。同时 *Science* 成为了诺奖论文的高发期刊，图 3-1 展示了 *Science* 创刊以来的部分代表性论文，12 项诺贝尔奖成果论文环绕在披露于 *Science* 的月面照片周围。一方面诠释了 *Science* 的一流特征，另一方面也侧面说明了 *Science* 的学科偏好，即化学与生命科学。由于其巨大的国际影响力，*Science* 也成了各国国家领导人介绍各国科技发展情况与科技政策的重要平台（表 3-1）。

四、科学计量学分析：顶尖论文支撑一流数据

图 3-2 展示了 *Science* 过去 20 年（1999~2018）的影响因子和发文量数据表现，并以大洋彼岸的 *Nature* 作为对比。图中可以清楚地看到 *Science* 影响因子的变化经历了两个阶段。第一个阶段是 1999~2007 年，影响因子几乎原地踏步。第二个阶段是 2008~2018 年，影响因子一路上升至目前的 41.037。在 *Nature* 身上，我们也看到了相同趋势。如何看待这个变化？我们结合当时的国际期刊发展态势，给出一点说明。进入 21 世纪之后，自然出版集团开始出版 *Nature* 子刊系列，几乎是以每年一种的速度创办子刊，而威立的先进材料系列也在 2000 年左右扬帆起锚逐步向期刊集团的态势发展，新刊尽管在影响因子方面不能威胁 Science 的地位（后来也能了），但在第一流的稿件的争夺上，毕竟是双拳难敌四手，因此影响因子难免会受到影响。反映在发文量上，即为 20 年持续性地下降，尽管幅度不大，但趋势稳定。最近 10 年，*Science* 的发文量基本维持在了 800 篇左右，随之而来的是历年平均近 70 万的总被引频次。两项数据均位于世界顶尖水平。无论是我国正在起步的《国家科学评论》还是老牌的《科学通报》，在这两项数据上面存在着巨大的差距，值得我们进一步研究 *Science* 的稿件来源。

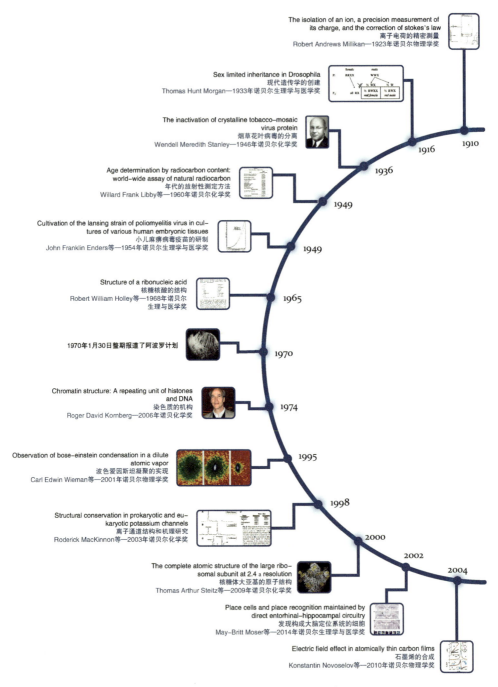

图 3-1 *Science* 代表性论文时间线示意图

表 3-1　中美德三国领导人 *Science* 署名文章示例

篇名	作者	发表年
Science in China	江泽民	2000
Science and China's Modernization	温家宝	2008
Catalyzing Scientific Progress	Bill Clinton	1998
Science in the 21st Century	Bill Clinton	1997
German Science Policy 2006	Angela Merkel	2006
The Role of Science in Sustainable Development	Angela Merkel	1998

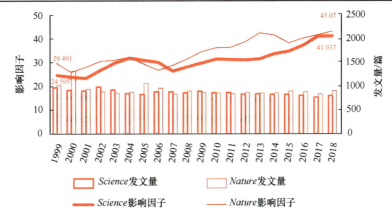

图 3-2　*Science* 和 *Nature* 发文量和影响因子对比（1999~2018）

对于 2014~2018 年的论文，我们根据被引频次降序排列，将论文分为 0~20%、20%~40%、40%~60%、60%~80%、80%~100%五个区段，统计每个阶段文章的总被引频次。图 3-3 展示了各个区段论文对于期刊引用的贡献，可以清楚发现，每年均是前 20%的文章贡献了超过 50%的被引频次，后 60%的文章对于总引用的贡献在 15%以下。

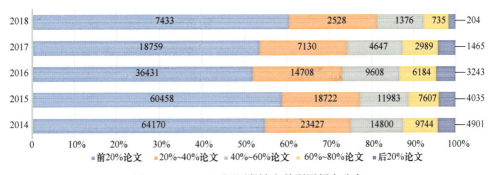

图 3-3　*Science* 不同区段论文总引用频次分布

换个角度来看，如果统计总被引频次 10%、20%、30%、40%、50%所需要的最小论文数量的话，将呈现出一致性的结果。表 3-2 显示，对于 2014~2018 年刊登在 *Science* 的论文，10%的总被引频次所需文章数占比一般在 0.4%~1.1%，这意味着顶尖文章几乎是以一当十，而50%的总被引频次几乎来源于不超过20%的论文，这意味着 *Science* 如果控制发文量的话，可以再将自身的影响因子提高 1 到 2 倍。

表 3-2 *Science* 总被引频次分区所需论文量

年份	累计被引频次前 10%的篇数占比	累计被引频次前 20%的篇数占比	累计被引频次前 30%的篇数占比	累计被引频次前 40%的篇数占比	累计被引频次前 50%的篇数占比
2014	0.91%	2.86%	6.10%	10.52%	16.49%
2015	0.54%	1.49%	3.66%	7.32%	13.14%
2016	1.08%	3.63%	7.27%	11.98%	18.44%
2017	0.43%	2.85%	6.55%	11.25%	17.38%
2018	0.54%	2.29%	4.99%	8.64%	13.36%

从稿件来源的角度来分析。我们统计了 2014~2018 年 *Science* 发文量（article）最高 10 家单位的 ESI 排名情况（以下类似表格均按照此条件进行数据分析）（表 3-3）。容易看出 *Science* 对于国际顶尖研究机构的稿源很有吸引力，同时可说明 *Science* 也不遗余力为顶尖机构的研究成果提供高水平的发表平台。

表 3-3 *Science* 高发文机构 TOP10 和 ESI 排名

序号	机构名称	发文量/篇	ESI 排名
1	Harvard University	449	2
2	Howard Hughes Medical Institute	341	39
3	Massachusetts Institute of Technology（MIT）	318	19
4	Centre National De La Recherche Scientifique（CNRS）	303	3
5	Max Planck Society	278	11
6	Stanford University	262	15
7	University of California Berkeley	233	25
8	Helmholtz Association	185	16
9	California Institute of Technology	176	86
10	University of Cambridge	165	31

五、主编纵览：科学和政治的两栖明星

（一）Cattell 时代

Science 刚出版时，情况并不乐观，然而它能幸存下来并且如此成功，这要归功于 James Cattell。1894 年，James Cattell 成为 *Science* 的主编，任职长达 50 年，使 *Science* 成为美国最重要的科学期刊。

Cattell 出生于 1860 年，在拉斐特（Lafayette）学习，并于 1880 年毕业后前往德国学习哲学。1882 年，他在巴尔的摩约翰霍普金斯大学（The Johns Hopkins University）获得奖学金，在 1882 年至 1883 年的学年期间，他在该大学新成立的心理学实验室中做出了杰出的贡献。1886 年成为第一个获得博士学位的美国人。Cattell 后来搬到了剑桥的圣约翰学院，在那里他学习了英国心理学，并在德国开展了该领域的新工作，建立了第一个实验心理学英语实验室。Cattell 采用高尔顿的框架，开始使用他在德国使用的一些技术来研究心理差异。1890 年，他创造了一个术语"心理测试"，并给出了"心理测试"的概念，这是他最重要的科学贡献。1889 年，Cattell 成为宾夕法尼亚大学心理学教授，1891 年搬到纽约哥伦比亚大学。在这两所院校，他从事心理学方面的重要研究。1917 年，他在该学科中建立了一个重要的博士课程。1894 年初，Cattell 和普林斯顿大学的 James Baldwin 创立了 *Psychological Review*。因此，在接管 *Science* 时，Cattell 为该期刊带来了多项优势。他在心理学家中享有很高的声誉，并且在纽约科学界也很出名。

起初，由于 *Science* 已经很多年没有专业的编辑和员工了，Cattell 只能依靠编委会编写大部分材料。然而 Cattell 在一年内重新建立了 *Science*，并使其成为一本实用且知名的期刊。Cattell 不断寻求拓宽他的熟人圈子，同时与不太杰出的科学家保持联系，以期他们的潜力作品未来能被其第一时间获得。

Cattell 担任主编几年后，AAAS 的变化对 *Science* 产生重大的影响。1897 年，美国农业部杰出的昆虫学家 Leland Howard 成为该协会的常务秘书（即执行官）。从 AAAS 的年度会议开始，Howard 和 Cattell 组织了年度会议周（Convocation Week），Howard 和 Cattell 决定遵循 1894 年委员会的建议，将 *Science* 作为 AAAS 的官方期刊。*Science* 保证出版 AAAS 的官方文件和新闻，以及在 AAAS 会议上

提出的重要会谈摘要。Cattell 保留了期刊的编辑控制权和所有权。1916 年，当 Howard 接近退休时，他发布了一张图表，显示了 AAAS 会员在其任期内的成长。转折点显然是 1900 年，当时 *Science* 首次被纳入 AAAS 官方范畴中。

从 1901 年开始，Cattell 将更多的时间用于编辑工作。1900 年，他接管了 *Popular Science Monthly*，这是一本自 1872 年以来推广达尔文及其他科学思想的杂志。当时这本杂志的出版商一直在亏损。接管后，Cattell 提升了发行量，改进其内容，同时为无法在 *Science* 杂志发表的文章找到了别的出路。1903 年，Cattell 开始撰写《美国科学家》(*American Men of Science*) 这本书，并于 1906 年首次出版，Cattell 试图对科学家区分进行评分，将在《美国科学家》第一版中列出的 1000 名科学家作为该国最杰出的科学家。该系统代表了最早基于统计学的科学社会学研究之一。1904 年，Cattell 放弃了他在 *Psychological Review* 编辑中的份额，并帮助建立了 *Philosophy*、*Psychology* 和 *Scientific Method*。1907 年，他担任 *The American Naturalist* 的主编，这是第三本处于失败边缘的期刊，在 Cattell 接管后，它成为美国遗传学和进化理论发展的重要期刊。

到 1915 年，Cattell 对教育的兴趣使他建立了 *School and Society*，这是一本以 *Science* 为模型的专业教育者期刊。到 20 世纪 20 年代，*Science* 逐渐经历了一些变化，成为了更加稳重的期刊，Cattell 和他的同事认为，AAAS 应该把重点放在 *Science* 上，而不是道德和政治角色。20 世纪 30 年代，*Science* 继续采取保守的立场。它仍然支持科学和科学家，以提升科学在联邦政府中的地位。Cattell 此时将更多的时间投入科学出版社印刷公司 (Science Press Printing Company) 中，科学出版社是为了出版他的期刊而建立的，至此 Cattell 完成了从科学家到职业出版人的过渡。1925 年，Cattell 向 AAAS 理事会提议，*Science* 在他去世时成为该组织的财产。反过来，AAAS 需向他的家人支付他去世前 5 年平均年度净利润的一半。1944 年 Cattell 去世，*Science* 不久后发表了一系列讣告，随后期刊的控制权完全转移至 AAAS。

（二）AAAS 时代

第二次世界大战后，随着科学中心从欧洲转向美国，*Science* 的发展走入了快车道。1956 年，*Science* 由 Graham DuShane 担任主编，他是一名生物学家，博士毕业于耶鲁大学（Yale University），曾担任斯坦福大学教授，是美国科学促进会会士。1962 年，他离开杂志，任范德比尔特大学生物系主任，离职前举荐 Philip Abelson 继任。在 DuShane 6 年的任期中，他主导了 *Science* 与 *Scientific Monthly* 合并，开辟了 News 和 Comment 专栏，同时在杂志上开始刊载对于论文的介绍文字，*Science* 的发行量在他结束任期时，从 3.2 万上升至 7.7 万册。

1962~1984 年，Philip Abelson 为杂志主编，他是一名核物理与地球物理学家，加州大学伯克利博士，曾参与曼哈顿计划，战后任美国华盛顿卡内基研究所所长，地球物理联合会会长，曾获得美国国家科学奖章。Abelson 是位极有个性且干劲十足的人物。他的兴趣广泛，从地球物理到化学、微生物学等都有涉猎。他与科学家联系，加上他又任过卡内基研究所的所长，影响较大。履任的第一个十年，*Science* 的发行量就提升了 1 倍，从 7.5 万册增至 15.5 万册。舆论公认 Abelson 领导下的刊物，质量已胜前任。Abelson 基本上保持刊物旧有的栏目，但都增加了篇幅。其中四个主要栏目以刊登学术研究论文为主，它们是"文章"（Aritcles），"研究论文"（Research Articles），"报道"（Reports），"展望"（Perspectives）。"文章"和"展望"栏的论文比较长，一般为综述，每期刊出三四篇。有的文章长达 10 页，文献多达 100 多条。"报道"和"研究论文"栏刊出一周内收到的精彩的原始研究报告，相比之下，篇幅较短。20 世纪 60~70 年代，扩充了地球物理和空间研究的内容，涉及空间探索、阿波罗计划、星球构造学等等，十分引人注目。

Abelson 是首个在 *Science* 建立严格的论文审稿制度的主编。过去论文都寄给编委会成员来决定取用与否。后来 Abelson 为外部审稿人建立了详细而专业的档案，人数达一万之多。由外部审稿人决定稿子优劣，取用还是退稿。另外，Abelson 采取打电话的方式与审稿人联系，代替费时的写信方法。尽管电话费剧增，但从出版时滞缩短一个多月，成效明显。Abelson 还进行了一项当时看来较为超前的研究，即分析由作者自己推荐审稿人和编辑选择的审稿人是否有明显的差异，结果发现两者在审稿的质量上没有显著性的区别。基于此，*Science* 在审稿人的选择上便采取作者提供的审稿人与编辑选择审稿人相结合的方法，从而减少了作者的抱怨。

1985 年，Daniel Koshland Jr. 接替 Abelson 任主编，他是生物化学家，芝加哥大学（University of Chicago）博士，也曾参与曼哈顿计划，战后曾执教洛克菲勒大学（Rockefeller University），曾获得美国国家科学奖章。他在为 *Science* 写的第一篇评论中重申了办刊方向："一个杂志不仅要为某个学科的科学工作者服务，还要促使学科间的信息沟通。*Science* 已经发表了从数学到社会科学，学科内容广泛的各类论文，本编辑继承这一传统，并尽可能加以改进、扩大。"可以认为，继Abelson 后，Koshland 又使 *Science* 有了新的改观。Koshland 选择稿件的首要标准是质量好，同时认为通俗性应占据重要的地位。他说："如果一篇文章质量差不多，能为各学科的科学家和普通读者所理解则易被接受。当然通俗的文章并不一定重要，但文章通俗性（generality）适合于多学科刊物。以我之见，*Science* 已是这么做的，并应该保持下去。"在保持 Abelson 时期的作法的同时，Koshland 大胆地作了些改革。为了加速稿件处理过程，对编辑环节做了一些改进。所有稿件都经编辑部内 40 名审稿编辑委员会（The Board of Reviewing Editors）成员审阅。审稿人为各学科的专家，按内容和质量将稿件严格分为 10 个级别。分级后的稿件，后 6级（60%）由各部门编辑在 10 天内退还作者，余下 40%再送外审。这样做，可使作者有机会将稿件另投他处。最后留下的稿件在外审后，刊出者也仅有 50%左右。由于留下的稿件数量较少，再审就更认真负责，甚至近乎苛刻。这种内外专家结合的审稿制度是 *Science* 审稿程序演变，不断成熟的产物。

1995~1999 年，在华盛顿大学医学博士、AAAS 主席 Floyd Bloom 任主编的 5年时间里，*Science* 相继刊发了诸如火星上可能存在生命的证据、波色-爱因斯坦凝结等一系列重大成果。在发布科技数字信息方面，随着因特网的迅速推广，1995年，*Science* 走在同类杂志的前面，创办了"科学在线"（Science Online），实现了在线出版，其后有将近 75%的撰稿人将稿件直接发到特设的网站，从而加快了稿件的审理，缩短了稿件刊发时间。

1999 年 11 月上旬，AAAS 董事会宣布斯坦福大学环境科学教授、前校长Donald Kennedy 担任 *Science* 主编。Kennedy 是著名的生物学家和动物学家，曾是美国食品和药品监督管理局（Food and Drug Administration, FDA）局长，Kennedy在科学研究和科研管理方面均具有丰富的经验和见解，曾取得哈佛大学生物学博士学位，1960 年到斯坦福大学工作，1977 年为食品和药品监督管理局局长前曾在全国研究委员会任职，他担任第八任斯坦福大学校长达 12 年。

2008 年起，加州大学旧金山分校（University of California, San Francisco）生

物化学与生物物理系名誉退休教授 Bruce Alberts 担任 *Science* 主编。Alberts 是著名生物化学家，哈佛大学博士，普林斯顿大学（Princeton University）教授，加州大学圣地亚哥分校（University of California, San Diego）教授，美国科学院院长，曾获得美国国家科学奖章。在任期间，他见证 *Science* 发表了许多高影响力论文，包括对争议性变异禽流感论文的关注。近年来，作为美国科学特使，他致力于促进美国与北非、中东和东南亚地区的科学合作。

2013 年，AAAS 任命美国地质调查局前局长 Marcia McNutt 为新一任 *Science* 主编。Marcia McNutt 是一位地球物理学家，在斯科普利斯海洋研究所（Scripps Institution of Oceanography）获得博士学位，曾任麻省理工学院教授，地球物理学会会长，美国科学院院长。曾于 2000 年至 2009 年间担任 *Science* 编委会高级编委。她注重科学的交流性，反对出版的商业化，并表示 *Science* 和 *Nature* 这样的杂志需要适应新形势要求，比如科学必须走进公众领域。她曾于 2014 年 1 月于中南海紫光阁专访李克强总理。

2016 年 7 月，Jeremy Berg 开始担任 *Science* 主编，他是生物化学家，哈佛大学无机化学博士，约翰霍普金斯大学（The Johns Hopkins University）教授，匹兹堡大学（University of Pittsburgh）教授，曾任国立健康研究院综合医学所所长、匹兹堡大学科学战略与规划高级副校长、个性化医疗研究所所长，美国生物化学与分子生物学会会长。

六、内容建设：评审严格，栏目丰富，至美追求

（一）稿件评审

Science 始终坚持严格的同行评议原则，要求文章具有国际化特征、最具影响力论文特征，在更广的科学共同体范围内得到认可。*Science* 一直对稿件质量进行严格要求和控制，事无巨细。如从引用标准（citation standards）、数据标准（data standards）、分析方法或者代码的透明性（analytic methods （code）transparency）、研究材料的透明性（research materials transparency）、设计与分析的透明性（design and analysis transparency）等各方面制定了明确的支持透明度和公开性促进（最高）准则的研究标准，以及严密的统计分析（statistical analysis），严谨的研究指南

（guidelines for specific types of studies）和数据保存指南（data deposition）。

Science 每周发表约 15 篇论文，竞争十分激烈。由于版面所限，每年都有很多高水平论文在没有得到同行评议之前就被退回。投稿被录用的原则是论文必须对科技进步有最大范围的贡献。如果内容狭窄，就会被退稿，建议另投专业杂志。

Science 要求来稿必须简洁明了，应让不同学科的读者看懂。会优先考虑内容新颖，且具有跨学科意义的文章。稿件先由编辑部的编辑初审，编辑均具有博士学位并且每人至少发表过 10 篇以上研究论文。约 70% 的来稿经过他们的初审能在两周内予以退稿，其余的文章还需进一步进行同行评议（2 个及以上外部审稿人）。*Science* 的编辑在决定是否送同行评议时，会参考审稿编委打分。编委认为不适合发表的来稿不再送同行评议，编辑将在 2 到 3 个星期内将其退还给作者。审稿编委会（Board of Reviewing Editors）包括了近 200 位世界顶尖的，且仍在从事科研工作的科学家，评估稿件的重点集中于稿件的科学重要性和是否能引起广泛的兴趣关注。

进入同行评议过程的稿件一般通过网络在线被送交至两名或几名外部审稿人（outside reviewers）。送审之前，编辑部会通知审稿人并要求其在两周内将审稿意见返回。审阅后需要大修的稿件一般就及时退掉了，尤其是对于要补试验数据的文章。审稿人会被告知，不得利用审稿的特权泄露或利用稿件内容。责任编辑从技术角度、文章对其学科本身的重要性、其所具有的普遍科学意义以及与其他正在考虑或已经考虑发表的文章比较，来对稿件进行选择。选用稿件时，编辑会优先考虑内容新颖并具有普遍意义的文章。*Science* 也试图保持其各学科内容的平衡。原则上被选用的稿件，编辑部要求作者根据审稿人意见修改稿件，并按照编辑的意见在文字上适当改动，以使文章的表述更准确、清楚，还要严格遵守文章的篇幅限制。文章被录用后，编辑还要进一步加工以提高准确性和条理性，必要时还会压缩内容。这样严格的审稿制度和流程时效，保证了发表文章的高质量、高效率。

（二）栏目建设

Science 为综合性科技周刊，其独特的文本结构是它由科研新闻和科研论文组成，也就是说，每周 *Science* 要向它在全世界拥有的上百万名读者公布一周内国际

科技界最重大的新闻信息，精选出世界上最有突破性的科研论文予以发表。为此，*Science* 有一大批身在世界各个城市的记者和特约通讯记者。*Science* 这种文本结构的最大特点就是，让你能定期获得一周科研信息的同时，又了解到一周的科研成果。*Science* 主要有三大栏目：科学新闻（Science News）、科学指南（Science's Compass）和研究成果（Research）。科学新闻栏目有本周新闻（news of the week）和新闻聚焦（news focus），报道世界各地的科学实况。本周新闻主要报道科学政策和科技新闻，新闻聚焦进行更深入的专题报道。

科学指南栏目有社论（editorial）、读者来信（letters）、政策论坛（policy forum）、科学与社会短文（essays on science and society）、书评（books reviews）、研究评述（perspectives）、综述（reviews）、技术特写（tech. sight）等，分别讨论科学政策、科学与社会如何交叉的不同观点，评论分析当前研究的发展，谈论具有跨学科意义的最新进展以及未来可能的发展方向，介绍领先的实验技术以及新出版的软件。

● 来信（letters）一般不超过 300 单词，讨论 *Science* 上已发表的内容或普遍感兴趣的问题。来信应该直接投到 *Science* 网站或以电子邮件形式投来。编辑不通知作者是否收到来信，而且可能对来信加以修改以求明了或满足版面的限制。来信发表时，编辑一般不再征求作者的意见。

● 政策论坛（policy forum）一般在 2000 单词以下，讨论科学政策。

● 科学与社会短文（essays on science and society）也在 2000 单词以下，着重于表述科学与社会如何交叉的不同看法。

● 书评及其他（books et al.）在 1500 单词以下，评论读者感兴趣的书、只读光盘、展览或影片。

● 研究评述（perspectives）在 1000 单词以下，评论分析当前研究的发展，但作者不以讨论自己的研究工作为主。

● 综述（review）文章一般长度为 4 个版面，讨论具有跨学科意义的最新进展，着重于尚未解决的问题以及未来可能的发展方向。文章都要经过审稿。这类文章要求有摘要、概括主要观点的引言和反映章节主要内容的小标题。参考文献建议不要超过 40 条。

● 技术特写（tech. sight）2000 单词以内，介绍当前的试验技术以及新出版的软件。

● 技术评论（technical comments）讨论 *Science* 周刊过去 6 个月内发表的论文，长度不超过 500 单词。原文章作者将被给予答复评论的机会。评论和答复都要得到评议和必要的编辑。讨论的提要刊登在印刷版期刊，全文刊登在电子版期刊。

Science 社论的影响力是广泛的，我们以 2013~2017 年 Web of Science 收录的 *Science* 新闻和社论进行分析。总计发表了 6875 篇社论与新闻，合计总被引频次高达 41000 多次，对比中国科技期刊《纳米研究》（*Nano Research*），5 年总计发表 1359 篇各类型文献，总被引频次为 26000 多次。换句话说，*Science* 刊登的非研究性的社论和新闻的引用竟然比 *Nano Research* 刊登科技论文还高出近 1/3，意义不言自明。

（三）艺术设计

Science 也非常重视期刊封面。科研成果的视觉表达属于科学可视化与传播学的新兴交叉领域。前沿的科学发现可以通过图像视觉表达第一时间获得极高的关注度和影响力。科技期刊封面是科学创新成果展示的重要视觉媒介。科学研究中创立的新学说、探索的新规律、创造的新方法、积累的新知识，往往首先发表在高水平科技期刊上，再通过大众传媒发布的科技新闻传播给社会公众。而科技期刊封面作为期刊及科学成果展示的第一要素，是读者打开和接受杂志的一扇窗，在科学知识传播、期刊形象塑造等方面具有重要意义。在读图时代，读者不仅关注科技期刊的学术内容，也希望能够在阅读中获得审美满足。对于作者来说，登上顶级期刊的封面对科研团队来说是莫大的荣誉，一方面说明其研究成果得到了至少来自领域同行的高度认可，另一方面也意味着此项成果将会在科学界被广泛传播和重点关注。在每期杂志出版前，*Science* 的编辑部会联系几位将在本期发表具有突出价值点论文的作者，向他们发出封面图像创作的邀请。由作者提供的有关自身学术研究展示的图像，一般在准确表达科研成果的核心原理方面有所保障。如果本期无作者能够提供合适的图片，则会由期刊的美术编辑自主创作或寻求其他图像资源。如 Getty Images、Science Source 等专门从事大科学范畴类视觉传播的图片供应商，近 5 年来为 *Science* 等顶级期刊提供了近 100 幅封面图片。这些供应商会帮助推荐符合本期封面要求的相似作品或有能力创作的设计者。图 3-4 给

出了 4 张 *Science* 封面供读者欣赏。

图 3-4 *Science* 封面示例

七、编辑和编委：名校编辑，编委引领

自 1970 年起，*Science* 在主编 Abelson 的带领下，开始进行专业学术编辑队伍的建设，表 3-4 展示了近 40 年的建设成果，统计了当前 *Science* 编辑队伍的学历及授予单位，可以发现两个鲜明的特征：

（1）无论是高级编辑（Senior Editor）还是副编辑（Associate Editor），均有博士学位。

（2）半数以上的编辑博士毕业于麻省理工学院、剑桥大学等世界顶尖高校，单以学历来看的话，*Science* 的编辑团队恐怕不逊于任何一所世界级高校的师资队伍。

表 3-4 *Science* 编辑学历一览表

姓名	职位	博士学位授予单位
Andrew M. Sugden	Senior Editorial Fellow	Ph.D., University of Oxford
Gemma Alderton	Senior Editor	Ph.D., University of Sussex
Brad Wible	Senior Editor	Ph.D., Northwestern University
Caroline Ash	Senior Editor	Ph.D., Leeds University
Pamela J. Hines	Senior Editor	Ph.D., Johns Hopkins University
Paula A. Kiberstis	Senior Editor	Ph.D., University of Wisconsin
Marc S. Lavine	Senior Editor	Ph.D., University of Cambridge
Steve Mao	Senior Editor	Ph.D. University of Texas Southwestern Medical Center
Ian S. Osborne	Senior Editor	Ph.D., University of Dundee

续表

姓名	职位	博士学位授予单位
Beverly A. Purnell	Senior Editor	Ph.D., The Pennsylvania State University
L. Bryan Ray	Senior Editor	Ph.D., University of Virginia
H. Jesse Smith	Senior Editor	Ph.D., Scripps Institution of Oceanography, University of California, San Diego
Jelena Stajic	Senior Editor	Ph.D., University of Chicago
Peter Stern	Senior Editor	Ph.D., University of Heidelberg
Laura M. Zahn	Senior Editor	Ph.D., University of Arizona
Valda J. Vinson	Editor, Research	Ph.D., Johns Hopkins University
Jake S. Yeston	Editor, Research	Ph.D., University of California, Berkeley
Julia Fahrenkamp-Uppenbrink	Deputy Editor	Ph.D., University of Cambridge
Phillip D. Szuromi	Deputy Editor	Ph.D., California Institute of Technology
Sacha Vignieri	Deputy Editor	Ph.D., University of Washington
Lisa D. Chong	Deputy Editor	Ph.D., Yale University
Stella M. Hurtley	Deputy Editor	Ph.D., European Molecular Biology Laboratory, Heidelberg
Michael A. Funk	Associate Editor	Ph.D., Massachusetts Institute of Technology
Brent Grocholski	Associate Editor	Ph.D., University of California, Berkeley
Priscilla N. Kelly	Associate Editor	Ph.D., University of Melbourne
Tage S. Rai	Associate Editor	Ph.D., University of California, Los Angeles
Seth Thomas Scanlon	Associate Editor	Ph.D., University of Chicago
Keith T. Smith	Associate Editor	Ph.D., University of Nottingham
Valerie Thompson	Associate Book Review Editor	Ph.D., University of Cincinnati

　　然后我们分析了 *Science* 编委的任职单位情况,并进行机构 ESI 关联(图 3-5)。发现半数以上编委来自于 ESI 综合排名前 100 的单位,占比 54%。随后我们统计了近 5 年编委论文发表情况(通信作者身份),总计 2300 余篇。*Science* 是编委论文首选的期刊,超出第二名 PNAS 近 1 倍,高出 *Nature* 近 3 倍,充分证明了 *Science* 的编委队伍是实实在在贡献一流稿件的编委队伍(表 3-5)。

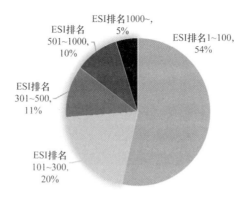

图 3-5 *Science* 编委任职机构 ESI 排名分布

表 3-5 刊载编委论文期刊 TOP10

序号	期刊	论文数量/篇
1	*Science*	140
2	*Proceedings of the National Academy of Sciences of the United States of America*	86
3	*Cell*	60
4	*Nature*	57
5	*Nature Communications*	48
6	*eLife*	42
7	*PLOS ONE*	37
8	*Journal of the American Chemical Society*	36
9	*Molecular Cell*	28
10	*Cell Reports*	27

第三节 《物理评论快报》：大科学时代的经典快照

一、美国物理学会：物理评论系列

美国物理学会（American Physical Society，简称 APS）成立于 1899 年，由哥伦比亚大学（Columbia University）的 36 名物理学家发起，致力于通过学术刊物、会议及推广活动，促进和传播物理知识。美国物理学会的研究部门和专题组涵盖目前世界物理研究的所有领域，为推动物理学的发展和美国社会发展做出了巨大的贡献。APS 在全球拥有超过 5.3 万名会员，是世界上最具声望的物理学专业学会之一。

APS 出版的物理评论系列期刊：*Physical Review*(《物理学评论》，PR)、*Physical Review Letters* (《物理评论快报》，PRL)、*Reviews of Modern Physics* (《现代物理学评论》，RMP)，分别是各专业领域最受尊重、被引用次数最多的科技期刊之一，在全球物理学界及相关学科领域的研究者中具有极高的声望。APS 全文数据库通过 APS 期刊平台访问，收录了 9 种物理领域的核心期刊，另有 4 种免费出版物及 1 种 2017 年新刊，回溯到 1893 年创刊内容，全文文献量超过 61 万篇。

APS 收录的物理领域核心期刊具有极高的品质和声望，*Reviews of Modern Physics* 在综合物理收录的 83 种期刊中，影响因子排第一，引用量排第三；*Physical Review Letters* 在综合物理收录的 83 种期刊中，引用量排名第一；*Physical Review A* (PRA) 在光学收录的 80 种期刊中，引用量排名第一，在原子、分子、化学物理学收录的 34 种期刊中，引用量排名第二；*Physical Review B* (PRB) 在凝聚态物理收录的 68 种期刊中，引用量排名第一；*Physical Review C* (PRC) 在核物理收录的 21 种期刊中，引用量排名第一；*Physical Review D* (PRD) 在粒子和场物理学收录的 27 种期刊中，引用量排名第一，在天文学与天体物理学收录的 56 种期刊中，引用量排名第二；*Physical Review E* (PRE) 在数学物理学收录的 55 种期刊中引用量排名第一；在流体、等离子物理收录的 31 种期刊中，引用量排名第一。凭借 PRL，*Review of Modern Physics*，PRA，PRB，PRC，PRD 和 PRE 七本纸刊加网刊，以及 *Physical Review X* 等电子刊的强大规模，凭借其无可置疑的一流学术质量及不断追求创新的发展理念，APS 的 PR 系列期刊已被打造成为全球最大、最强的物理学期刊集群品牌。2018 年，APS 期刊出版业务收入共计 4282 万美元，占 APS 总收入的 72.3%。

二、《物理评论快报》：源起 BNL，见证大科学时代

PRL 是国际物理学界最权威的学术期刊之一，被 *Nature* 杂志前主编 John Maddox 誉为："是所有学科中唯一最重要的期刊。" PRL 经过 50 年的成长，已经从最初的试验项目发展成为世界顶级期刊。PRL 的任务是以简报形式快速报道所有物理领域的重要基础研究成果，向读者报道物理学方面及其跨学科研究的、具

有重大意义的进展。快报中的内容必须满足时效性、重要性和广泛兴趣性的要求，研究内容必须是扎实的、检测无误的以及合理的，研究结果必须是新的，绝非是已有成果的稍许扩展。所谓广泛兴趣性，是指物理领域中有实质性进展的内容，或者在跨领域中有重要含义的内容。快报刊登的是物理学家熟知的、能引起广泛感兴趣的当前重大研究的内容。对基础原理或理论方面推出的新理论、新观点，必须包含具有说服力的论据，即新的预测和解释与现有的知识应有所区别。对未应用于物理学的数学和计算方面的研究不作为快报接纳的内容。属于特殊实验范畴的内容，其实验必须被证明是新颖和可行的，并且该方法有希望激励新的研究。

PRL 创刊于 1958 年，为了详细讲述它的发展历程，需要从 1893 年 *Physical Review*（PR）创刊开始讲起。1893 年，在芝加哥大学（University of Chicago）的富兰克林厅，物理系教授 Edward Nichols 和 Ernest Merritt 创办了 *Physical Review*，这是美国第一份物理学专业期刊。1899 年美国物理学会创立，于 1913 年接管这份期刊，呈现出了与 AAAS 接管 *Science* 一样的特点。

第一次世界大战之后，美国对科学研究的投入增加，美国物理学研究水平不断提升。*Physical Review* 的作者群不断扩大，发表论文的质量不断提高。1926 年，明尼苏达大学（University of Minnesota Twin Cities）物理系教授 John Tate 出任主编，是 PR 发展中的一个转折点，期刊编辑部也因此迁到明尼苏达大学，期刊取得了长足进步，发文量从 1933 年的 480 篇，增长到 1953 年的 1423 篇。1929 年，Tate 作出一个重要决定：在期刊中创办一个新栏目——"Letters to the Editor"，这就是 PRL 的前身。

Tate 于 1951 年突然因病逝世，PR 主编的责任落在了美国布鲁克黑文国家实验室（Brookhaven National Laboratory，BNL）的原子理论物理学家 Sam Goudsmit 身上，于是在布鲁克黑文国家实验室设立了编辑部，PRL 的发展和布鲁克黑文国家实验室有着重要的联系，直至今天 APS 的主要出版办公室都设在此。

美国布鲁克黑文国家实验室建于 1947 年，位于纽约长岛中部，隶属美国能源部，是能源部下的十大国家实验室之一。第二次世界大战之后，欧洲的经济发展遭遇了严重的破坏，爱因斯坦、费米、弗兰克、威格纳、西拉德等一大批世界顶尖科学家流入美国，为美国科学技术发展做出了宝贵的贡献。世界各国优秀科学家的云集，再加上美国政府对科研经费超大规模快速投入，联邦研究与开发经费在 1940 年为 7000 万美元，1945 年高达 15.9 亿美元，均促使了美国科技的迅猛发展和世界科技中心由欧洲向美国的转移。美国在整个 20 世纪后半期引领了世界科学技术发展的潮流，包括原子能、计算机、空间技术、微电子技术、生物技术、互联网技术等等，一个具体的体现是美国机构所属的科学家获得了战后超过 70% 的诺贝尔奖。

在这样的时代背景下，1946 年，来自美国东部 9 所重点大学，即哥伦比亚大学（Columbia University）、康奈尔大学（Cornell University）、哈佛大学（Harvard University）、约翰霍普金斯大学（The Johns Hopkins University）、麻省理工学院（Massachusetts Institute of Technology）、普林斯顿大学（Princeton University）、宾西法尼亚大学（University of Pennsylvania）、罗切斯特大学（University of Rochester）和耶鲁大学（Yale University）的代表组成一个非营利组织，以建造一个新的核科学装置，选择第一、二次世界大战时的美国陆军阿普顿兵营（Camp Upton）作为场地。至此，BNL 诞生。1947 年 3 月 21 日，美国陆军部长将阿普顿营地的场地转给了美国原子能委员会（AEC），该委员会是监督 BNL 成立的联邦政府部门，是现美国能源部的前身。

BNL 依托大科学装置群的强大支撑能力和多学科交叉的环境，使其在发展新型、边缘科学和突破重大新技术方面具有强大的能力，多年来设计、建造和运行了多个单机构无力自行开发的大型科学装置，取得了辉煌的研究成果，已有多个重大发现被授予诺贝尔奖，表 3-6 列出了 BNL 的诺贝尔获奖情况。BNL 现有职工约 3000 人，包括科学家、工程师、技术员和辅助人员，每年客座研究人员超过 4000 人，年度研究经费超过 4 亿美元。BNL 成立以来，在核能和高能物理学、材料、能源和环境、生物学和医学的物理和化学领域取得了许多重大发现。BNL 和 APS 一直保持着紧密的合作，APS 的发展也得益于 BNL 对物理学领域的推动。

1958 年，Sam Goudsmit 在 BNL 启动了 PRL 项目，将 *Physical Review* 中的"Letters to the Editor"专栏作为新期刊单独出版。这样，第一期 PRL 正式出版，这也是世界上第一份快报类期刊。PRL 要求只有那些真正值得快速发表的论文才能投稿，字数要求不超过 600 字，并规定出版时间不超过 1 个月。第一年 PRL 共出版 1089 页。随后，PRL 的来稿量和载文量迅速增长（创刊 10 年内

表 3-6　BNL 诺贝尔奖获奖情况

获奖年	获奖人	奖项	成果发表年
1957	李政道；杨振宁	诺贝尔物理学奖	1956
1976	丁肇中	诺贝尔物理学奖	1974
1980	James Cronin；Val Logsdon Fitch	诺贝尔物理学奖	1964
1988	Leon Lederman；Melvin Schwartz；Jack Steinberger	诺贝尔物理学奖	1962
2002	Raymond Davis，Jr.	诺贝尔物理学奖	1955
2003	Roderick Mackinnon	诺贝尔化学奖	1998
2009	Venkatraman Ramakrishnan；Thomas Steitz	诺贝尔化学奖	2007

注：数据来自 Brookhaven National Laboratory 官网。

增长 3 倍，20 年内增长 6 倍），很快成为物理学科最著名的专业期刊。为了缩短文章发表周期，1964 年 1 月，PRL 由半月刊改为周刊。为了方便读者快速定位阅读，1968 年开始要求所有来稿都要有摘要。作为国际物理学界最权威的期刊之一，PRL 刊载了很多物理学领域重大的发现和重要成果（图 3-6）。可以看到，粒子物理的重大进展占据了 PRL 代表性论文的多数，直接体现了 PRL 在战后大科学时代的地位。

三、科学计量学：专业平台支撑全球物理发展

图 3-7 是 PRL 近 20 年发文量和影响因子变化情况。该刊影响因子整体较为平稳，自 2015 年开始有较为明显的增长，2018 年影响因子为 9.227。从发文情况来看，20 年以来，PRL 基本保持了 3000 篇左右的规模。最高出现在 2008 年接近 4000 篇，最低出现在 2015 年的 2333 篇。总体上，近 10 年的规模是低于前 10 年。在图 3-7 中，我们还引入了与 PRL 有强烈竞争关系的 *Nature Communications* 的数据进行了对比。*Nature Communications* 是自然出版集团于 2010 年创办的一份开放获取的综合性科技期刊，以高昂的版面费，巨大的发文量和等同于 PNAS 等老牌期刊的影响因子而著称。由图中的数据可以发现，随着 PRL 发表规模的下降，而起点几乎就处于 PRL 水平的 *Nature Communications* 显示了更为强劲的增长势头，此种对比就能够解释为何在物理学部院士的推荐名单中，*Nature Communications* 取得了几乎与 PRL 并立的水平。

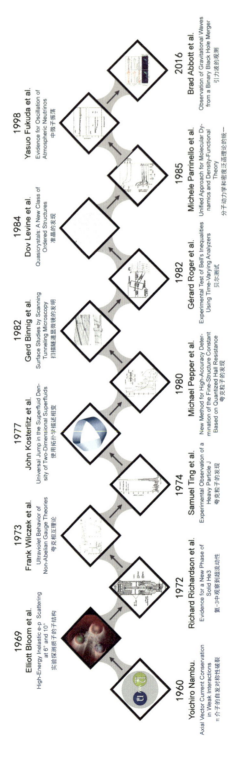

图 3-6 PRL 代表性论文

图 3-7　PRL 与 *Nature Communications* 近 20 年发文量和影响因子对比分析

表 3-7 统计了 PRL 在 2014~2018 年发文量最高的 10 个机构的发文及机构 ESI 排名情况，结果较之上一节的 *Science* 出现了很大的不同。排名第一的是法国科学院（Centre National De La Recherche Scienifique），欧亚大陆顶尖的研究机构均位列前 10，包括中国科学院、日本的东京大学（University of Tokyo）、德国的马克斯-普斯克研究所（Max Planck Society，简称德国马普所）、意大利的意大利国家核

表 3-7　PRL 高发文机构 TOP10 与 ESI 排名

序号	机构名称	发文量	ESI 排名
1	Centre National De La Recherche Scientifique（CNRS）	1678	2
2	Max Planck Society	1004	5
3	Chinese Academy of Sciences	806	4
4	Helmholtz Association	718	6
5	Istituto Nazionale Di Fisica Nucleare	677	13
6	Massachusetts Institute of Technology（MIT）	596	10
7	Russian Academy of Sciences	591	8
8	Sorbonne Universite	576	20
9	University of Tokyo	559	17
10	University of Chicago	538	18

物理研究院（Istituto Nazionale Di Fisica Nucleare），从这个角度看，PRL 的确是全球物理社区的 PRL。同时，我们也进一步分析了 2014~2018 年 PRL 发文量数据的国家与地区的分布情况，同时对比了 *Nature Physics* 的数据。PRL 的 12000 篇左右的发文规模远大于 *Nature Physics* 的约 900 篇。统计 2 篇以上的国家的数量，PRL 为 93 个，而 *Nature* 为 58 个。PRL 巨大的容量的确起到了服务全球物理学社区的作用。

四、主编与编辑：职业物理学家专职办刊

PRL 的现任主编是 Hugues Chaté，Chaté 博士是法国萨克雷核研究中心（Saclay Nuclear Research Centre）的资深科学家。1989 年，在巴黎第六大学（University of Paris VI）获得了博士学位，在贝尔实验室做博士后，他加入了萨克雷核研究中心的凝聚态物理系。他的研究涉及广泛的主题，从非线性动力学到统计物理学和关键现象，再到活跃物质。他是德国德累斯顿马克斯普朗克复杂系统物理研究所高级研究组"集体运动统计物理学"的领导者，曾担任 PRE 的董事会成员以及 PRL 的副主编。

1958~1974 年，主编为 Sam Goudsmit。Goudsmit 是电子自旋理论主要提出者。1927 年，Goudsmit 来到美国，在密歇根大学（University of Michigan）力学物理系任教，1945 年初，他被任命为阿尔索斯行动（Alsos Mission）的科学主管，该行动是美国陆军第二次世界大战期间的一项秘密行动，其任务是了解纳粹的科学成就，特别是那些与军事有关的成就，最重要的是了解纳粹在发展核武器方面取得的进展。因此，Goudsmit 认识欧洲几乎每一位重要的物理学家。战争结束后，Goudsmit 来到 BNL，不久后任物理部主任。Goudsmit 于 1947 年当选美国国家科学院院士；1977 年荣获国家科学奖章。1950 年，Goudsmit 被任命为 PR 的主编。1958 年，Goudsmit 创立了 PRL，并担任 PRL 的主编至 1974 年。在担任 PRL 主编的 16 年期间，Goudsmit 发表了 73 篇社论，涉及多个主题，包括文章接收标准、对优先事项的意见、期刊发展等，为 PRL 的发展做出了巨大贡献。

1974~1978 年，主编为 James Krumhansl。Krumhansl 博士毕业于康奈尔大学（Cornell University），并于 1959 年成为康奈尔大学的物理学教授，在 1960~1964 年期间成为原子和固态物理实验室主管，研究方向为凝聚态物理和材料科学。1974

年开始担任 PRL 的主编。此外，Krumhansl 博士于 1958~1964 年间担任 *Journal of Applied Physics* 的主编，1973~1978 年担任美国物理学会理事会成员，主持美国物理学会凝聚态物理学系并于 1989~1990 年间担任该协会主席。

1978~1983 年，主编为 Robert Adair。Adair 博士毕业于威斯康星大学（University of Wisconsin）。1959 年，Adair 博士加入耶鲁大学（University of Yale），担任物理系主任和物理科学系主任，现为耶鲁大学荣誉教授。1976 年当选为美国国家科学院院士，1997 年当选为美国艺术与科学院院士。

1983~1987 年，主编为 George Vineyard。Vineyard 博士毕业于麻省理工学院（Massachusetts Institute of Technology），1973~1981 年间任 BNL 主任，1987 年当选美国物理学会主席，研究方向为理论固体物理学的基础研究。

1987~2013 年，主编为 Jack Sandweiss。Sandweiss 博士毕业于加州大学伯克利分校（University of California, Berkeley），后任职于耶鲁大学，研究领域为实验基本粒子物理。耶鲁大学荣誉教授，1987 年当选美国国家科学院院士。

表 3-8 中统计了 PRL 编辑的详细履历，可以看到 PRL 的编辑、副编辑来自不同的国家和地区，在加入 PRL 前都有有很强的物理学研究背景，均获得了物理学相关专业的博士学位，并且大多在高校或者研究所担任过博士后研究工作，是一流的物理学家，研究领域涉及物理学研究的方方面面。编辑切实参与期刊的送审及最终裁决，因此编辑的高水平保证了期刊的学术质量。有职业物理学家出任专职学术编辑是 PRL 区别于其他期刊的重要特征。

表 3-8　PRL 编辑履历

姓名	职位	个人简介
Hugues Chaté	Editor	Chaté 是法国萨克雷核研究中心的资深科学家。1989 年，在巴黎第六大学（Université Paris VI）获得了博士学位，在贝尔实验室做博士后，他加入了萨克雷核研究中心的凝聚态物理系。他的研究涉及广泛的主题，从非线性动力学到统计物理学和关键现象，再到活跃物质。
Robert Garisto	Editor	Garisto 曾于加拿大国家实验室 TRIUMF 担任博士后研究员，1994 年加入 PRL，2013 年当选为 APS 研究员。
Samindranath Mitra	Editor	Mitra 博士在印第安纳大学（布卢明顿）（Indiana University Bloomington）学习量子霍尔效应的相关理论知识，在纽约阿尔伯特爱因斯坦医学院（Albert Einstein College of Medicine）从事化学物理学工作，之后来到物理评论快报。他主要处理半导体、二维材料和介观系统中传输特性的论文。

续表

姓名	职位	个人简介
Reinhardt B. Schuhmann	Editor	Schuhmann 博士主要从事使用核方法研究凝聚态物质的研究，博士毕业后在布鲁克海文国家实验室（BNL）从事核物理博士后工作两年后，成为 PRA 编辑人员，1992 年加入 PRL，2002 年起担任编辑。
Abhishek Agarwal	Associate Editor	Agarwal 博士曾在纽约城市大学（The City University of New York）城市学院和波茨坦的阿尔伯特爱因斯坦引力物理研究所（马克斯普朗克研究所）（Max-Planck-Institut für Gravitationsphysik）担任博士后研究员，2009 年加入 PRL。
Rocio Cortes	Associate Editor	Cortes 博士是布鲁克黑文国家实验室（BNL）功能纳米材料中心的博士后研究员，曾在柏林自由大学（Free University of Berlin）的超快表面动力学研究小组和德国马克斯普朗克协会的 Fritz-Haber 研究所工作，并获得了洪堡研究奖学金。Cortes 博士于 2014 年加入 PRL。
Serena Dalena	Associate Editor	Dalena 博士曾在特拉华大学（University of Delaware）担任博士后研究员，从事涉及太空等离子体中的粒子和场动力学研究，例如太阳日冕，太阳风和地球磁层。Dalena 博士于 2013 年加入 PRL。
Olga Dudko	Associate Editor	Dudko 博士于 2007 年加入加州大学圣地亚哥分校（University of California, San Diego）的物理系，现为加州大学圣地亚哥分校物理系教授，其研究涵盖了理论生物物理学领域的一系列问题。Dudko 博士 2019 年开始成为 PRL 的远程编辑。
Kevin Dusling	Associate Editor	Dusling 博士于 2013 年在北卡罗来纳州立大学（North Carolina State University）和布鲁克黑文国家实验室担任博士后研究职位后加入 PRL，他的研究领域在高能量 QCD 和超相对论重离子碰撞的现象学。
Sonja Grondalski	Associate Editor	Grondalski 博士于英国伦敦帝国理工学院（Imperial College London）担任 NSF 博士后研究员，2006 年加入 PRL，并从加利福尼亚远程工作。
Donavan Hall	Associate Editor	Hall 博士毕业后，在佛罗里达州塔拉哈西的国家高磁场实验室工作了五年，主要对强相关材料进行磁测量。他于 2002 年加入 PRL。
Saad E. Hebboul	Associate Editor	1988 至 1998 年，Hebboul 博士首先于俄亥俄州立大学（Ohio State University）担任博士后研究员，随后担任俄亥俄州立大学的高级副研究员和讲师，1999 年成为 PRL 的编辑人员。
Brant M. Johnson	Associate Editor	Johnson 博士以博士后的身份来到布鲁克黑文国家实验室，并受雇于此。在 PRL，Johnson 博士目前负责提供光束和加速器物理学以及非线性光学物理学的子集。此前，自 1987 年以来，Johnson 博士负责所有原子分子和光学物理论文，以及等离子体物理学，并于 1993 起负责 PRE。
Frank Narducci	Associate Editor	2017 年，Narducci 博士进入海军研究生院，担任物理学副教授，并领导原子物理研究小组，研究基于原子干涉仪的未来海军传感器和温暖细胞中的量子相干效应。Narducci 博士自 1999 年以来一直担任 PRA 的副主编，于 2000 年开始担任 PRL 的副主编。
Stojan Rebic	Associate Editor	2012 加入 PRL 之前，Rebic 博士曾在意大利卡梅里诺大学（Università degli Studi di Camerino），麦格理大学（Macquarie University）和澳大利亚国立大学（The Australian National University）任职。

续表

姓名	职位	个人简介
Jane Throwe	Associate Editor	1986 至 1989 年，Throwe 博士在布鲁克黑文国家实验室担任博士后研究员，2001 年加入 PRL。
Daniel Ucko	Associate Editor	2004 年加入 PRL 之前，Ucko 博士曾在英国伯明翰大学（University of Birmingham）担任博士后研究职位，并在瑞士 Paul Scherrer 研究所担任低能量 μ 子束，Ucko 博士处理关于凝聚态物质的论文。
Deniz van Heijnsbergen	Associate Editor	Heijinsbergen 博士于 2004 年加入 PRL，担任全职编辑。2006 年成为 PRL 的兼职远程编辑，2012 年加入半导体行业的尖端光刻系统供应商 ASML 的研发部门。
Alessandro S. Villa	Associate Editor	博士毕业后，Villa 博士曾在马克斯普朗克光学研究所（德国）担任洪堡博士后研究员，后担任巴西伯南布哥联邦大学（Universidade Federal de Pernambuco）助理教授。2015 年加入 PRX 担任副主编，2018 年末加入 PRL，他的专长是量子信息研究和量子光学。
Raphael Voituriez	Associate Editor	Voituriez 博士是法国国家科学研究中心（Centre national de la recherche scientifique）高级科学家，同时是索邦大学（Sorbonne Université）物理系教授。他的研究涵盖了不同的主题，从统计物理学和随机过程到生物学启发物理学，从单分子到细胞和组织尺度。
Mu Wang（王牧）	Associate Editor	1991 年博士毕业后，王牧博士继续在荷兰奈梅亨大学（Radboud University Nijmegen）任博士后研究员。1992 年获得中国物理学会颁发的吴健雄（Chien-Shiung Wu）物理奖，1994 年获得首届"国家杰出青年科学基金"的资助。他于 2007 年获得中国国务院颁发的国家自然科学奖。2014 年加入 PRL 前，王牧博士是南京大学长江学者特聘教授以及固态微结构国家实验室主任。王牧博士研究领域涉及界面生长机制、结晶中的自组织、等离子体和超材料。

注：资料来自 PRL 期刊官网。

第四节　《美国化学会志》：百年传承的学术经典

一、美国化学会：Most Trusted. Most Cited. Most Read.

美国化学会（American Chemical Society，ACS）成立于 1876 年，其总部设在华盛顿，是由美国国会特许的非营利组织。ACS 一直致力于为全球化学研究机构、企业及个人提供高品质的文献资讯及服务，在科学、教育、政策等领域提供了多方位的专业支持，每年还提供约 2000 万美元赠款支持在石油和相关领域的基础研究。目前，ACS 在全球有超过 200 家分支机构，在 140 多个国家有超过 150000

名会员，覆盖了涉及化学的所有学位层次、各学科领域的专业人员，ACS 已成为世界上最大的科技学会之一。美国化学会在每年春季、秋季各举行一次全国性的会议，以交流学术论文为主，此外还会召开 10 个区域性会议，由临近的地区分会联合组织召开，一般在较小的城市或在大学校园内举行。2017 年，超过 31000 人参加了在旧金山和华盛顿召开的 ACS 全国会议，创造了 ACS 会议的人数记录，会议期间收到 24000 篇稿件。同时 ACS 在 2017 年还组织了 8 次 ACS 区域会议，吸引了 5881 名参会者，产生科研论文 3895 篇。

美国化学会不仅为专业研究人员提供了研究资源和平台，而且为初等化学和科学教育者提供了各方面的指导和资源，内容涵盖从学前到职业中期的所有阶段。针对不同层次学生的知识水平、理解能力出版了一系列的指导丛书和科普书籍。比如，为学前和小学阶段的学生出版了 *Science for Kids*、*Apple*，*Bubbles and Crystals* 等通过介绍身边的化学知识以激发儿童兴趣的书籍，为中学生出版了教材 *Chemistry in Community* 并提供教师培训，目前已出版四次，同时也被翻译成俄、日等多种语言。

ACS 出版机构是美国化学会下属的一个分支机构，主要负责编辑加工、出版发行等工作。每年有超过 14 万页研究材料以印刷品和网络版本形式出版，另外有超过 9 万页附加信息可以在网络上得到。在 2002 年的 ACS 期刊档案（ACS Journal Archives）介绍中提到，ACS 的出版部门能提供自 1879 年以来 300 万页的期刊原始数据，几乎是从每一种期刊的创刊号起至今的内容。

ACS 出版物现在出版 50 余种期刊，其广度和范围是无与伦比的，涵盖了化学、物理和生物学，以其高质量、快速出版、开创性和高影响力而著称。ACS 出版物在 2017 年相继推出了 *ACS Earth and Space Chemistry*，*C&EN Global Enterprise*，*ACS Energy Materials* 以及 *ACS Nano Materials*，同时 2016 年开始推出的 *ACS Omega* 在 2017 年获得强势增长。ACS 目前出版的 53 种期刊，平均影响因子为 6.701，其中 Q1 区期刊 40 种，占期刊总数的 75.5%；Q2 区期刊 9 种，占期刊总数的 17.0%；Q3 区期刊 2 种，占期刊总数的 3.8%；Q4 区期刊 2 种，占期刊总数的 3.8%。下面一组数据将体现 ACS 出版业务的特征。

2018 年，全球引用 2600 万次。

2018 年，全文下载量为 1.3 亿次（图 3-8）。

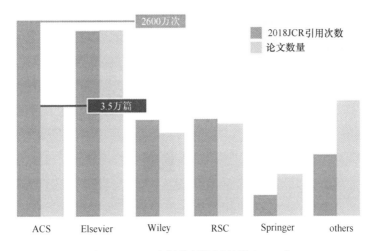

图 3-8　ACS 出版业务数据表现（2018）

研究人员在 99 个国家的 5000 多个机构可以获得 ACS 出版物。

我们也简要整理了 ACS 出版物所获荣誉：

ACS Central Science 获得 2017 年美国出版商专业和学术卓越奖（PROSE）——创新期刊奖；

ACS Synthetic Biology 获得 2013 年美国出版商专业和学术卓越奖（PROSE）——科学、技术和医药领域最佳新期刊奖，同时 ACS ChemWorx 获得最佳应用奖；

ACS Catalysis 获得 2012 年美国出版商专业和学术卓越奖（PROSE）——科学、技术和医药领域最佳新期刊奖；

ACS Mobile 获得 2010 年美国出版商专业和学术卓越奖（PROSE）——物理科学和数学最佳电子产品奖和电子出版的最佳电子产品奖。

二、《美国化学会志》：作风保守，稳健增长

《美国化学会志》（*Journal of the American Chemical Society*，JACS）于 1879 年创刊，是美国化学会最早出版的刊物之一，也是最具代表性的刊物。JACS 致力于出版基础研究论文，每年出版约 19000 页的文章、通讯和观点。其刊载论文涉及化学领域的所有内容，是化学领域内重要的学术刊物。根据 JCR 的统计数据可知，JACS 是化学领域内被引用最多的期刊，2018 年最新影响因子为 14.695（1974

年第一个影响因子为 4.383）。JACS 创办 140 年的时间，刊载了很多化学领域具有代表性的成果，具体内容见图 3-9。

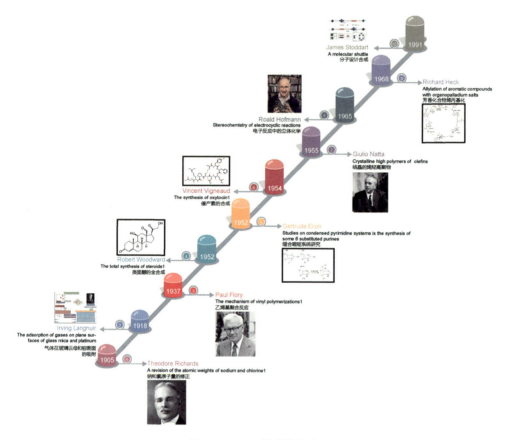

图 3-9　JACS 代表性论文

期刊的里程碑事件如下。

1879 年，JACS 正式创刊，第一任主编是 Hermann Endemann。

1952 年，在主编 W. Albert Noyes Jr.的带领下，JACS 期刊改为半月刊，每年发行 24~26 期；1974 年，JACS 获得了初始影响因子 4.383。

1994 年，JACS 开始发布光盘版。

1995 年，JACS 改版为周刊，每年发行 51 期。

1996 年，JACS 开始推行在线出版。

2001 年，在线稿件提交系统开始推行。

2002 年，引入图形目录。

2006 年，JACS 为作者引入了开放获取选项。

2008 年，JACS 推出 JACS Beta 网站用于收集学术界的反馈和需求。

2009 年，JACS 推出"期刊俱乐部"供学者对最新研究进行交流讨论。

2010 年，JACS 推出 JACS 移动平台。

2012 年，JACS 引入了 Spotlight 文章以突出有影响力的研究发现。

图 3-10 对比了 JACS 和 *Angewandte Chemie* 近 20 年发文量和影响因子的变化情况。在 1999~2018 年期间，JACS 的影响因子整体呈现出持续、稳步上升的趋势，2018 年 JACS 的影响因子为 14.659。1999~2012 年，*Angewandte Chemie* 的影响因子高于 JACS，但是 JACS 的发文量远大于 *Angewandte Chemie*。随着 *Angewandte Chemie* 的发文量的增加，JACS 的影响因子在 2013 年实现了反超，这也反映出了 JACS 论文的高质量和高影响力。

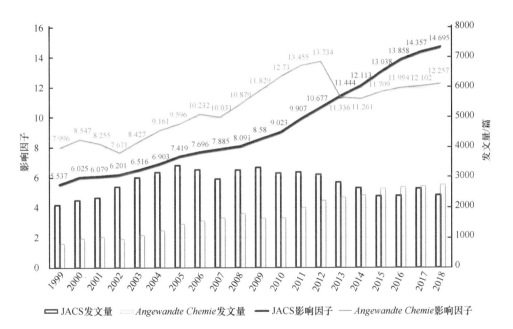

图 3-10　JACS 与 *Angewandte Chemie* 近 20 年发文量和影响因子对比分析

JACS 目前主要发表三种类型的论文，简要介绍如下。

论文（article）：对具有很高的科学质量、原创性、重要性以及读者群感兴趣的概念新颖性的文章，JACS 将考虑优先出版。根据对现有数据的处理得出结论的论文中必须包括重要的新数据，并包含新的实验方法或者作出具有广泛意义的理论预测。只包含实验数据，而没有进一步扩展范围提供新的见解或概念突破的文章，将被拒绝，以前发表的相关工作的例行延伸的文章也将被拒绝。

通讯（communications）：文章仅限于具有紧迫性、及时性、重要性和广泛兴趣的报告。作者在 cover letter 中需简短的描述文章的紧迫性、及时性和重要性等。文章的结论最好在文章开头陈述，且结论必须具有新颖性和创新性。

观点（perspectives）：对某一领域的个人评论性文章，文章需突出重点。作者需对该领域的现状进行评估，且重点关注该领域正在取得的关键进展或需要取得的进展，并着眼于未来。文章需要与当前的文献相关联，包含主要的贡献者和参考文献，该类文章将主要用于启发和帮助指导未来的研究工作。

JACS 网站主页资源丰富、界面友好、形象直观、功能齐全，包括期刊的基本信息，文献、信息的快速检索、链接与利用服务，科学普及，会员制模式服务等多种互动与特色服务功能版块，网页更新快、交互环境好。网站为用户提供强大的搜索功能，读者可在网页上实现所有搜索和检索；可以实现分类、筛选、保存结果的功能。ACS 对于在线发布的文章，也已经跳出了传统发表文章 PDF 的形式，不仅提供 HTML、高清 PDF 和普通 PDF 三种形式的阅读方式，而且为每篇文章制作封面，该封面含有题名、作者、作者信息、年卷期页码、引用链接、代表图片和摘要信息。作者还可在 supporting information 中添加与实验相关的说明文件，这些文件可以是文字、图片、音频或视频，为感兴趣的读者进一步了解文章提供详细信息。

为展示、鼓励和促进创新，并以新方式来介绍化学及相关研究，以促进科学家们对化学和生物或其他交叉学科的新兴领域及学科融合的交流和理解，JACS 将网页工具和软件同学术出版相结合，最大限度地为读者和用户提供最便捷的方式了解有关 JACS 的信息，以尽可能广的方式传播发表在 JACS 上的文章，并通过社区、论坛、播客等引起读者和用户的兴趣。JACS Image Challenge 就是 JACS 推出的一款免费应用程序，该程序通过使用 JACS 发布的突破性高质量研究论文中的图像并伴随多项选择问题的方式，为读者提供富含教育意义及有趣的知识，增加学习的趣味性。

三、内容建设：严谨规范，要求严格

在 JACS 几乎单调乏味的特色上，我们找到了其"Most Trusted. Most Cited. Most Read."的根源所在，即 JACS 对于所提交论文数据的要求。JACS 在作者须知中对提交稿件的数据进行了详细的要求，鼓励作者提供足够的表征数据来证明物质的结构、组成、纯度和产量等信息，以及测定方法的详细描述。此外，表征数据和详细的实验细节需包含在文章或者支撑材料中，使其他研究者可以重复该合成过程。针对不同类型化合物的，JACS 均有详细而完备的指南，覆盖金属有机化合物、无机化合物和有机化合物。同时针对光谱，动力学与核磁共振数据提出了详细严谨的数据要求，下面我们将各举一个例子进行说明，分别是金属有机化合物和无机化合物表征指南以及单晶衍射数据。

■ 金属有机化合物和无机化合物表征指南

JACS 要求作者必须提供足够的信息，以确定一种新化合物的身份、纯度和产量，还必须包括足够的实验细节，以使另一名研究人员能够复制合成。表征数据和实验细节必须包含在论文或支持信息中。对于不同的化合物，有不同的要求。

常规化合物：这一类化合物是指那些有文献先例或通过逻辑合成得到的化合物，其产量接近于定量。由于原子的潜在误认，仅靠 X 射线衍射结构通常不能为这些分子提供足够的表征。抗磁性化合物还必须用核磁共振波谱进行表征，最好至少对两个不同的原子核进行表征。此外，还必须使用至少一种其他表征技术来支持拟议的配方。优选地，这将是一种技术，提供一个关键的官能团或发色团的确定。例如，红外光谱可用于支持羰基、酰基、二氮和氢化物的存在。在许多情况下，X 射线衍射可以提供这类复合物最明确的表征，但这不足以作为唯一的表征手段。在没有 X 射线结构确定的情况下，元素组成的证据必须通过元素分析（如燃烧分析、微探针分析）或质谱提供。顺磁化合物的磁矩和（或）ESR 光谱数据，如果认为分子的自旋态具有特殊的意义，也应给出它们的磁矩和（或）ESR 谱数据。

新化合物的合成：这类化合物是指那些表现出一种前所未有的结构，或通过意想不到的反应而得到的化合物。这类化合物需要更详细的表征，以确保其有效性。在某些情况下，各种确定的光谱技术可提供足够的表征（例如，如果许多原子核具有核磁共振活性），但在大多数情况下，元素组成的证据必须由元素分析（如燃烧分析、微探针分析）或质谱提供。虽然 X 射线衍射结构不被认为是元素组成的决定性证据，但如果有关表征的其他物理方法的结果是结论性的，它就是组成的可接受的证据。

固态材料：虽然 X 射线衍射可以提供这类化合物最明确的表征，但仍需要提供元素组成和均匀性的证据。例如，通过对所选元素的微探针分析确定的原子比率可能足以满足这一目的。

未分离的化合物：尚未以纯形式分离的化合物（如反应中间体或难处理混合物，或不稳定物质）可能会被发表。但是在这种情况下，必须明确说明这些化合物没有被分离出来。

纯度和收率：必须报告所有化合物的收率和纯度，包括用于测定它们的方法。在 NMR 管反应中得到的化合物的收率应该用内标来确定。

■ 单晶衍射数据

JACS 要求报告用 X 射线衍射测定一个或多个结构的稿件必须符合下列要求：摘要，摘要可以总结不寻常的几何特征，但不能包含单胞参数；稿件正文，必要的原子间距离和角度表不是必需的，但可以提交（不应包括标准结构部件的公制信息）。对于原子各向异性细化的结构，通常应该给出一个显示热椭球的图形；如果需要，可以用球形原子表示来代替清晰度。文章应列出每个结构的结构式、晶体系统、空间群、晶体颜色、单胞参数、数据收集的温度以及 Z、R 和 GOF 的值。支撑材料中对每个结构的完整详细数据必须以电子晶体信息文件（CIF）格式提交。对于 CIF 文件，JACS 要求 CIFS 必须在通过网络提交原稿的同时上载，并指定文件名称支持信息以供发布。每个结构的 CIF 应作为单独的支持信息文件上载。CIFS 应以纯文本（纯 ASCII）格式保存，并在提交之前扩展名为.cif。文件中不应包含除 CIF 本身以外的任何信息。提交之前，必须使用网站上的 CheckCIF 实用程序检查 CIFS。如果 CIFS 不可用，则应在格式整洁的表格中提供所需的数据，这些表格具有标识化合物名称或结构编号的信息标题。

正是由于 JACS 对于数据的严格要求，不仅 JACS 成为了广受信赖的一流科技期刊，而以 JACS 为数据来源制作的《化学文摘》（*Chemical Abstracts*）也成为了化学和医药学术界与工业界高度依赖的权威数据，可见作风保守或者栏目单调并不会影响一流，所刊载成果的可靠性与可用度才是根本。

四、稿源、主编与编委：全球分布，化学精英

表 3-9 列出了 2014~2018 年 JACS 上高发文机构前 10 名以及他们的 ESI 排名情况，中国科学院位列第一，除了芝加哥大学（University of Chicago）和斯坦福大学（Stanford University）外，其余 8 家单位均位列 ESI 排名前 30，该数据与 PRL 的表现几乎一致。一流期刊对于一流机构不吝版面，而一流机构是支撑一流期刊的核心力量。接下来我们将简要介绍 JACS 的主编及编委的情况。

表 3-9　JACS 高发文机构发文 TOP10 和 ESI 排名

序号	机构名称	发文量	ESI 排名
1	Chinese Academy of Sciences	908	1
2	University of California Berkeley	427	10
3	Centre National De La Recherche Scientifique（CNRS）	412	2
4	Northwestern University	399	21
5	Max Planck Society	314	6
6	Lawrence Berkeley National Laboratory	308	29
7	University of Chicago	291	39
8	Massachusetts Institute of Technology（MIT）	286	15
9	Stanford University	266	34
10	Kyoto University	233	25

现任主编：Peter Stang，Stang 博士于 1966 年在加州大学伯克利分校（University of California，Berkeley）获得博士学位，在普林斯顿大学（Princeton University）做完博士后的研究工作后，在 1969 年加入犹他大学（University of Utah），主要的研究内容是特殊几何构型的分子建构和超分子组装化学。此外，Stang 博士自 1991 年起在南加州大学（University of Southern California）的洛克碳氢化合物研究所（Loker Hydrocarbon Research Institute）担任高级研究员，同时他还是中国科学院化学研究所、浙江大学、华东师范大学的名誉教授。Stang 博士在国家和国际机构和会议上发表了数百次命名演讲，曾在许多委员会、顾问委员会和董事会任职。Stang 教授是美国国家科学院院士（2000 年）、美国艺术和科学院院士（2002 年）、

中国科学院（2006 年）和匈牙利科学院外籍院士，曾获得普利斯特里奖（Priestley Medal，2013 年）①和美国国家科学奖章（2010 年）等众多奖项。

Stang 博士曾在 1982~1999 年期间担任 JACS 的副主编，2000~2001 年间任 *Journal of Organic Chemistry* 主编，2002 年起至今任 JACS 主编。在此期间，他撰写或合著了 450 多篇论文，其中包括 20 多篇被广泛引用的评论。2002 年 Stang 博士接任 JACS 主编时，JACS 的影响因子为 6.201，此后逐年增长，2018 年的影响因子为 14.695。

表 3-10 列出了 JACS 的历任主编及任职时间，与较为年轻的 PRL 不同的是，JACS 的主编普遍任职时间较长，时间最长的 Arthur Lamb，在任 31 年，排名第二的是 Allen Bard，在任 19 年，实际上现任主编也已经在任近 20 年，考虑到 JACS 只有 140 年的历史，这意味着这三位主编的总任期近 70 年，占到一半的时间。这应该也是 JACS 能够以稳健的姿态发展至世界一流的原因之一。下面我们对 JACS 的历任主编一一进行简要介绍，以供读者参考化学一流期刊主编的特征。

表 3-10　JACS 主编信息

序号	主编姓名	任职时间
1	Hermann Endemann	1879
2	Gideon Moore	1880
3	Hermann Endemann	1881
4	Editorial Committee	1882~1883
5	Abram A. Breneman	1884~1892
6	Edward Hart	1893~1901
7	William Noyes	1902~1917
8	Arthur Lamb	1918~1949
9	W. Albert Noyes, Jr.	1950~1962
10	Marshall Gates	1963~1969
11	Martin Stiles	1970~1974
12	Cheves Walling	1975~1981
13	Allen Bard	1982~2001

注：资料来自 JACS 期刊官网。

---

① 普利斯特里奖（Priestley Medal）是美国化学会所颁发的最高奖项，每年评选一次，用以鼓励在化学领域做出杰出贡献的科学家。该奖项于 1922 年建立，以英国化学家约瑟夫·普利斯特里的名字命名。

1884~1892 年，主编为 Abram A. Breneman。Breneman 博士毕业于宾夕法尼亚州立大学（Pennsylvania State University），1882 年加入 JACS，是 JACS 的早期成员之一，在氮的固定、炸药、水及陶瓷领域的成就突出。

1893~1901 年，主编为 Edward Hart。Hart 博士毕业于约翰霍普金斯大学由于他对印刷过程的兴趣，于 1887 年开始编辑自己的期刊 *Journal of Analytical and Applied Chemistry*。1893 年起担任 JACS 主编后，Hart 博士将期刊与 JACS 合并，在担任编辑两年后，Hart 博士要求由他拥有和经营的化学出版公司印刷 JACS。这一转变，使期刊的排版和格式得到了显着改善。

1902~1917 年，主编为 William Noyes。Noyes 博士毕业于约翰霍普金斯大学，后任职于伊利诺伊大学厄巴纳-尚佩恩分校（University of Illinois at Urbana-Champaign）。Noyes 是美国分析和有机化学家，1907~1926 年期间担任伊利诺伊大学化学系主任，他曾做过原子量的开创性测定。Noyes 博士于 1908 年获得尼克尔斯奖章（Nichols Medal）[1]，1920 年获得威拉德吉布斯奖章（Willard Gibbs Medal）[2]，1935 年获得美国化学会最高奖项普利斯特里奖奖章（Priestley Medal）。Noyes 于 1907 年创立了 *Chemical Abstracts*，并为 *Journal of Industrial and Engineering Chemistry*、*Chemical Monographs* 和 *Chemical Reviews* 的出版做出了积极的贡献，于 1920 年担任美国化学会主席。Noyes 博士于 1902~1917 年间担任 JACS 主编，在此期间为 JACS 的发展发挥了积极的作用，文章印刷量获得了很大的增长，从 105 篇文章（超过 820 页）增长到 256 篇文章（超过 2756 页）。

1918~1949 年，主编为 Arthur Lamb。Lamb 在塔夫茨大学（Tufts University）和哈佛大学（Harvard University）均取得了博士学位，后任职于哈佛大学。1914 年当选美国艺术与科学院院士，1923 年当选美国国家科学院院士，1943 年获得尼克尔斯奖章（Nichols Medal），1949 年荣获普利斯特里奖章（Priestley Medal），1933 年起担任美国化学会会长。Lamb 博士是 JACS 历史上任职时间最长的编辑，在他

---

[1] 威廉·H.尼克尔斯奖（William H. Nichols Medal），每年颁发一次，以表彰获奖者在化学方面的独创性研究。被提名者必须在颁奖日前的五年内"在化学领域做出了重大和独到的贡献"。该奖项由美国化学学会(ACS)纽约分会于 1902 年设立，是美国化学学会批准的第一个奖项，该奖章于 1903 年首次颁发。

[2] 威拉德吉布斯奖章（Willard Gibbs Medal），由美国化学学会芝加哥分会颁发，由该学会芝加哥分会前主席兼秘书 William A. Converse 于 1910 年设立，以耶鲁大学 Josiah Willard Gibbs 教授名字命名。该奖项的目的是公开表彰杰出的化学家，奖章获得者由来自不同学科的杰出化学家组成的全国评委会选出。

的带领下，JACS 在两次世界大战的动荡中存活下来。在任期间，Lamb 博士最具影响力的决定是引入了正式的同行评议程序，通过将手稿送交给该领域的专家匿名审查，来消除出版过程中任何被认为或存在的不公平。

1950~1962 年，主编为 W. Albert Noyes, Jr.，是 William Noyes 的儿子。小 Noyes 毕业于索邦大学（Sorbonne University），后任职于罗切斯特大学（University of Rochester）。小 Noyes 是一位杰出的光化学家，在第二次世界大战期间研究了毒气和防毒面具在战斗中的使用，其在光化学领域的成就得到了广泛的认可。Noyes 父子是唯一获得普利斯特里奖（Priestley Medal）和威拉德吉布斯奖章的父子。1943 年小 Noyes 当选为美国科学院院士，1954 年荣获普利斯特里奖（Priestley Medal），1957 年获得威拉德吉布斯奖章，1976 年获得美国化学会查尔斯·帕森斯莱思罗普奖（ACS Charles Lathrop Parsons Award）[①]。小 Noyes 紧紧追随其父亲的脚步，于 1947 年起担任 ACS 主席，1950~1962 年间担任 JACS 的主编。在小 Noyes 的领导下，1952 年 JACS 从每月出版一次改为每两周出版一次。除此之外，小 Noyes 还在 1939~1949 年间任 *Chemical Reviews* 主编，1952~1964 年间担任 *The Journal of Physical Chemistry* 的主编。

1963~1969 年，主编为 Marshall Gates。Gates 博士毕业于哈佛大学（Harvard University），后任职于罗切斯特大学（University of Rochester）。Gates 是有机化合物合成的权威，并于 1952 年首次合成了吗啡。Gates 于 1949 年起开始担任 JACS 的副主编，1963 年起担任主编一职。

1970~1974 年，主编为 Martin Stiles。Stiles 博士毕业于哈佛大学（Harvard University），在 1955~1978 年期间担任密歇根大学（University of Michigan）化学教授，此外他还是美国国立卫生研究院（National Institutes of Health）以及陶氏化学（Dow Chemical Company）和通用电气（General Electric Company）等公司的顾问。在担任 JACS 主编之前，Stiles 曾在 *The Journal of Organic Chemistry* 担任副主编 3 年，在担任 JACS 主编期间，Stiles 强调了出版前审查的重要性，以确保期刊的有用性。同时 Stiles 博士成立了一个现在 JACS 所熟悉的编委会，由八名杰出的来自各个领域的化学家组成，他们的职责是将论文分配给审稿人，并做出论文

---

① 查尔斯·帕森斯莱思罗普奖（ACS Charles Lathrop Parsons Award），是由美国化学学会(ACS)每两年颁发一次用来表彰杰出公共服务的奖项。

是否发表的决定。1974 年，JACS 获得了第一个影响因子 4.383。

　　1975~1981 年，主编为 Cheves Walling。Walling 博士毕业于芝加哥大学（University of Chicago），后任职于犹他大学（University of Utah），在自由基化学方面的成就显著，并且开创了核反应研究的先河。Walling 是美国科学院及美国科学与艺术学院院士，曾获诺里斯物理有机化学奖（Norris Award in Physical Organic Chemistry，1971 年）[①]等。Walling 曾任 ACS 石油研究基金顾问委员会、Gordon 研究会议董事会、JACS 编辑委员会有机部执行委员会成员以及国家研究理事会化学和化学工程部主席。1966~1973 年间，担任 ACS 专业培训委员会的主席。

　　1982~2001 年，主编为 Allen Bard。Bard 博士毕业于哈佛大学（Hanand University），后在得克萨斯大学奥斯汀分校（University of Texas，Austin）任职。Bard 博士在电化学领域成就显著，目前已发表过 900 多篇同行评审研究论文、75 本出版物，拥有 23 项专利，出版 *Chemical Equilibrium* 、*Electrochemical Methods-Fundamentals and Applications* 等多种经典电化学专著，被公认为"现代电化学之父"。Bard 于 1982 年当选美国科学院院士，2008 年获沃尔夫化学奖（Wolf Prize）[②]，2011 年荣获美国国家科学奖章。Bard 于 1980 年开始担任 JACS 的副主编，1982 年开始担任主编一职，在任期间 JACS 不断发展壮大，1995 年 JACS 改版为周刊。

　　与 PRL 不同的是，JACS 的主编皆为世界顶尖化学科学家所兼任，JACS 主编任职单位的变迁某种程度上也能反映美国化学科学中心的转移，从早期东部的哈佛大学等高校，逐步过渡到了西部的得克萨斯州，事实上，Stang 是历任主编中第一位西部高校毕业的博士。接下来我们将分析 JACS 的编委会。

　　JACS 的编委队伍共有 28 人，表 3-11 列出了编委的姓名、总被引频次以及任职机构的 ESI 机构排名情况。图 3-11 统计了编委任职机构 ESI 排名和被引频次的分布情况，可以看到有接近半数的编委来自于 ESI 排名前 100 的机构，且 JACS 编委任职机构的 ESI 排名均在 500 以内。通过被引频次分布可以发现超过 80% 的

---

　　① 诺里斯物理有机化学奖（Norris Award in Physical Organic Chemistry），由美国化学会于 1963 年设立，以鼓励和奖励对物理有机化学做出杰出贡献的人才。

　　② 沃尔夫化学奖（Wolf Prize），是沃尔夫大奖下设的六个奖项之一，由沃尔夫基金会颁发，每年评选一次。该奖项的目的是为了表彰除诺贝尔化学奖获得者以外，对于化学领域有重大贡献的科学家。

编委被引频次在 1 万次以上，同时有 5 人超过 10 万次。这不仅意味着 JACS 编委在化学领域具有很强的学术影响力，同时还暗示着 JACS 的编委在化学学科网络中处于绝对的中心引领地位，这种中心网络地位一方面是所在机构的地位所决定的，更多的由他们训练的一批批地奔向世界各地执教的博士群体将 JACS 的影响力扩散至全球各地。事实上，我们进行了编委近 5 年发文的统计，JACS 发表 28 位编委论文，排名第一，超出 *Angewandte Chemie*（《德国应用化学》）近 2 倍多。一流期刊的学科引领地位是由一流编委的稿件支撑，这一个规律性的认识将在下面的案例中反复得到证实。

表 3-11　JACS 编委统计

编号	姓名	总被引频次	任职机构	机构 ESI 排名（化学）
1	Michelle L. Coote	9478	Australian National University	471
2	Benjamin F. Cravatt	59596	The Scripps Research Institute, Scripps California	100
3	Paul S. Cremer	18070	The Pennsylvania State University	104
4	Lyndon Emsley	17545	Ecole Polytechnique Fédérale de Lausanne（EPFL）	37
5	Jean M. J. Fréchet	115500	King Abdullah University of Science and Technology	268
6	Gregory C. Fu	39127	California Institute of Technology	82
7	Taeghwan Hyeon	40568	Seoul National University	73
8	William D. Jones	25136	University of Rochester	423
9	Thomas E. Mallouk	50190	The Pennsylvania State University	104
10	Shelley D. Minteer	11386	University of Utah	197
11	Chad A. Mirkin	136891	Northwestern University	21
12	Klaus Müllen	107014	Max Planck Institute for Polymer Research, Mainz	6
13	Eiichi Nakamura	31678	The University of Tokyo	26
14	Melanie S. Sanford	33770	University of Michigan	72
15	Matthew S. Sigman	15925	University of Utah	197
16	Weihong Tan	57776	Hunan University, China & University of Florida	125
17	Claudia Turro	6417	The Ohio State University	220
18	Li-Jun Wan	39878	Chinese Academy of Sciences	1
19	Karen L. Wooley	29904	Texas A&M University	81
20	Klaas Wynne	3781	University of Glasgow	412

续表

编号	姓名	总被引频次	任职机构	机构 ESI 排名（化学）
21	Omar M. Yaghi	140677	University of California，Berkeley	10
22	Peidong Yang	138001	University of California，Berkeley	10
23	Phil S. Baran	26126	The Scripps Research Institute，Scripps California	100
24	Kara L. Bren	2539	University of Rochester	423
25	Joseph S. Francisco	10890	University of Pennsylvania	128
26	Sidney M. Hecht	17697	Arizona State University	223
27	Hanadi F. Sleiman	5619	McGill University	261
28	Suzanne Walker	10281	Harvard University	49

注：被引频次数据来自 Web of Science' ESI 机构排名数据来自化学学科 2018 年 ESI 机构排名，编委信息来自 JACS 期刊官网。

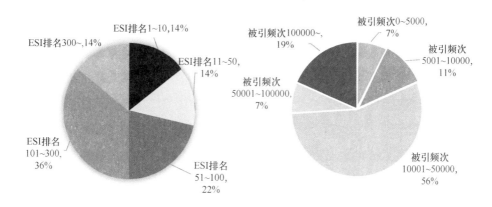

图 3-11　JACS 编委任职机构 ESI 排名和被引频次分布

第五节　《美国医学会杂志》：美国医学界的学术与政治喉舌

一、美国医学会：历史、政治与出版业务

（一）美国医学会历史

美国医学会（American Medical Association，简称 AMA）于 1847 年在费城成立，总部位于芝加哥，是美国最大的医生组织。AMA 以促进科学进步（scientific advancement）、制定医学教育标准（standards for medical education）、启动医学伦

理计划（launching a program of medical ethics）、改善公共卫生（improved public health）为目标，以解决未满足的需求为创新目的。自 1847 年成立以来，AMA 在美国医学发展中发挥了至关重要的作用。

● 1847~1900 年

1847 年，AMA 在费城（Philadelphia）成立，不仅是为了推动科学研究和提高医学教育标准，更是为了改善公共健康。AMA 建立了世界上第一个国家道德医学规范，即《AMA 医学道德伦理准则》（AMA Code of Medical Ethics）。AMA 宣传专利药物的危害，要求立法规范其生产和销售。1848 年，AMA 促使《药品进口法》（Drug Importation Act）确立。1849 年，AMA 举行了第二次会议，成立了关于医学科学的委员会，分析发布了庸医补救措施和秘方，告知公众此类措施和秘方的危险性。1869 年，AMA 道德委员会呼吁认可合格的女医生，Sarah Stevenson 成为第一位女性成员，并于 1876 年成为伊利诺伊州医学会（Illinois State Medical）的代表。1883 年美国医学会杂志（*Journal of the American Medical Association*，简称 JAMA）创立，Nathan Davis 担任主编。1899 年成立了医疗立法委员会，同时成立了报道结核病的委员会，包括结核病的传播和预防，1900 年 10 月该委员会提交了有关结核病的报告。1899 年 AMA 要求法律进行强制性天花疫苗的接种。

● 1901~1920 年

1901 年，AMA 进行了重组，将中央权力机构转移到了众议院、董事会和执行办公室。AMA 众议院以美国众议院为蓝本，是一个正式的、具有改革意识的立法机构。AMA 成立了医学教育委员会，以评价美国的医学教育，并提出改进建议。1905 年，AMA 成立了药学与化学理事会，为药品生产和广告制定标准，同年，AMA 开始实施药物批准项目，该项目持续到 1955 年。制药公司必须在 AMA 期刊上展示其药物有效性的证据。1906 年，AMA 设立了一个医师信息库，包括美国医生、美国医学生和留美的外国医学生的信息。1906 年，AMA 促使第一部《纯净食品与药物法》（Pure Food and Drug Act）确立。1908 年成立了医学研究委员会。1914 年医学教育委员会首次发布了批准实习的医院名单。1920 年制定了反对州或联邦政府的强制健康保险的政策。

● 1921~1960 年

1923 年，AMA 制定了医学专业培训住院医师标准。1927 年公布了第一批进行住院医师培训的医院名单。1927 年国会通过了 AMA 游说的《腐蚀性药品法案》（The Caustic Poison Act），如果产品中包含碱液或其他 10 种腐蚀性化学品，则要求贴标签和警告。1938 年，AMA 出版了一本名为 The Normal Diet 的书，这是第一本综合性、权威性列举美国人该吃什么的著作。为了建立医学院校认证要求，1942 年 AMA 成立了医学教育联络委员会，使 AMA 与美国医学院正式确立合作伙伴关系。1943 年 AMA 在华盛顿特区开设办事处。1950 年 AMA 教育和研究基金会成立，旨在帮助医学院和医学学生支付费用。1951 年成立了医院认证联合委员会，将医院标准化计划与美国内科医师学会、美国医院学会和美国医学会的质量标准合并，该委员会是为了美国医疗保健组织的评估和认证而设立的。1955 年，关于电视、广播和电影的医师咨询委员会成立，以确保媒体上的医疗准确性。

- 1961~1980 年

1961 年，AMA 反对《King-Anderson 法案》，该法案提出医疗保险立法，AMA 则在报纸、广播和电视上刊登广告，反对政府健康保险。1971 年，AMA 出版了第一份评估永久性损伤的指南，1977 年重新发布这些指南，1984 年出版了第二版本，并且创建了 12 个委员会来审查这些指南。20 世纪 70 年代，AMA 反对医疗机构的性别歧视。1972 年，AMA 发起了一场"烟草战争"，并支持禁止烟草样本支付的立法。1975 年，AMA 通过了一项政策，指出"一切基于性取向明确歧视都是不合法的，不能被任何医学联合会所接受"。1976 年，为方便残疾人，AMA 开始鼓励所有公共设施设立无障碍通道。

- 1981~2000 年

1981 年，AMA 发布了二噁英（dioxin）对人类的两种短期影响，并建议进一步研究。1983 年，AMA 指责反对有毒化学品的新闻媒体，并发起公共宣传活动。20 世纪 80 年代初，AMA 主张将全国法定饮酒年龄提高到 21 岁。1983 年 5 月，JAMA 发布了一份回顾儿童艾滋病案例的报告。AMA 呼吁禁止以任何形式的媒体广告宣传所有烟草制品，AMA 还宣布鼻烟和嚼烟对健康有害，提议增加对卷烟的征税，禁止在公共场所吸烟，并敦促医疗机构禁止在其场所吸烟。1990 年，AMA 发布了"美国健康评估"报告，还提议增加无医疗保险公民负担得起的医疗保健机会。1991 年，JAMA 首次刊登了 Joe Camel 漫画，要求 Reynolds 烟草公司停止在广告中使用 Joe Camel 角色，因为它吸引了年轻人。1995 年 Lonnie Bristow 成为 AMA 第一位非裔美国人主席，在他担任主席之前，Bristow 是第一位非裔美国人董事会成员。1997 年，AMA 成立了国家患者安全基金会（National Patient Safety Foundation），是一个专注于患者安全的独立的非营利性研究和教育机构。1998 年 6 月，Nancy Dickey 担任 AMA 主席，她是第一位女性 AMA 领导者。

- 2000 年至今

2002 年，AMA 发布了一份报告，报告中指出至少在十几个州发现医疗责任保险危机，迫使医生结束实践或者限制其服务，AMA 呼吁国会采取行动，为国家改革而奋斗。2005 年 AMA 率先与 129 个医疗和患者团体共同努力，最终通过并签署了《病人安全和质量改进法案》（Patient Safety and Quality Improvement Act）。2007 年，AMA 发起了"无保险之声"的活动，以扩大未报销公民的范围。2007 年，AMA 呼吁州和联邦机构调查诊所和零售连锁药店之间潜在利益冲突。AMA 对于将非裔美国人排除在组织之外的行为表示歉意，并在 2008 年宣布要增加少数民族医生加入 AMA 的机会。2009 年，AMA 发布了一封致美国国会和当时总统巴拉克·奥巴马的公开信，赞同他对公共医疗保健系统的改革，包括全民健康保险。2010 年，该举动为《患者保护和平价医疗法案》提供了有力支持。2013 年，AMA 认为肥胖是一种疾病，并试图改变医学界解决该问题的方法。2014 年，AMA 成立了阿片类药物特别工作组，以评估阿片类药物的使用和滥用情况。2015 年，AMA 支持《医疗保险和 CHIP 再授权法案》（Medicare Access and CHIP Reauthorization Act），该法案引入医疗保险改革。2017 年，AMA 宣布反对取消联邦医疗保健法，认为这样将使数百万美国人失去医疗保险。

（二）美国医学会的政治地位

AMA 被认为是美国最具影响力的利益集团之一，在医疗界一直具有权威地位，不仅控制着医疗的供给数量和质量，还可以通过其市场地位提高医疗费用。美国的医疗改革最主要的目的就是要制定并实施全民健康保险制度，这一制度一旦立法成功就意味着美国政府将介入医疗保险领域，价格低廉的健康保险将覆盖全美民众。AMA 出于对自身经济利益、协会信念和对医疗质量下降的担忧等原因坚定不移的反对美国医疗改革，并获得了成功。

1933 年，富兰克林·D. 罗斯福当选美国总统。当时美国正处于大萧条时期，由于没有任何医疗保险计划，经济危机使许多人连最基本的温饱都没有办法解决，更不可能去支付医疗费用。于是，罗斯福总统首次提出联邦政府应该担负起社会福利保障的主要责任。在罗斯福总统的第一任期内，社会改革者们发起了强制保险运动（Compulsory Insurance Movement），这一运动遭到 AMA 的强烈反对，并采取了多种手段对抗此次运动。AMA 通过各种途径在公众中宣传其对强制健康保险计划的观点和立场。AMA 还提出了一套让强制健康保险无法达到的标准，在该标准中，AMA 坚持对医疗体系的各方面的控制，且禁止除医生和病人之外的第三方对医疗体系进行干涉。在 AMA 的压力下，直到罗斯福新政第一任期结束前，强制医疗计划都没有被美国民众所认同。

1939 年 2 月，纽约州参议员 Robert Wagner 向国会提出关于医疗改革的全民健康法案，被称为《瓦格纳法案》（The Wagner Bill），法案强调公众健康、贫困保障以及联邦政府为州医疗计划提供资金支持，这一法案如果立法成功将被称为《1939 年全民健康法案》。AMA 随机对该法案提出抗议，声称法案将会对医生的利益和社会福利构成危害。

1945 年，Harry S. Truman 接替罗斯福上任，Truman 是美国历史上第一个公开倡导全民健康保险立法的总统，而且是全民健康保险最坚定的支持者，他首次将全民健康保险列入执政当局的议程，作为"公平施政"中最关键的环节之一。而此时 AMA 认为决战时刻已经来临，打算不惜一切代价阻止 Truman 立法成功。由于担心失去对医疗产业的控制和医疗自主权，AMA 立即联合其他医学界伙伴，投入 200 万美元在全国发动了全民教育活动（National Educational Campaign）。AMA 向会员征收 25 美元的特殊会费用于抵制全民健康保险计划，它用这笔资金聘请最知名的公关公司帮助协会宣传以战胜对手。到 1949 年，美国医学会已经花费了巨额资金在华盛顿作了各种各样反对义务健康保险的游说，据报道称，总花费达到 350 万美元，在当时是美国历史上最昂贵的游说花费。AMA 不仅努力阻止全民健康保险议案，而且还试图在 1950 年选举中打败民主党的自由主义者。在 AMA 的努力下，1950 年国会选举中数位支持健康保险的议员落选，政府改革者力量被削弱。最终全民健康保险再次失败。

1960 年，John F. Kennedy 当选美国总统，Kennedy 总统 1961 年、1962 年、1963 年连续三年向国会提交关于医疗保险改革的特别咨文。1961 年 2 月，加州众议员 Cecil King 和新墨西哥州参议员 Clinton Anderson 联合向国会提交了《金-安德森法案》（King-Anderson Bill），法案提出为老年人提供住院保险，随即获得了Kennedy 总统的支持。《金-安德森法案》即美国国家老年人医疗保险制度，简称《医疗照顾法案》。AMA 尽最大努力阻止医疗照顾法案的通过，力争将政府排除在医务工作之外。广播和电视界也被用来做宣传，美国医学会使用地毯式的游说行动力求争取一切可以争取的力量。在美国医学会的不懈努力下，公众开始怀疑、批评医疗照顾法案。

1965 年之前，美国的医疗改革在 AMA 的阻碍下，均以失败告终。直到奥巴马执政期间，医改法案才得以通过。

（三）美国医学会出版业务介绍

AMA 有 14 个学术出版物，其中包括《美国医学会杂志》（*The Journal of the American Medical Association*，JAMA）及其 11 种子刊、*JAMA Network Open*、*AMA Journal of Ethics*（表 3-12）。

AMA 的收入来源主要有会员会费、出版收入、健康解决方案收入、保险收入和投资收入等。如图 3-12 所示，近 5 年 AMA 除会费收入逐年下降，其他各项收入均呈上升趋势，总收入也呈上升趋势。2018 年总收入为 36130 万美元，同比增长 3.94%，出版业务收入 6260 万美元，同比增长 5.56%。出版业务收入占总收入18%左右。另外，AMA 会费收入虽然逐年下降，但是 2018 年是 AMA 会员数量连续增加的第 8 年[①]。

表 3-12　AMA 期刊出版物简介

序号	刊名	创办时间
1	*JAMA: The Journal of the American Medical Association*	1883 年
	JAMA 是一本国际同行评审的综合医学期刊。主要刊载临床及实验研究论文，还包括编者述评、读者来信等文章，除主要关注临床医学外，还涉及卫生保健、政治、哲学、伦理、经济、历史等非临床信息。	

① 数据来源于 2018 年 AMA 年报。

续表

序号	刊名	创办时间
2	*JAMA Ophthalmology*	1869 年

　　JAMA Ophthalmology（原名《眼科档案》）是一本月度同行评审医学期刊，刊载眼科学领域的原创论文，主要领域涵盖眼科流行病学、眼科疾病的诊断和治疗、分子遗传、器械设备、公共医疗、卫生服务等。主编是约翰霍普金斯医学院（Johns Hopkins Medicine）眼科学教授 Neil M. Bressler。

| 3 | *JAMA Dermatology* | 1882 年 |

　　JAMA Dermatology（原名《皮肤病学档案》）是一本月度同行评审医学期刊，2013 年改为现名。主要刊载受业内人士认可的皮肤病学领域诊断、治疗、手术、病理等方面的优秀学术文章，是最常用的皮肤病临床学术期刊。主编是美国加州大学旧金山分校（University of California, San Francisco）的皮肤病学教授 Kanade Shinkai。

| 4 | *JAMA Internal Medicine* | 1908 年 |

　　JAMA Internal Medicine（原名《内科医学档案》）是一本月度同行评审医学期刊，2013 年改为现名，是普通内科医学领域的顶尖学术期刊。期刊刊载内科学领域全方位的学术研究成果，涵盖心血管疾病学、老年病学、传染病学、肠胃病学、内分泌学、敏感症学、免疫病学等。主编是美国加州大学旧金山分校（University of California, San Francisco）心脏病学教授 Rita F. Redberg。

| 5 | *JAMA Pediatrics* | 1911 年 |

　　JAMA Pediatrics（原名《儿科档案》）是一本月度同行评审医学期刊，2013 年改为现名。该刊刊载儿科学和青少年疾病的基础病理、诊断、临床问题解决等相关领域的学术文章，为从业人员提供了专家级的指导，帮助年轻人预防疾病，增强体质。主编是美国华盛顿大学（University of Washington）心脏病学教授 Dimitri A. Christakis。

| 6 | *JAMA Neurology* | 1919 年 |

　　JAMA Neurology（原名《神经病学档案》）是一本月度同行评审医学期刊，2013 年改为现名。该刊注重神经系统领域疾病的致病机制、诊断和治疗方法，涵盖领域包括脑血管疾病、癫痫、神经肌肉疾病、老年痴呆、肿瘤、行为失调、多发性硬化等，并在新药品研制领域刊发了许多有价值的学术文章。主编是美国加州大学旧金山分校（University of California, San Francisco）神经内科教授 S. Andrew Josephson。

| 7 | *JAMA Psychiatry* | 1919 年 |

　　JAMA Psychiatry（原名《普通精神病学档案》）是一本月度同行评审医学期刊，2013 年改为现名。主要刊载精神病学，心理健康学，行为科学等相关领域内的学术论文，还涉及基因致病机制、精神治疗干预、心理焦虑、内分泌紊乱等方面，是该领域内首屈一指的专业学术期刊。主编是美国加州大学旧金山分校（University of California, San Francisco）神经内科教授 Dost Ongür。

| 8 | *JAMA Surgery* | 1920 年 |

　　JAMA Surgery（原名《外科档案》）是一本月度同行评审专业医学期刊，该刊针对最新的手术技术、重要的临床发现、活体课程演示、医疗纠纷等刊载来自世界各地的顶尖级专家的学术论文。主编是北卡罗来纳大学（University of North Carolina）外科学教授 Melina R. Kibbe。

续表

序号	刊名	创办时间
9	*JAMA Otolaryngology—Head & Neck Surgery*	1925 年

　　JAMA Otolaryngology—Head & Neck Surgery（原名《耳鼻喉科学档案》）是一本月度同行评审医学期刊，刊载有关头颈和耳鼻喉科各方面诊断及治疗的学术文章，内容涵盖技术革新、外科手术、基因治疗、低温学、超音波学、化学外科治疗学等，深受业内人士的认可。主编是华盛顿大学（University of Washington）耳鼻喉科教授 Jay F. Piccirillo。

| 10 | *JAMA Facial Plastic Surgery* | 1999 年 |

　　JAMA Facial Plastic Surgery（原名《面部整形外科档案》）是一本双月同行评审医学期刊，2013年改为现名。该刊关注对头部和颈部的整容再造和恢复过程的各个方面，发表相关塑胶手术的优秀学术文章，是美国面部塑胶整容医学会和面部塑胶手术联合会的官方学术期刊。主编是威斯康星医学院（Medical College of Wisconsin）整形外科教授 John S. Rhee。

| 11 | *JAMA Oncology* | 2015 年 |

　　JAMA Oncology 是一本月度同行评审医学期刊，该刊针对内科、外科及射线肿瘤学领域，刊载关键性的新发现，形成富有成效的讨论，致力于推动肿瘤科学的发展，改善肿瘤患者的护理。主编是华盛顿大学（University of Washington）肿瘤学教授 Mary L. (Nora) Disis。

| 12 | *JAMA Cardiology* | 2016 年 |

　　JAMA Cardiology 是一本月度同行评审医学期刊，涉及心血管学的各个方面包括流行病及预防，诊断测试，干预，药物治疗，转化研究，保健政策等。主编是西北大学（Northwestern University）心脏病学杰出教授 Robert O. Bonow。

| 13 | *JAMA Network Open* | 2018 年 |

　　JAMA Network Open 是一本在线综合医学期刊。这一最新产品将发布来自所有医学领域的研究，并提供免费和开放的平台。*JAMA Network Open* 将遵循与其他 JAMA 网络期刊一样严格的同行评审，编辑和出版标准。主编是华盛顿大学（University of Washington）儿科和流行病学教授 Fred Rivara。

| 14 | *AMA Journal of Ethics* | 1999 年 |

　　AMA Journal of Ethics 是一个开放获取，每年访问量超过 100 万次的线上期刊。以帮助医学生和医生做出合理的决策，以为患者和社会服务为使命。探索学生、居民及医生在其教育和职业生涯中面临的道德问题和挑战。该期刊是各级医学教育者的宝贵教学资源。因此，每个月刊都包含关于特定主题的原始文章和评论。

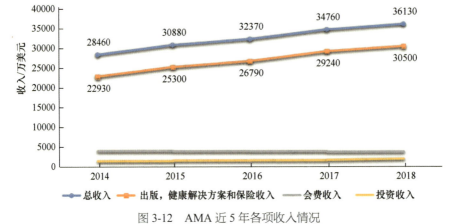

图 3-12　AMA 近 5 年各项收入情况

二、《美国医学会杂志》：美国话题构建独特地位

JAMA 创刊于 1883 年，是一本国际同行评审的综合医学期刊，Nathan Smith Davis 为期刊的创刊主编。JAMA 刊载各种原创的、重要的同行评审医学文章，使医生能够获取多个医学领域的信息，包括除他们自己专业以外的领域。向读者介绍医学和公共卫生的各个方面，包括政治、哲学、伦理、法律、环境、经济、历史和文化。JAMA 通过提高医疗、疾病预防和研究的质量，来改善国际健康和医疗保健。此外，JAMA 注重教育职能，设有医学继续教育（Continuing Medical Education）栏目，专门向临床医生提供基础医学与临床医学方面的继续教育服务。JAMA 同时向读者提供最高水平的医学新闻。JAMA 每年收到各类投稿超过 7200 多篇，大约 10% 被接收，其中 4400 多份研究论文，大约 4% 被接收。JAMA 具有方便用户的稿件提交系统和流程，经验丰富的编辑，遵循最高编辑标准。JAMA 每篇文章都会显示引文、视图和替代计量得分（altmetric score）。JAMA 拥有专门媒体团队，将文章推广到新闻媒体和社交媒体上。JAMA Network 是 JAMA 和 11 种专业期刊网络传播平台。2017 年 JAMA Network 有超过 7000 万的下载量，实时播报内容观看次数 3100 万次，博客下载并收听次数超过 200 万。

JAMA 在美国医学界具有很强的影响力，主要表现为以下 5 个方面：

◆　2018 年 JAMA 影响因子为 51.273。

◆　每年超过 3000 万次文章浏览量和下载量，在所有一般医学期刊中，JAMA 发行量最大，全球超过 28.6 万用户。

◆　广泛的新闻报道。2018 年，在纽约时报、华尔街日报、今日美国、华盛顿邮报和美国国家公共电台上有超过 9.8 万个媒体报道；

◆　替代计量得分①（altmetric score）：在替代计量得分 Top50 医学文章中，来自 JAMA 的有 12 篇。

◆　覆盖范围广泛。在 Twitter 和 Facebook 上有超过 110 万名电子提醒（e-mail alert）接受者，75 万余名粉丝。

自创刊以来，JAMA 一直致力于改善公共健康，促进医学发展，图 3-13 展示

---

① 替代计量得分是替代计量学的一个指标，表示学术论文受关注程度。

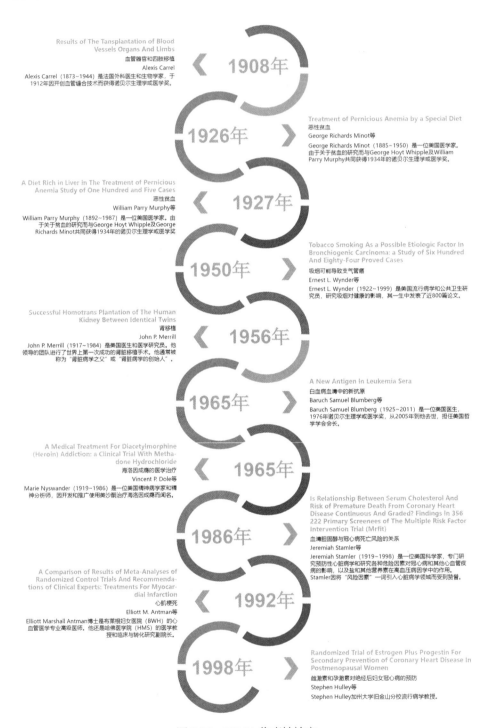

Results of The Tansplantation of Blood
Vessels Organs And Limbs
血管器官和四肢移植
Alexis Carrel
Alexis Carrel（1873~1944）是法国外科医生和生物学家，于1912年因开创血管缝合技术而获得诺贝尔生理学或医学奖。

1908年

1926年

Treatment of Pernicious Anemia by a Special Diet
恶性贫血
George Richards Minot等
George Richards Minot（1885~1950）是一位美国医学家。由于关于贫血的研究而与George Hoyt Whipple及William Parry Murphy共同获得1934年的诺贝尔生理学或医学奖。

A Diet Rich in Liver in The Treatment of Pernicious
Anemia Study of One Hundred and Five Cases
恶性贫血
William Parry Murphy等
William Parry Murphy（1892~1987）是一位美国医学家。由于关于贫血的研究而与George Hoyt Whipple及George Richards Minot共同获得1934年的诺贝尔生理学或医学奖

1927年

1950年

Tobacco Smoking As a Possible Etiologic Factor in
Bronchiogenic Carcinoma: a Study of Six Hundred
And Eighty-Four Proved Cases
吸烟可能导致支气管癌
Ernest L. Wynder等
Ernest L. Wynder（1922~1999）是美国流行病学和公共卫生研究员，研究吸烟对健康的影响，其一生中发表了近800篇论文。

Successful Homotrans Plantation of The Human
Kidney Between Identical Twins
肾移植
John P. Merrill
John P. Merrill（1917~1984）是美国医生和医学研究员。他领导的团队进行了世界上第一次成功的肾脏移植手术。他通常被称为"肾脏病学之父"或"肾脏病学的创始人"。

1956年

1965年

A New Antigen in Leukemia Sera
白血病血清中的新抗原
Baruch Samuel Blumberg等
Baruch Samuel Blumberg（1925~2011）是一位美国医生，1976年诺贝尔生理学或医学奖，从2005年到他去世，担任美国哲学学会会长。

A Medical Treatment For Diacetylmorphine
(Heroin) Addiction: a Clinical Trial With Metha-
done Hydrochloride
海洛因成瘾的医学治疗
Vincent P. Dole等
Marie Nyswander（1919~1986）是一位美国精神病学家和精神分析师，因开发和推广使用美沙酮治疗海洛因成瘾而闻名。

1965年

1986年

Is Relationship Between Serum Cholesterol And
Risk of Premature Death From Coronary Heart
Disease Continuous And Graded? Findings In 356
222 Primary Screenees of The Multiple Risk Factor
Intervention Trial (Mrfit)
血清胆固醇与冠心病死亡风险的关系
Jeremiah Stamler等
Jeremiah Stamler（1919~1998）是一位美国科学家，专门研究预防性心脏病学和研究各种危险因素对冠心病和其他心血管疾病的影响，以及盐和其他营养素在高血压病因学中的作用。Stamler因将"风险因素"一词引入心脏病学领域而受到赞誉。

A Comparison of Results of Meta-Analyses of
Randomized Control Trials And Recommenda-
tions of Clinical Experts: Treatments For Myocar-
dial Infarction
心肌梗死
Elliott M. Antman等
Elliott Marshall Antman博士是布莱根妇女医院（BWH）的心血管医学专业高级医师。他还是哈佛医学院（HMS）的医学教授和临床与转化研究副院长。

1992年

1998年

Randomized Trial of Estrogen Plus Progestin For
Secondary Prevention of Coronary Heart Disease In
Postmenopausal Women
雌激素和孕激素对绝经后妇女冠心病的预防
Stephen Hulley等
Stephen Hulley加州大学旧金山分校流行病学教授。

图 3-13　JAMA 代表性论文

了其代表性成果，主要研究内容涉及癌症、移植、冠心病、心梗等，其中有 4 位作者因发表于 JAMA 的成果而获得过诺贝尔生理学或医学奖。

◇　Alexis Carrel 因血管器官和四肢移植的研究，于 1912 年获得诺贝尔生理学或医学奖。

◇　George Richards Minot 与 William Parry Murphy 因关于恶性贫血的研究，于 1934 年获得诺贝尔生理学或医学奖。

◇　Baruch Samuel Blumberg 因发现白血病血清中的新抗原，于 1976 年获得诺贝尔生理学或医学奖。

JAMA 的计量学表现也是非常出色的。图 3-14 给出了《英国医学杂志》（*BMJ：British Medical Journal*，BMJ）对比下的 JAMA 影响因子与发文量 20 年的趋势。1999~2018 年，JAMA 影响因子稳步上升，从 1999 年的 11.435 上升至 2018 年的 51.273。发文量基本呈下降趋势，从 1999 年的 364 篇下降至 2018 年的 212 篇。BMJ 的发文量也基本呈现下降趋势，从 1999 年的 761 篇下降至 2018 年的 167 篇，但影响因子稳步上升，从 1999 年的 5.143 上升至 2018 年的 27.604。将二者的影响因子及发文量进行对比分析发现，JAMA 发文量的下降幅度比 BMJ 低，而影响因子增长速度比 BMJ 要快。JAMA 能够加速甩开 BMJ 的现象引起了我们的注意，下面我们将利用高被引论文和共现词图谱两种方法进行分析。

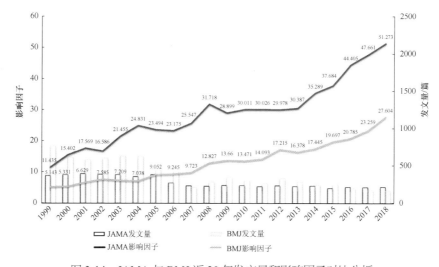

图 3-14　JAMA 与 BMJ 近 20 年发文量和影响因子对比分析

2014~2018 年，JAMA 共发表论文 1045 篇，总被引频次高达 11 万次。表 3-13 列出了被引频次 Top10 论文信息，我们发现在排名前 5 的文章中，美国（United States）出现三次，回顾 JAMA 以及 AMA 的发展历程及政治地位，美国话题高频出现也在情理之中。我们将 1045 篇论文的篇名进行了共现词图谱分析，得到图 3-15。图中球体的大小代表该主题的总引用量，颜色深浅代表平均引用强度，球体之间的距离代表主题方向的关系远近。我们可以清楚地看到 "United States" 出现在中心位置，球体较大，颜色偏深。这意味着美国话题在 JAMA 上论文较多，引用量较大，同时单篇引用频次也较高，而且美国话题处于所有话题的焦点位置。我们知道美国是世界上发表最多医学论文的国家，美国医生的引用显然是不会偏向 BMJ 所报道的英国话题或者欧洲话题的，这基本揭示了 JAMA 得以超越 BMJ 的原因：规模庞大的美国医学论文集中讨论美国医学话题。

表 3-13　2014~2018 JAMA 高被引论文 Top10

论文篇名	发表年	被引频次
Prevalence of Childhood and Adult Obesity in the United States, 2011~2012	2014	4578
The Third International Consensus Definitions for Sepsis and Septic Shock (Sepsis-3)	2016	3135
Trends in Obesity Among Adults in the United States, 2005 to 2014	2016	879
Epidemiology, Patterns of Care, and Mortality for Patients With Acute Respiratory Distress Syndrome in Intensive Care Units in 50 Countries	2016	777
Trends in Obesity Prevalence Among Children and Adolescents in the United States, 1988~1994 Through 2013~2014	2016	715
Assessment of Clinical Criteria for Sepsis For the Third International Consensus Definitions for Sepsis and Septic Shock (Sepsis-3)	2016	700
Mortality Related to Severe Sepsis and Septic Shock Among Critically III Patients in Australia and New Zealand, 2000~2012	2014	694
Using Multiplexed Assays of Oncogenic Drivers in Lung Cancers to Select Targeted Drugs	2014	661
Smoking Prevalence and Cigarette Consumption in 187 Countries, 1980~2012	2014	626
Comparison of MR/Ultrasound Fusion-Guided Biopsy With Ultrasound-Guided Biopsy for the Diagnosis of Prostate Cancer	2015	624

三、内容建设：栏目丰富，全面覆盖

JAMA 具体内容建设主要体现在文章类型、审稿流程和主题策划上，具体情况可见表 3-14。JAMA 主要刊载 5 种类型的文章，本小节介绍了各类文章类型的具体内容及投稿要求。

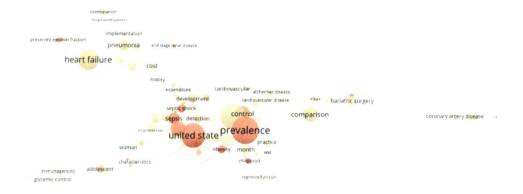

图 3-15　JAMA 论文主题分析图谱（颜色代表主题平均被引用频次）

表 3-14　JAMA 文章类型

文章类型	具体内容
研究性论文（research）	原始调查（original investigation）
	临床试验（clinical trial）
	照顾重症患者（caring for the critically ill patient）
	元分析（meta-analysis）
	简报（brief report）
	研究通讯（research letter）
临床评论与教育（clinical review and education）	系统评论（systematic review）（没有元分析）
	诊断和治疗评价进展（advances in diagnosis and treatment review）
	叙事评论（narrative review）
	特殊通讯（special communication）
	临床挑战（clinical challenge）
	诊断测试解释（diagnostic test interpretation）
	临床证据概要（clinical evidence synopsis）
意见（opinion）	视点（viewpoint）
人文（humanities）	艺术与医学（the arts and medicine）
	个人看法（a piece of my mind）
	诗歌（poetry）
信件（correspondence）	给编辑的信（letter to the editor）
	回信（letter in reply）

1. 研究性论文（research）

（1）原创调查（original investigation）

简要描述：包括临床试验、元分析、干预研究、队列研究、病理队列研究、流行病学研究、高反应率调查、成本效益分析、决策分析、筛查和诊断测试研究、其他观察性研究。研究报告中包含的数据必须是原创的，并且尽可能是及时的、最新的。

内容要求：结构化摘要，3 个关键点列表，文本不超过 3000 字（不包括摘要、表格、图形、致谢、参考文献和在线材料），不超过 5 个表格或者图形。

（2）临床试验（clinical trial）

简要描述：所有临床试验都必须在在线公共登记处进行登记，作者需要提供数据共享声明，以说明数据是否共享。

内容要求：结构化摘要，必须在摘要末尾列出试验注册信息，3 个关键点列表，文本不超过 3000 字（不包括摘要、表格、图形、致谢、参考文献和在线材料），不超过 5 个表格或者图形，包括 CONSORT 流程图。副标题应包括相关的短语"随机临床试验"。

（3）照顾重症患者（caring for the critically ill patient）

简要描述：原始研究报告中，优先选择涉及危重疾病的临床试验或者系统评价，从预防和分诊，复苏和急性治疗到康复和姑息治疗。欢迎在重症患者的诊断、预测和治疗方面有新的见解的手稿，以及探索病理生理学、技术学、伦理学和重症监护医学的其他方面的手稿。

内容要求：结构化摘要，必须在摘要末尾列出试验注册信息，3 个关键点列表，文本不超过 3000 字（不包括摘要、表格、图形、致谢、参考文献和在线材料），不超过 5 个表格或者图形。

（4）元分析（meta-analysis）

简要描述：这些手稿是系统性的，临床主题相关的文献和数据源关键评估，强调诸如病因、诊断、预测、治疗或预防等因素，包括用于将多项研究的相同结果汇总为单一结果的统计技术。

内容要求：结构化摘要，3 个关键点列表，文本不超过 3500 字（不包括摘要、表格、图形、致谢、参考文献和在线材料），不超过 5 个表格或者图形，不超过

50~75 个参考文献，副标题应包括短语"Meta 分析"。

（5）简报（brief report）

简要描述：这些手稿是一些关于临床病例系列的首次报告，对于期刊发布案例报告是非常罕见的。

内容要求：结构化摘要，3 个关键点列表，建议文本长度为 1200 字（不包括摘要、表格、图形、致谢、参考文献和在线材料），不超过 3 个表格或者图形，不超过 15 个参考文献。JAMA 期刊很少发布这种案例报告。

（6）研究通讯（research letter）

简要描述：是关于原始研究的简明扼要、重点突出的报告。

内容要求：文字不应超过 600 字，不超过 7 个作者，参考文献不应超过 6 个，最多可包括 2 个表格或图形。不允许使用在线补充材料。没有摘要。不得与已出版或提交出版的其他材料重复。一般而言，"研究通讯"应分为以下几个部分：引言、方法、结果和讨论。应遵循稿件准备和提交要求中的所有指导原则。

2. 临床评论与教育（clinical review and education）

（1）系统评论（systematic review）

简要描述：这类文章需要先向编辑部咨询，对与临床主题相关的文献和数据源进行批判性评论，强调诸如病因、诊断、预测、治疗或者预防等因素。没有元分析的系统评论作为评论出版，有元分析的系统评论作为原始调查出版，系统评价应该解决与临床实践相关的特定问题，为重点突出的主题提供证据。

内容要求：不超过 350 字的结构化摘要，150~250 字的引言，150~250 字的方法/文献检索，1000~1250 字结论，1000 字的讨论，2~3 句结论。文本不多于 3500 字（不包括摘要、表格、图形、致谢、参考文献和在线材料），50~75 个参考文献，不超过 5 个表格或图形，一个 PRISMA 风格的流程图应该作为在线补充包括在内，包括一个关于研究或者证据质量评级的表格。副标题应该是"系统评价"。75~100 字的 3 个关键点（问题、发现、意义）。

（2）诊断和治疗评价进展（advances in diagnosis and treatment review）

简要描述：这类文章通常由该领域资深专家撰写，提供有关疾病和病症最新的消息，强调什么是最新的。需要近 5 年已发表文献的系统评价，如有需要，可以包括多于 5 年的文献，但需要对此作出解释。建议对证据质量进行评估，但不是必须的。它解决的是与临床实践相关的特定问题。

内容要求：不超过 350 字的结构化摘要，150~250 字的引言，150~250 字的方法/文献检索，1000~1250 字结果（results），1000 字的讨论，2~3 句结论。文本不多于 3500 字（不包括摘要、表格、图形、致谢、参考文献和在线材料），50~75 个参考文献，不超过 5 个表格或图形，一个 PRISMA 风格的流程图应该作为在线补充包括在内，包括一个关于研究或者证据质量评级的表格。副标题应该是"诊断和治疗评价进展"。须提供 75~100 字的 3 个关键点（问题、发现、意义）。

（3）叙事评论（narrative review）

简要描述：关于临床主题的叙事评论为临床医生提供最新的评论，从这些学科里国家公认的专家角度来看，这是一个共同感兴趣的主题。叙事评论的焦点是对疾病或病症生理学、诊断考虑和治疗的目前理解进行更新。它解决的是与临床实践相关的特定问题。叙事评论不要求（但可能包括）对文献检索的系统评价。建议应得到证据支持，应该依靠最近的系统评价和指南，强调诸如病因、诊断、预测、治疗或者预防等因素。

内容要求：不超过 300 字的结构化摘要，150~250 字的引言，150~250 字的方法/文献检索，1000~1250 字讨论或者意见，2~3 句结论。文本 2000~3500 字，50~75 个参考文献，不超过 5 个表格或图形，一个 PRISMA 风格的流程图应该作为在线补充包括在内，包括一个关于研究或者证据质量评级的表格。副标题应该是"诊断和治疗评价进展"。须提供 75~100 字的 3 个关键点（问题、发现、意义）。

（4）特殊通讯（special communication）

简要描述：这类文章需要向编辑部提出咨询。注：JAMA 发表的这类文章非常少，这些手稿以学术、详细、充分参考、系统和循证的方式描述了临床医学、公共卫生、卫生政策和医学研究中的重要问题。

内容要求：需要结构化或非结构化摘要，不超过 3000 字（不包括摘要、表格、图形、致谢、参考文献和在线材料），不超过 4 个表格或图形，不超过 50 个参考文献。

（5）临床挑战（clinical challenge）

简要描述：临床挑战提供了一个伴随临床图像的特定疾病或病症的实际患者情景。作者应该提供 4 个单一短语的合理治疗方案，描述可能的行动路线，其中一个首选问题就是"你下一步做什么？"，手稿应该对相关临床问题进行简要讨论，对 4 种可行动路线做出合理解释。应该具有明确的关键临床特征，这将推动下一步行动。

内容要求：250 字的案例展示，500~600 字的讨论，不超过 10 个参考文献，不超过 3 个作者，1~2 个小图，可能需要得到患者许可。

（6）诊断测试解释（diagnostic test interpretation）

简要描述：这类文章需要提前提交咨询。介绍单个患者诊断测试结果，探讨测试结果的临床应用。旨在帮助临床医生了解有序测试、解释测试结果、对诊断测试结果采取措施的基本原理。

内容要求：200 字的案例演示，650 字的讨论，1 个表格，不超过 10 个参考文献，不超过 3 个作者，可能需要得到病人的许可。

（7）临床证据概要（clinical evidence synopsis）

简要描述：这类文章需要提前提交咨询。通过总结来自最近发表的数据驱动评论和报告中的新证据，帮助临床医生将证据用于实践。

内容要求：800 字文本，以 1 个临床问题和 1 个临床应用声明为开头，1 个证据框，1 个表格或图形，不超过 7 个参考文献，不超过 3 个作者。

3. 意见（opinion）

视点（viewpoint）

简要描述：可能涉及医学、公共卫生、研究、发现、预防、伦理、健康政策或健康法等几乎所有重要主题，并且通常与特定文章无关。

内容要求：1200 字（或者 1000 字并带有一个小表格或小图形），不超过 7 个参考文献，不超过 3 个作者，每位作者不超过 2 个隶属关系。

4. 人文（humanities）

（1）艺术与医学（the arts and medicine）

简要描述：是表明艺术科学与医学实践之间关联的短文

内容要求：不超过 1400 字，不超过 3 个作者，不超过 3 个图，可能需要第三方图片许可。

（2）个人看法（a piece of my mind）

简要描述：从广泛医学经验中获取的个人看法，例如探索医患关系动态。偶尔发表对影响这个职业的各种问题的建议和意见。

内容要求：不超过 1600 字，不超过 3 个作者，可能需要得到患者许可。

（3）诗歌（poetry）

简要描述：与医学经验相关的原创诗歌，可以从医护人员、患者或者观察者的角度撰写。

内容要求：不超过 44 行，一个作者。

5. 信件（correspondence）

（1）给编辑的信（letter to the editor）

简要描述：讨论本期刊最近一篇文章的信件应在文章出版后 4 周内提交。

内容要求：400 字，不超过 5 个参考文献，其中一篇是最近的文章，不超过 3 个作者。

（2）回信（letter in reply）

简要描述：原创文章的作者对读者来信进行回复。

内容要求：500 字，不超过 6 个参考文献，不超过 3 名作者。

四、办刊团队：顶尖专家主导，专业团队经营

JAMA 共有 15 位历任主编，有 5 位主编任期在 10 年以上，4 位主编任期在 5~9 年（表 3-15）。下面首先重点介绍现任主编、第一任主编和其他任期时间较长的历任主编，然后进行学术编辑团队和编委的数据分析，最后简单介绍其出版团队的情况供读者参考。

表 3-15　JAMA 历任主编信息表

序号	时间段	主编姓名	任期/年
1	1883~1888	Nathan S. Davis	5
2	1889~1891	John H. Hollister	2
3	1891~1893	James C. Culbertson	2
4	1889，1893~1898	John B. Hamilton	6
5	1899	Truman W. Miller	1
6	1899~1924	George H. Simmons	25
7	1924~1949	Morris Fishbein	25
8	1949~1958	Austin Smith	9

续表

序号	时间段	主编姓名	任期/年
9	1958~1959	Johnson F. Hammond	1
10	1959~1969	John H. Talbott	10
12	1973~1975	Robert H. Moser	2
13	1975~1982	William R. Barclay	7
14	1982~1999	George D. Lundberg	17
15	2000~2011	Catherine D. DeAngelis	11

现任主编 Howard Bauchner 生于 1951 年，是波士顿大学医学院（Boston University School of Medicine）儿科学教授，自 2011 年 7 月 1 日起担任 JAMA 的主编。2015 年被选入美国国家医学院院士。自 2003 年以来，他一直担任 *Archives of Disease in Childhood* 的主编，该刊是英国皇家儿科和儿童健康学院的官方出版物，他是该杂志的第一位美国编辑。Bauchner 博士发表 300 多篇期刊论文，总被引频次约 1.4 万次。

Nathan S. Davis 博士（1817~1904）是 JAMA 第一任主编，任职 5 年（1883~1888）。1845 年，Davis 博士在纽约州医学会提出决议，促使两年后的美国医学会（AMA）的成立，成为 AMA 董事会的第一任主席，1864 年和 1865 年担任 AMA 的会长。他曾是 *Chicago Medical Journal* 的编辑，芝加哥医学院（Chicago Medical College）和西北大学（Northwestern University）的创始人之一。他对医学文献的贡献主要有 "医学原理与实践"、"医学教育与改革"、"关于酒精对人的影响的科学论断" 和 "临床讲座" 等。

George H. Simmons 博士（1852~1937）是 JAMA 任期最长的主编之一，长达 25 年（1899~1924），Simmons 博士还曾担任 AMA 秘书长（General Secretary）一职。1912 年从拉什医学院（Rush Medical College）博士毕业。他在担任 JAMA 主编期间，将 JAMA 的发行量从 1 万册提高到 8 万册，即 1899 年 JAMA 发行量为 1 万，1901 年增长到 2.2 万，1923 年 JAMA 成为世界上最重要的医学期刊，发行量达 8 万册。

Morris Fishbein 博士（1889~1976）是 JAMA 第二个任期较长的主编，长达 25 年（1924~1949）。他从 1913 年开始担任编辑助理，他是一名多产的作家，也是一名富有感染力的公开演讲者。任职期间，JAMA 的发行量增长到 13.6 万册。

他是当时美国最知名的医生之一,外界将其视为 AMA 的代言人。1949 年从 JAMA 退休之后,他继续写作、编辑、演讲。1949~1971 年担任医学文摘编辑。1976 年 Fishbein 博士逝世之后,AMA 设立了 Morris Fishbein 奖学金。

Austin Smith 博士出生于 1912 年,1938 年获得女王大学医学院(Queen's University Faculty of Medicine)的医学博士学位。他后来是伊利诺伊大学医学院(University of Illinois College of Medicine)的教授,多年来一直是芝加哥大学(University of Chicago)药理学系的专业讲师。Smith 博士 1940 年加入 AMA,1949 年 12 月被任命为 JAMA 主编,他专注于发布科学信息以及 AMA 理事会和委员会的报告。他多方面改进了 JAMA,在灰页上添了空白、缩进的方框和较大的标题,增加了新的具有特色的栏目。他 1958 年 12 月辞去 JAMA 主编一职时认为有必要在 AMA 的关键行政职位上注入"新鲜血液"。

John H. Talbott 出生于 1902 年,博士毕业于哈佛医学院(Harvard Medical School)。1931~1946 年他在哈佛大学和马萨诸塞州总医院(Massachusetts General Hospital)工作。1959 年 10 月被任命为 JAMA 主编,当时许多学术界的医生认为 JAMA 发行量在严重下降。他希望 JAMA 向读者提供"高质量的医疗信息"。上任之后,他很快把封面上的目录换成了与杂志文章相对应的四色照片。他改变了 JAMA 的装订方式,方便删除版面,便于存档。为了使医生更快地获取科学新闻,Talbott 博士增加了医学记者编制,并派他们参加医学会议,报道医学进展和发展情况。

William R. Barclay 出生于 1919 年,1945 年获得阿尔伯塔大学医学院(University of Alberta School of Medicine)的博士学位。1975 年被任命为 JAMA 主编,他认为 JAMA 是许多医学界人士观察美国医学会的窗口。这个窗口应该大而清晰。作为一名高级工作人员,Barclay 博士明白,在 1975 年经济困难时期,这个窗口不能像他希望的那么大,但是他可以保持清晰,他了解医学,了解 AMA。他曾是芝加哥大学(University of Chicago)的医学教授,曾担任 AMA 科学活动部门的主管,专注于用最少的篇幅为执业医师提供更多有用的信息。AMA 总部的工作人员在 Barclay 博士的领导下进行了重组,在重组过程中,Barclay 成为 JAMA 的主编和科学出版物的集团副总裁。广告收入在 20 世纪 70 年代末和 80 年代初迅速上升,JAMA 的发行量增加到 25 万册,编辑页数开始增加,JAMA 随后开始扩展为国际期刊,现在在法国、德国、瑞士、比利时、日本和中国都有外语版本。

1982 年 1 月 Barclay 博士从 AMA 退休。

George D. Lundberg 出生于 1933 年，毕业于阿拉巴马大学医学院（University of Alabama School of Medicine），担任实验室病理学教授和实验室副主任长达 10 年，在加州大学戴维斯分校担任教授和病理学主席 5 年，他是美国临床病理学家协会的前任主席，同时也是美国国家科学院医学研究所的成员。1982~1999 年担任 JAMA 主编。任职初期，Lundberg 对 JAMA 进行全面改革，使内容更丰富立体，涉及领域更加广泛，开拓海外市场，确定了 JAMA 的多个外文版本，短时间内实现了 JAMA 的全球流通。

Catherine D. DeAngelis 博士于 1969 年在匹兹堡大学（University of Pittsburgh）获得博士学位，1978 年在约翰霍普金斯医学院（Johns Hopkins Medicine）担任儿科和青少年医学部的负责人，1984 年，她被提升为约翰霍普金斯医学院正教授，在该校历史上，她是第 12 位获得这种荣誉的女性。1990 年成为约翰霍普金斯医学院副院长。2000 年担任 JAMA 主编，她是 JAMA 第一个女性主编，2011 年 7 月卸任。

表 3-16 展示了兼职的学术编辑团队信息，个人论文被引频次均在 1000 次以上，其中最高达 12.81 万次，平均被引频次达 2.58 万次。任职机构主要为哈佛大学、西北大学等国际顶尖医学研究机构。

表 3-16　JAMA 学术编辑人员信息表

序号	姓名	职位	任职机构	论文被引频次
1	Phil B. Fontanarosa	Executive Editor	Northwest University	3894
2	Gregory Curfman	Deputy Editor	Brigham and Women's Hospital	3565
3	Robert M. Golub	Deputy Editor	Northwest University	3478
4	Edward H. Livingston	Deputy Editor	University of Texas Southwestern Medical Center	15932
5	Philip Greenland	Senior Editor	Northwest University	65977
6	Demetrios N. Kyriacou	Senior Editor	Northwest University	2351
7	Mary McGrae McDermott	Senior Editor	Northwest University	104669
8	Derek C. Angus	Associate Editor	University of Pittsburgh	110401
9	Ethan Basch	Associate Editor	University of North Carolina	18544
10	Linda Brubaker	Associate Editor	Rush Medical College	1339
11	Rafael Campo	Associate Editor	University of Miami	2543
12	Anne Rentoumis Cappola	Associate Editor	University of Pennsylvania	9385

续表

序号	姓名	职位	任职机构	论文被引频次
13	Thomas B. Cole	Associate Editor	University of North Carolina	1142
14	Carolyn J. Crandall	Associate Editor	University of California	4089
15	W. Gregory Feero	Associate Editor	Dartmouth College	1621
16	Donald C. Goff	Associate Editor	Harvard University	27348
17	Preeti N. Malani	Associate Editor	University of Michigan	15624
18	David H. Mark	Associate Editor	Medical College of Wisconsin	1073
19	George T. O'Connor	Associate Editor	Boston University	1412
20	Eric D. Peterson	Associate Editor	Duke University	128134
21	Richard Saitz	Associate Editor	Boston University	10470
22	Jeffrey L. Saver	Associate Editor	University of California	62691
23	Deborah Schrag	Associate Editor	Harvard University	35248
24	David Schriger	Associate Editor	University of California	7955
25	Wolfgang C. Winkelmayer	Associate Editor	Baylor College of Medicine	6176

下面介绍 JAMA 编委信息（表 3-17 和图 3-16），成就卓越同时背景来源广泛是 JAMA 编委会的主要特征。编委会成员论文总被引频次约 41.44 万次，平均被引频次 2.44 万次，其中最高被引频次达 6.90 万次，有 64.71% 的编委来自 ESI 排名前 100 机构，58.82% 的编委个人论文被引频次大于 10000 次。JAMA 的编委呈现出与 *Science* 历任主编一样的特色，不仅注重学术记录，同时要有一定政治活动能力。例如 Christine Cassel，博士毕业于芝加哥大学（University of Chicago），是老年医学、医学伦理和护理质量方面的知名专家，同时也是美国总统巴拉克·奥巴马在总统科学技术顾问委员会中任职的 20 位科学家之一，被美国国立卫生研究院评为科学界领先的女性领导者之一，并且是第一位担任美国内科医师学会主席并担任美国内科医学委员会主席的女性。再例如 David M. Cutler 教授，他实际上并不是医生，1991 年在麻省理工学院（Massachusetts Institute of Technology）获得了经济学博士学位，在学术界和公共部门拥有令人瞩目的成就。他在克林顿政府期间担任经济顾问委员会和国家经济委员会成员，并为比尔·布拉德利、约翰·克里和巴拉克·奥巴马的总统竞选提供咨询，并担任奥巴马总统竞选的高级医疗保健顾问。这也体现了 JAMA 并非一本纯粹医学科学期刊的办刊定位，这一点与 NEJM 有着根本的不同。

表 3-17　JAMA 编委信息表

序号	姓名	任职机构	被引频次	ESI 排名
1	Christine K. Cassel	University of Pennsylvania	6002	17
2	Francisco G. Cigarroa	University of Texas System	1886	6
3	Carolyn M. Clancy	Veterans Health Administration	10841	269
4	Patrick Conway	University of North Carolina	734	33
5	David M. Cutler	Harvard University	38399	1
6	Ezekiel J. Emanuel	University of Pennsylvania	35080	17
7	Roger I. Glass	Fogarty International Center	49903	1877
8	Lee Goldman	Columbia University	68183	32
9	Howard K. Koh	Harvard University	10744	1
10	Elizabeth A. McGlynn	Kaiser Permanente	24221	213
11	Raina M. Merchant	University of Pennsylvania	9547	17
12	Steven E. Nissen	Cleveland Clinic	68971	42
13	Griffin Rodgers	National Institute of Diabetes and Digestive and Kidney Diseases（NIDDK）	9132	351
14	Joshua M. Sharfstein	Johns Hopkins University	1062	10
15	Harold C. Sox	American College of Physicians	8220	2396
16	Everett E. Vokes	University of Chicago	52306	79
17	John E. L. Wong	National University of Singapore	19152	179

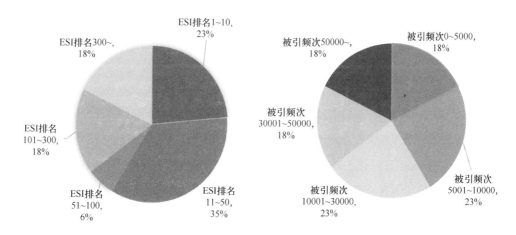

图 3-16　JAMA 编委任职机构 ESI 排名及被引频次分布

　　JAMA 设立 12 种编辑职位，总计 66 人，负责稿件的处理；职能岗位 9 种，总计 31 人，负责电子系统等（表 3-18）；同时还设有出版部，拥有 121 人，主要负责杂志的全球销售工作。

表 3-18　JAMA 编辑职位及职能岗位人数情况表

编辑职位	人数	职能岗位	人数
Editor in Chief	1	Editorial Graphic	4
Executive Editor	1	Digital Media Production	6
Deputy Editor	5	Social Media	1
Associate Editor	18	Electronic Media Systems and Service	1
Executive Managing Editor	1	Editorial Systems and Service	7
Managing Editor	1	Content Management System	5
Senior Editor	4	Budgets and Administration	4
Statistical Reviewer	10	Editorial Counsel	1
Assistant Editor	12	Media Relation	2
Legal and Global Health Correspondent	1		
Medical News & Perspective	4		
Manuscript Editing	8		

在大量的办刊团队信息基础上，我们发现 JAMA 团队两项重要的特征：对于学术内容的编辑来说，由顶尖专家主导，对于内容产品的销售，则通过专业团队来运作，两者合一才塑造了全球发行量最大的医学顶尖期刊。

第六节　《新英格兰医学杂志》：哈佛医学院的学术代言

《新英格兰医学杂志》（*The New England Journal of Medicine*，NEJM）是一本由美国马萨诸塞州医学会出版的综合性医学周刊，2018 影响因子为 70.07，长期位于综合类医学刊物第一的位置。纸质版期刊全球发行量超过 15 万，2018 年期刊收入超过 8000 万美元。NEJM 是名副其实的学术影响力与市场经营方面的双料冠军。我们的案例也将重点围绕如何打造双料冠军方面而展开。

一、马萨诸塞州医学会和 NEJM：两个一百年

马萨诸塞州医学会（麻省医学会，Massachusetts Medical Society，MMS）成立于 1781 年，是美国持续运作历史最悠久的医学会，拥有超过 2 万名医生和学生

会员，致力于为马萨诸塞州的患者和医生提供教育与支持。该学会出版全球领先的医学杂志——NEJM，涵盖 11 大专业的期刊文摘系列 *Journal Watch* 以及 *AIDS Clinical Care*。该学会还是马萨诸塞州面向医疗保健专业人员提供继续医学教育的领导者，为医生和医疗保健专业人员举办各种医学教育项目。麻省医学会作为卫生保健领域的领导者，提供医生和患者的观点，以影响州和联邦层面的健康相关立法，支持公共卫生，提供有关医生实践管理的专家建议，并解决医生福祉问题。

麻省医学会是 NEJM 的所有者和出版商，该杂志是世界上阅读、引用最广泛、影响力最大的医学杂志。NEJM 也是世界上最古老的连续出版和流通的医学杂志。1781 年医学会的发起人设想成立一个"从事期刊的出版和发行，主要致力于医学的科学和实践，并开展教育项目。"1812 年，约翰·柯林斯·沃伦（John Collins Warren）博士，后来成为医学协会主席（1832 年），建立了 *New England Journal of Medicine and Surgery and the Collateral Branches of Medical Science*。1828 年，这本杂志与 *Boston Medical Intelligencer*（ 成立于 1823 年 ）合并，成为 *Boston Medical and Surgical Journal*。1921 年，医学会以一美元的价格购买了 *Boston Medical and Surgical Journal*，并于 1923 年将其更名为 *The New England Journal of Medicine*。1996 年，随着 NEJM.org 的推出，开始了 NEJM 内容的数字化。2010 年，推出 NEJM 档案，提供可搜索的超过 150000 条 NEJM 文章，可追溯至 1812 年。2012 年，NEJM 集团成立，负责期刊的运营业务。NEJM 拥有完全的编辑独立性。NEJM 的编辑定期与麻省医学会的 14 名成员组成的出版物委员会会面，讨论财政、运营和人事问题。200 年的时光里，NEJM 发表了大量人类医学科学发展历程中里程碑式的成果，图 3-17 给出了 NEJM 代表性论文的时间线，内容主要涉及脑部疾病、心脏疾病、白血病、心梗、肿瘤、细胞免疫缺陷等。

二、科学计量学分析：顶尖机构打造全球第一

图 3-18 给出了 NEJM 和 JAMA 二十年（1999~2018 年）的发文量和影响因子的数据。可以发现，虽然二者的影响因子大体都呈上升走势，但 NEJM 的影响因子始终高于 JAMA，反观发文量，二者在开始阶段发文量势均力敌，从 2007 年开

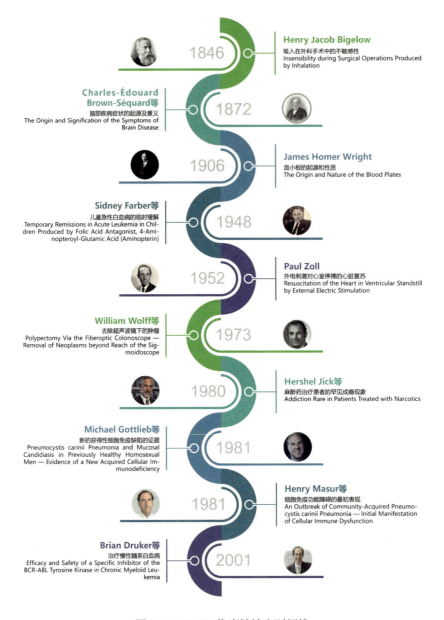

图 3-17 NEJM 代表性论文时间线

始，NEJM 对比 JAMA 的发文量有了明显的优势，因为 2006 年和 2007 年 JAMA 的发文量降低，这也是二者拉开差距的原因。对 NEJM 来说，发文量整体变化不大，除了 2006~2007 年，JAMA 发文量的变化也趋于平稳。

图 3-18　NEJM 和 JAMA 近二十年发文量和影响因子对比图

根据被引频次降序排列，将 2014~2018 年的论文数分为 0~20%、20%~40%、40%~60%、60%~80%、80%~100%五个区段，统计每个区段文章的总被引频次，形成图 3-19。我们同样观察到了与 *Science* 相同的趋势，前 20%的文章几乎贡献了 60%的被引频次，排名在 20%~40%区间的文章被引频次合计占年度总被引频次的 20%左右。与综合刊 *Science* 不同的是，NEJM 后 40%的论文对于引用的贡献几乎在 5%以下。

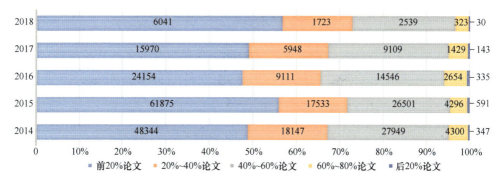

图 3-19　NEJM 不同区段论文总被引频次分布

同样地，将 NEJM 近 5 年发表的文章按照被引频次降序排列，计算各年总被引频次的累计百分比，分别统计累计被引频次 10%、20%、30%、40%、50%所需要的文章数量占全年发文量的比例，得到的数据结果见表 3-19。以 2018 年为例，可以看出，文章数的 1.09%能达到被引频次 10%，这与 *Science* 和 PNAS 取得了较为一致的结果。但 50%累计被引频次的数据对比产生了差异性，NEJM 几乎均在 15%以下。结合上面的结果，这意味着内部论文的差异性较大，尤其在引用方面呈现出较严重的两极分化现象。

表 3-19　NEJM 总被引频次分区所需论文量

年份	累计被引频次前10%的论文占比	累计被引频次前20%的论文占比	累计被引频次前30%的论文占比	累计被引频次前40%的论文占比	累计被引频次前50%的论文占比
2014	1.96%	4.25%	7.19%	10.78%	15.03%
2015	1.34%	2.68%	4.01%	6.35%	10.03%
2016	1.06%	2.84%	5.67%	9.93%	15.25%
2017	1.09%	2.91%	5.45%	9.09%	14.18%
2018	1.09%	2.17%	3.99%	6.52%	10.51%

表 3-20 统计了 NEJM 近 5 年发文量最高的 10 个机构的 ESI 排名情况，有 5 所机构的 ESI 排名在 Top10。

表 3-20　NEJM 高发文机构 TOP10 和 ESI 排名

序号	机构名称	发文量	ESI 排名
1	Harvard University	510	1
2	Va Boston Healthcare System	418	4
3	Massachusetts General Hospital	295	16
4	University of Texas System	146	6
5	National Institutes of Health NIH USA	133	8
6	University of Toronto	126	9
7	Assistance Publique Hopitaux Paris Aphp	119	11
8	University of Pennsylvania	111	17
9	Institut National de la Sante et de la Recherche Medicale Inserm	97	13
10	Duke University	96	23

三、内容与品牌建设：高标准，全媒体，互动式

（一）同行评议的组织

NEJM 采用严格的同行评审和编辑流程来评估所有手稿的科学准确性、新颖

性和重要性。这一严苛的出版过程经过了几十年的检验，是该杂志成为世界领先医学杂志的主要原因。NEJM 每年收到 4500 多份原创研究论文，其中一半以上来自美国以外。每一篇 NEJM 发表的原创文章或专题文章，至少有 5 位专家进行评审和编辑。在每年提交的数千份研究论文中，约 5%最终被 NEJM 发表。同行评审过程旨在改进研究报告，同时防止医生和公众得到夸大的结果。每一篇发表的 NEJM 手稿都得益于编辑、统计专家、手稿编辑、插图画家、校对人员和生产人员数百小时的工作，他们的工作是确保每一篇论文都符合严格的标准。

NEJM 的核心编辑团队由 9 名医生编辑和 1 名遗传学博士组成。整体工作由主编、执行主编（Executive Editor）、执行副主编（Executive Deputy Editor）及其领导的 7 名副主编（Deputy Editor）和 9 名副编辑（Associate Editor）负责。各个岗位对应的职责介绍如下。

副主编（Deputy Editor）负责 NEJM 的非研究内容，同时在研究评审过程中发挥着关键作用，在流程上确保没有稿件在 NEJM 至少两名编辑同意的情况下被拒稿。九名副编辑（Associate Editor）因其在医学主要领域的专业知识而被选中。副主编在管理同行评审过程和决定接受或拒绝在 NEJM 上发表的稿件方面发挥着核心作用。

图 3-20 展示了 NEJM 的审稿流程。执行副主编 Mary Hamel 审查每份来稿，并确定它是否符合 NEJM 的基本标准，符合标准的论文考虑送同行评审，大约 10%稿件在此阶段被拒绝。

通过 Hamel 博士初步审查的论文移至适当的副主编，该副主编确定其是否符合以下基本标准：质量、创新性和潜在的临床影响。如果符合，副主编将稿件发送给至少两位同行评议专家。如果一名副主编希望在没有同行评审的情况下拒绝一篇论文，那么首先要找副编辑以获得第二意见；如果副编辑不同意副主编意见，该文件将被送去进行同行评审。NEJM 拥有一个包含全球所有医学领域的 3 万多名同行审稿人的大型数据库。几乎在所有情况下，两名同行专家都会在一到两周内对每份提交的稿件进行评审，并向 NEJM 的编辑提交书面报告。在同行评审过程中，所有稿件都被认为是机密通信。未经 NEJM 编辑部事先批准，同行审稿人不得：

（1）复制手稿；

（2）与他人分享手稿；

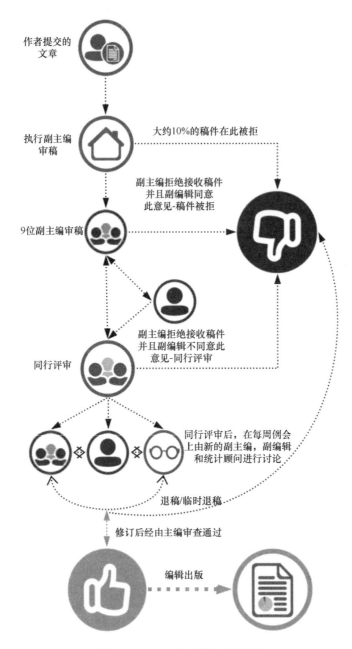

作者提交的文章

执行副主编审稿

大约10%的稿件在此被拒

副主编拒绝接收稿件并且副编辑同意此意见-稿件被拒

9位副主编审稿

副主编拒绝接收稿件并且副编辑不同意此意见-同行评审

同行评审

同行评审后，在每周例会上由新的副主编，副编辑和统计顾问进行讨论

退稿/临时退稿

修订后经由主编审查通过

编辑出版

图 3-20　NEJM 同行评审流程图

（3）讨论他们个人的评价或建议。

NEJM 要求同行评议专家须立即报告与作者或与论文主题相关的任何可能的

个人、专业或经济利益冲突，一旦出现冲突，NEJM 就会寻找替代的审稿人。

通过使用同行评审和他们自己的判断，NEJM 副主编决定是否拒绝稿件（这一决定必须得到副编辑的支持）或将其带到每周编辑会议上，由所有 NEJM 副编辑、副主编和统计顾问进行讨论和辩论。在每周一次的编辑会议上讨论之后，将为一篇论文指定以下三种状态之一：

（1）退稿：拒绝发表，审稿人的评论将提供给作者。

（2）临时退稿：除非作者进行进一步的研究或收集更多的数据，否则稿件不适合发表。

（3）修订：NEJM 对该论文感兴趣，但该稿件目前的形式是不可接受的，必须在进一步考虑发表前进行修订。如果一份稿件被移至修订状态，论文将被送去进行统计审查——这是一个额外的、严格的审查步骤。NEJM 发表的大多数研究手稿，在被接受之前，至少要经过五名统计顾问之一的统计审查。

副主编在一封信中将论文的状态传达给作者，详细说明审查过程中提出的问题，并说明了满足 NEJM 出版标准所需的修订。作者给副主编的回复需包括一份修改后的手稿和一封信，信中详细说明他们的改动。当作者重新提交修改后的稿件时，副主编会再次审阅，并决定是否需要进一步的同行评审或统计评审，通常会将论文带回每周的编辑会议进行进一步讨论。如果不需要额外的外部审查，手稿将被发送给副编辑，以便与副主编及其作者合作进行额外的编辑和修订。

NEJM 主编审查所有最终（修订）提交的内容，并可能提出进一步的问题。主编是唯一可以正式接受论文发表的人。在主编正式接受出版后，论文将通过严格的手稿编辑、制作、插图和设计。

（二）统计学检验

作为最古老的连续出版的杂志，自 1812 年以来，NEJM 的使命是在生物医学科学和临床实践的交叉点上为医生带来最权威的研究参考。因此，NEJM 高度重视结果的统计学意义。NEJM 的统计顾问就提交给期刊的稿件制定了以下的最佳做法，并建议提交者在研究报告的设计中遵循此做法。主要分为三类：第一类针对的是所有稿件；第二类针对临床实验的研究；第三类针对观察性质的研究。我们主要介绍临床实验方面的准则。

第一，NEJM 要求原始和最后议定书和统计分析计划（statistical analysis plans，简称 SAP）应连同手稿一起提交，以及对议定书和 SAP 所作修改的表格，注明变化日期及其内容。对报告临床试验结果的手稿中主要结果的分析，除特殊情况外，应与原协议中规定的分析一致。分析不符合规程应在原稿方法部分说明。编辑可以要求增加在协议中没有具体说明的附加分析。

第二，NEJM 要求在验证性分析中，当比较两组或两组以上的结果时，研究人员应该使用协议和 SAP 中规定的测试程序来控制 I 型错误，例如，Bonferroni 调整或预先指定的分级程序。根据多重性调整的 P 值应在适当时报告，并在手稿中标记为 P 值。在层次测试程序中，P 值只应在最后一次比较 P 值有统计学意义时才报告。对于第一次非显著性比较和之后所有比较的 P 值不应报告。对于预先确定的探索性分析，调查人员应该使用控制 SAP 中描述的错误发现率的方法，例如 Benjamini-Hochberg 程序。

第三，NEJM 要求当临床试验的协议或 SAP 中没有规定调整多种推论或控制错误发现率的方法时，所有二级和探索性终末报告应限于 95% 置信区间内治疗效果的点估计。在这种情况下，"方法"部分应注意间隔的宽度尚未调整。多重性和所得出的推论可能是不可复制的。这些分析不应报告 P 值。当 SAP 预先指定对某些子组的分析时，该分析应符合在 SAP 中描述的方法。如果研究小组认为对分组进行临时分析很重要，那么就应该说明进行分析的理由。专案分析应清楚地在手稿上标为临时。

第四，NEJM 考虑到森林图常被用于分析各种感兴趣的因素对治疗效果的一致性分析得出的结果，而这样的图可以很好地显示各亚组的估计治疗效果，NEJM 建议将它们包含在重要的子群中。然而，如果子群较小，则正式推断治疗效果的同质性不可行。由子群相互作用处理的 P 值列表受多重性问题的影响，其推论价值有限。因此，在大多数情况下，在森林图中不应提供交互作用的 P 值。

第五，NEJM 指出如果安全性结果的显著性测试（当不是主要结果）与治疗特定的估计一起报告，则不需要对多重性进行调整。因为信息包含在安全端点可能提示特定器官类别出现问题，编辑认为 I 类错误率大于 0.05 是可以接受的。编辑可以要求 P 值报告用于比较治疗组间不良事件的发生频率，而不论这种比较是否在 SAP 中有预见性。在可能的情况下，编辑倾向于在相对风险或危险比率之前报告绝对事件计数或费率。目的是为读者提供实际的事件频率和相对频率。应避免使用比值比，因为它们可能高估了许多情况下的相对风险，并可能被曲解。

第六，NEJM 要求作者应以 CONSORT 格式提供流程图。编辑们还鼓励作者提交 CONSORT 清单中所列的所有相关信息。虽然所有这些信息不能随同稿件一起发表，应在提交时在手稿或附录中提供。CONSORT 语句、核对表和流程图在 CONSORT 网站上是有效的。

（三）新媒体建设

NEJM 作为全球领先的医学期刊，其网站的设计也位居世界前列。网站上提供的内容丰富，包含期刊发表的全部内容，主要包括：评论文章、临床解决问题、交互式医学案例、视频、图像挑战、音频、每周总结（音频总结）和最新的多媒体。NEJM 还推出了移动 App，主要有三种，分别是：

（1）NEJM 的 iPad 版。从 iTunes 下载免费应用程序时，只需用 NEJM.org 的用户名和密码登录即可。或者，如果用户没有单独的订阅，可以使用应用程序内购买功能下载单期（5.99 美元/期）或按月订阅（14.99 美元/月）。

（2）NEJM 图像挑战。只需 2.99 美元，NEJM 图像挑战应用程序允许您测试您的诊断技能，从 NEJM 发布的数百张临床照片中随机选择。可在 iTunes 应用程序商店中找到。

（3）NEJM 护理中心。免费的 NEJM 护理中心应用程序允许用户按专业、职位类型或位置搜索当前或永久的本地工作机会。可在 iTunes 应用程序商店中找到。

当前，NEJM 的 Facebook 粉丝数超过 170 万，Twitter 粉丝数超过 58 万，Linkedin 的关注数量超过 2 万，说明其新媒体建设取得了相当的成功。

四、主编、编辑和编委：哈佛医学院

（一）现任主编

Jeffrey Drazen 于 1972 年在哈佛医学院获得医学博士学位，并在波士顿的 Brigham and Women's Hospital 完成实习和住院医生的工作。Drazen 博士是哈佛医学院杰出的 Parker Francis 医学教授，哈佛大学公共卫生学院生理学教授。Drazen

博士于 2000 年 7 月担任 NEJM 主编，职责包括监督 NEJM 的所有编辑内容和政策。他的编辑背景包括：

- 临床研究杂志
- 美国呼吸系统疾病评论
- 美国呼吸细胞与分子生物学杂志
- 美国医学杂志

作为一名肺病专家，Drazen 博士发表了 300 多篇关于肺部生理学和哮喘相关机制的文章。在他杰出的职业生涯中，曾为许多学术机构和医院服务过，并获得了无数荣誉，主要有：

- 美国科学促进会成员（2015 年）
- 欧洲呼吸学会总统奖（2015 年）
- 美国内科医师学院院士（2015 年）
- 美国胸科协会所有科学成就奖（2014 年）

（二）历任主编

表 3-21 列出了历任主编的相关信息，现将二战后的历任主编进行简要介绍。

表 3-21　历任主编信息

序号	任职时间	主编姓名
1	1921~1937	Walter Prentice Bowers
2	1937~1947	Robert Nason Nye
3	1947~1967	Joseph Garland
4	1967~1977	Franz Ingelfinger
5	1977~1991	Arnold Relman
6	1991~1999	Jerome Kassirer
7	1999~2000	Marcia Angell
8	2000 至今	Jeffrey Drazen

1947~1967 年，主编为 Joseph Garland。Garland 博士于 1919 年以优异成绩毕业于哈佛医学院。他在波士顿从事儿科工作约 25 年，曾在波士顿市立医院（Boston City Hospital）和马萨诸塞州总医院（Massachusetts General Hospital）担任客座医生。Garland 在 1967 年退休前的 20 年里一直担任 NEJM 的主编，还写了八本书，

包括 1949 年出版的 *The Story of Medicine*。Garland 的杰出贡献是他在任期间将 NEJM 从一家地方性杂志变成一份世界级的顶尖刊物。

1967~1977 年，主编为 Franz Ingelfinger。Ingelfinger 出生于德国德累斯顿，20 世纪 20 年代初，他和家人来到美国。Ingelfinger 先后于 1932 年和 1936 年获得耶鲁大学和哈佛医学院的学位。他曾任美国胃肠病学协会主席。1979 年，他被授予美国医师协会的乔治·科伯奖章，该奖章授予医学学术研究和教学领域的领导者。长期以来，NEJM 一直有一个政策，即"英格芬格规则"（Ingelfinger Rule），即只有在一篇文章的内容没有在其他地方提交或报道的情况下，才会考虑发表该文章。该规定还要求，在文章经过同行评审并发表之前，作者和研究人员不得向大众媒体公布其研究结果的细节。这项政策是 1969 年由 Ingelfinger 颁布的，并以他的名字来命名，目的是：①保护该杂志不发表已经发表过因而失去其原创性的文章；②在公开发布之前，允许有时间对科学发现进行独立的同行评审。早在 1960 年，《物理评论快报》的编辑 Samuel Goudsmit 曾表达过该政策的早期版本，但并未广为人知。Ingelfinger 的继任者 Arnold Relman 坚持这一政策，他认为这是一种阻止在科学期刊上发表之前公开宣布研究成果的方式，也是为了阻止越来越多的重复发表的做法。这一规则后来被其他几家科学期刊采用，并从那时起就形成了科学出版业的固定规则。

1977~1991 年，主编为 Arnold Relman。在接受 NEJM 的职位之前，Relman 是一名著名的临床医生和肾病研究人员。他曾是波士顿城市医院的医学教授和波士顿大学医疗服务主任，后来成为宾夕法尼亚大学医学院的系主任。他从 1977 年开始担任 NEJM 的主编，到 1991 年退休，Relman 撰写了 100 多篇主题广泛的社论，但大都围绕在医疗实践状况和国家的医疗保健体系之中。Relman 以哈佛医学院教授的身份退休。

1991~1999 年，主编为 Jerome Kassirer。1957 年，Kassirer 在布法罗大学获得医学博士学位，1961 年至 1962 年，他在新英格兰医学中心以高级住院医师的身份接受肾病学培训，担任高级住院医师。1961 年加入塔夫茨大学医学院担任讲师，自 1974 年以来一直担任教授。1961 年至 1991 年，Kassirer 在新英格兰医学中心从事肾脏医学工作。1991 年，Kassirer 首次被任命为 NEJM 主编。作为编辑，他增加了期刊编辑委员会中外国科学家的数量，吸引了更多外国科学家的投稿。

Kassirer 是唯一没有哈佛医学院背景的 NEJM 主编。

1999~2000 年，主编为 Marcia Angell。Marcia Angell 是 NEJM 创刊以来第一位女性主编，Angell 在弗吉尼亚州哈里森堡的詹姆斯麦迪逊大学（James Madison University）完成了化学和数学的本科学习后，在德国法兰克福以富布赖特学者的身份学习了一年的微生物学。1967 年从波士顿大学医学院获得医学博士学位后，加入了哈佛大学医学院。Angell 于 1979 年加入 NEJM 的编辑团队，1988 年任执行主编，1999 年至 2000 年 6 月任临时主编。1999 年，Jerome Kassirer 辞去了 NEJM 主编一职，原因是该杂志的出版商麻省医学会计划使用该杂志的名字来宣传和营销其他医疗信息，并与之发生了争执。Angell 同意担任临时主编，直到选出一名长期主编为止。后来她与学会达成协议，主编有权使用期刊的名称和标识，期刊名称不得用于其他产品。Angell 于 2000 年 6 月从 NEJM 退休，接替她的是 Jeffrey Drazen。

（三）学术编辑团队

NEJM 学术编辑团队的头衔、论文总被引频次和任职机构情况如下表所示。从表 3-22 中数据可以看出，绝大多数的学术编辑都来自哈佛医学院或哈佛医学院的教学医院 Brigham and Women's Hospital，可以说 NEJM 在某种程度上是哈佛医学院的官方刊物。值得注意的是，北京大学的肖瑞平教授也在 NEJM 的编辑名单中。

表 3-22　NEJM 学术编辑团队信息

编辑姓名	头衔	论文总被引频次	任职机构
Jeffrey M. Drazen	Editor-in-Chief	63383	Brigham and Women's Hospital；Harvard Medical School
Mary Beth Hamel	Executive Deputy Editor	6877	Harvard Medical School
Lindsey R. Baden	Deputy Editor	12433	Brigham and Women's Hospital；Dana-Farber Cancer Institute；Harvard Medical School
Julie R. Ingelfinger	Deputy Editor	23302	Harvard Medical School；Massachusetts General Hospital for Children
John A. Jarcho	Deputy Editor	5334	Brigham and Women's Hospital；Harvard Medical School
Dan L. Longo	Deputy Editor	65295	Brigham and Women's Hospital；Harvard Medical School

续表

编辑姓名	头衔	论文总被引频次	任职机构
Elizabeth G. Phimister	Deputy Editor	1480	NEJM
Allan H. Ropper	Deputy Editor	17806	Harvard Medical School；Brigham and Women's Hospital
Caren G. Solomon	Deputy Editor	15099	Harvard Medical School
Arnold M. Epstein	Associate Editor	33158	Brigham and Women's Hospital
Ellen M. Gravallese	Associate Editor	12807	Harvard Medical School；Brigham and Women's Hospital
Michael F. Greene	Associate Editor	6107	Massachusetts General Hospital
John F. Keaney	Associate Editor	43467	University of Massachusetts Medical School；UMass Memorial Medical Center
Clifford J. Rosen	Associate Editor	46517	Tufts University School of Medicine
Eric J. Rubin	Associate Editor	21914	Brigham and Women's Hospital
David R. Spriggs	Associate Editor	16945	Massachusetts General Hospital
Gary Wong	Associate Editor	3909	Anderson Cancer Center
Rui-Ping Xiao（肖瑞平）	Associate Editor	14268	Institute of Molecular Medicine，Peking University

注：资料来自 NEJM 期刊官网和微软学术。

（四）编委会

NEJM 编委会委员的论文总被引频次与任职机构如表 3-23 所示，被引频次分布情况可见图 3-21。从编委的任职机构来看，编委的任职机构 ESI 排名普遍靠前；从编委发文的被引情况来看，被引 10 万次以上的编委占 13%，大多数编委发文的被引频次集中在 1 万~10 万次，总体来看，NEJM 编委发文质量较高，期刊专业性得到强有力保障。另外，NEJM 的外部编委与 JAMA 体现出了显著不一致的特征，体现在对于学术的侧重，而非其他，这与其办刊定位也是高度相关的。

表 3-23　NEJM 编委简介

姓名	论文总被引频次	任职机构
Salim S. Abdool Karim	19572	Centre For The Aids Programme of Research In South Africa
David Blumenthal	31840	Harvard Medical School
Michele Evans	7362	National Institutes of Health

续表

姓名	论文总被引频次	任职机构
Jeremy Farrar	30941	University of Oxford
Sandy Feng	11139	University of California, San Francisco
Harvey Fineberg	14540	Gordon and Betty Moore Foundation
Thomas Lee	7416	Brigham and Womens's Hospital
Jeffrey Lieberman	45328	Columbia University
John McMurray	167997	University of Glasgow
Trevor Mundel	220	Bill & Melinda Gates Foundation
Vlado Perkovic	19081	The George Institute for Global Health
William Sandborn	106692	University of California, San Diego
Richard Schilsky	49008	American Society of Clinical Oncology
Christine Van Broeckhoven	44987	University of Antwerp
Janet Woodcock	13187	Center for Drug Evaluation and Research

注：资料来自 NEJM 期刊官网和微软学术。

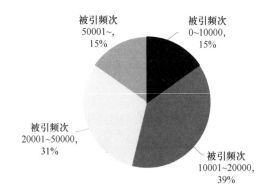

图 3-21 NEJM 编委被引频次分布

（五）出版编辑团队

与 JAMA 类似，NEJM 同样拥有一支专业化的编辑团队（表 3-24），总人数为 59 人，分为编辑业务、在线编辑团队、手稿编辑、平面艺术、编辑生产技术和评论组六大部门。岗位设置精细，同时有较强的层次感。各部门负责人具有多年的编辑出版工作经验，以人数最多的稿件编辑团队部门主任 Margaret Perkins 为例，她硕士毕业于芝加哥大学，拥有哲学硕士学位，在芝加哥大学出版社工作三年后，于 2006 年加入 NEJM。Patrick Hannon 是在细胞出版社工作了 9 年后，加入了 NEJM。评论组两位博士，均已经在 NEJM 工作了 15 年以上。

表 3-24 NEJM 出版编辑团队分析

部门	部门岗位	人员
Editorial Operations	Manager of Editorial Office Services；Manager of Editorial Administration；Assistant to the Editor；Senior Editorial Coordinator；Editorial Coordinator；Senior Editorial Assistant；Editorial Assistant；Manuscript Assistant	11
Online Editorial Group	Manager of Online Editorial Production；Assistant Managing Editor；Electronic Content Specialist；Web Production Specialist	4
Manuscript Editing	Manager of Manuscript Editing；Quality Assurance Manager；Senior Manuscript and Production Editor；Senior Multimedia Editor；Senior Manuscript Editor；Manuscript Editor；Manager of Manuscript Processing；Editorial Copy Specialist；Senior Proofreader	19
Graphic Arts	Manager of Editorial Premedia；Manager of Medical and Scientific Illustration；XML Processing Manager；Senior Scientific/Medical Illustrators；Interactive Medical Media Designer；Senior Information Graphics Specialist；Interactive Medical Visualization Developer；Media Specialist；Senior Layout Artist	15
Editorial Production Technology	Editorial Metadata Manager；Manager of Editorial Scheduling and Tracking	3
Perspective Group	Debra Malina, Ph.D., Stephen Morrissey, Ph.D.；Assistant Perspective Editor	3

注：资料来自 NEJM 期刊官网。

第七节 《IEEE 会刊》：工程技术领域的办刊典范

一、电子电气工程师学会：学术共同体的权威组织

电子电气工程师学会（Institute of Electrical and Electronics Engineers，IEEE）成立于 1963 年 1 月 1 日，是国际性的电子技术与信息科学工程师协会，亦是推进世界科技进步规模最大的非营利性专业技术组织，致力于电子、电气、计算机工程领域的开发和研究，核心目标是"推进科技创新与进步，优化人类生活方式"。目前，IEEE 已拥有分布于 175 个国家的 42.2 万会员，下设 399 个分部，拥有 39 个专业学会及 7 个委员会。作为其主要业务之一，IEEE 出版文献量占全球电子电气和计算机工程类的 1/3 左右。

IEEE 每年的出版物约有 200 种，包括汇刊（transaction）、期刊（journal）及杂志（magazine）三种形式。其下设学术文献数据库 IEEE Xplore 收录文献约 450 万篇，月均下载量超过 800 万次。IEEE 另一项重要业务为筹办学术会议，曾于 100 个国家举办过系列会议。另外，IEEE 是国际标准化组织认可的可制定标准的组织，目前已拥有 1200 余项现行标准，以及 700 多项在研标准，是许多电信、通讯技术和电子产品国际标准的制定者与发布者。

IEEE 由 AIEE（American Institute of Electrical Engineers，美国电气工程师协会）和 IRE（Institute of Radio Engineers，无线电工程师协会）两个协会于 1963 年合并而成，与美国企业和工业发展有着深厚的历史渊源。AIEE 成立于 1884 年，关注有线通讯（电报、电话），照明和电力系统等方面的研究，其较为知名的早期领导人包括西联汇款（Western Union）的创始人 Norvin Green，通用电气公司（General Electric Company，GE）创始人 Thomas Edison，贝尔电话公司（Bell Telephone Company，AT&T 公司前身）创始人 Alexander Bell 等。得益于其领导人的背景，AIEE 的运营得到了德国电气公司（Allgemeine Elektricitäts-Gesellschaft AG，AEG）、通用电气、西门子-哈尔斯克（Siemens & Halske）和西屋电气等公司的充分支持。IRE 成立于 1912 年的纽约，目的是建立一个以 AIEE 为模型，更专注于无线电研究的独立组织。其早期著名领导人包括美国无线电公司（Wireless Company of America）首席工程师 Robert Marriott，诺贝尔化学奖获得者 Irving Langmuir，"无线电之父"Lee de Forest，硅谷（Silicon Valley）创始人之一 Frederick Terman 以及惠普（Hewlett-Packard Company, HP）创始人之一 William Hewlett 等。

IEEE 基于庞大的会员团体以及分布在世界各地的分会、专业技术委员会，以举办会议、学术出版、制定标准为主要学术活动形式，建立了良好的学术发展链，在推动电子电气工程和计算机科学发展的同时也不断促进着自身的发展。作为最大的电子电气工程和计算机科学期刊出版商，其特点可总结如下：

1. 会员与荣誉制度

IEEE 推行会员制度，从由低到高的级别递进，分为学生会员（Student Member）、准会员（Associate Member）、会员（Member）、高级会员（Senior Member），会士（Fellow）和荣誉会员（Honor Member）几个类别。其中，学生会员、准会员、会员等门槛较低，除了需要缴费外仅对专业或工作年限有限制，而高级会员和会士等则需要有较突出的成就。值得一提的是，IEEE 会士这一头衔已成为学术科技界认定的权威荣誉和重要职业成就，每年新增的会士人数不超过总会员人数的千分之一，基本与国内的院士齐名，已成为业界认可的学术声誉指标。建立会员制度是 IEEE 吸引学者关注的重要手段之一：一方面，IEEE 为其会员提供一系列优惠政策，以吸引更多学者成为 IEEE 的一员，另一方面，会员等级制度提高了其对优秀学者的吸引力，推动了该行业领域专家与 IEEE 的合作交流，促进了学者对其出版物的关注和支持。

2. 出版物强大的影响力

IEEE 出版多个电子电气工程及计算机科学、计算机工程领域的顶级期刊。2017 年期刊影响因子排名中，IEEE 期刊在 25 个电子电气工程领域顶级期刊中占有 23 个，在通讯领域的 20 个顶级期刊中占有 19 个。在 2017 特征因子排名（Eigenfactor Score）上，IEEE 期刊在电子电气工程领域 10 本顶级期刊中占 9 个，而通讯工程领域排名前十的顶级期刊均由 IEEE 出版。在 2017 论文影响分值排名（Article Influence Score）上，IEEE 期刊在电子电气工程领域 10 本顶级期刊中也占了 9 个，同样，通讯工程领域排名前十的顶级期刊均由 IEEE 出版。

3. 有序的主编轮换

IEEE 下设出版服务及产品委员会（Publication Services and Products Board，PSPB），负责 IEEE 相关信息、出版服务及产品政策的推荐，制定 IEEE 信息传播标准和流程等，对 IEEE 的出版物、服务及产品进行监管。

在 2019 年 PSPB 的规定中，IEEE 出版机构的编委最长任期不超过 6 年：*Proceedings of the IEEE* 和 *IEEE Access* 主编任期为 3 年，最多连任两届，编委任期为 3 年，最多连任两届；*IEEE Press* 和 *IEEE Spectrum* 的编委任期两年，最多可连任两届；THE Institute 有表决权的成员任期三年，最多可再连任一届。在如此频繁地更换编委的情况下，IEEE 出版的期刊依然可以持续保持影响力，反映了其办刊策略之强。

下文将以《IEEE 会刊》（*Proceedings of the IEEE*，简称 *Proceedings*）为例，对 IEEE 的办刊策略进行详细分析。

二、《IEEE 会刊》：杰出作者驱动期刊发展

Proceedings 是全球最具影响力的工程技术期刊之一，是提供电子、电气、计算机工程及计算机科学研究进展的一流期刊，已有上百年的发展历史。*Proceedings* 关注点较为广泛，基本涵盖了电子、计算机相关的所有重要技术的发展，包括大数据、等离子体、信息物理融合系统、电力和能源等。以调研、综述、说明等形式出版。它不仅是电子电气工程及计算机科学核心研究团队的高质量期刊，也是非专业人士了解科技前沿、开拓专业领域的重要刊物。

Proceedings 是 IEEE 最早出版的期刊之一。20 世纪初，跨大西洋通信的实现以及真空管的发明，催生了无线电通讯技术的研究热潮，同时也出现了许多无线电科学团体。随着专业需求的逐渐扩大，其中影响力较大的两个团体，即电报工程师学会（Wireless Telegraph Engineers，SWTE）和无线电学会（Wireless Institute，TWI）决定合并，成立无线电工程师学会（Institute of Radio Engineers，简称 IRE）以整合相互的资源拓展影响力。创始人 Robert Marriott 认为办刊会是 IRE 成功的关键，于是在 1913 年发行了 *Proceedings of the IRE*，由哥伦比亚大学毕业的博士 Alfred Goldsmith 担任首届主编。

随着 1930 年代电子科学的兴起，IRE 与 AIEE 专业领域交叉点越来越多，竞争越来越大，为建设一个更好的专业团体，两个组织的领导最终决定合并，于 1963 年合并成立 IEEE，并将期刊更名为 *Proceedings of the IEEE*。

Proceedings 发行第一期就刊登了三篇业界知名学者的文章，分别来自当时因发明信号长距离传输方法而出名的科学家 Pupin Idvorsky、介绍通信用高压绝缘体的 Stanley Hills，以及三极管的发明者 De Forest Lee，给读者留下了深刻的印象，为期刊学术声誉的建设奠定了良好的基础。另外，*Proceedings* 还为每一篇文章添加了来自编辑和其他权威专家的评论，增强了文章可读性。后来，邀请杰出学者撰写技术介绍或者综述就成为了 *Proceedings* 的定位所在。不仅有领域内的无线电的发明人 Marconi，硅谷之父 Terman 等为其撰稿，甚至物理化学家，1932 年的诺贝尔化学奖得主 Irving Langmuir 也曾为 *Proceedings* 撰写当时工业界普遍关心的表面科学文章。

早期的 *Proceedings* 采取了一系列对提高自身影响力行之有效的措施。一方面，作为会员服务的一部分，IEEE 会每月为其会员免费寄送最新的一期 *Proceedings*，这种做法可以保障了 *Proceedings* 一部分固定读者群，并且增强了会员与期刊的联系。另一方面，*Proceedings* 对文章的转载权限也进行了详细的规定，即在说明出处的情况下可以对其出版的内容转载或引用，在学会允许的情况下可对图表进行转载，在推动其传播的同时保障了其版权。

在一百多年的时间里，*Proceedings* 不仅推动了科技的进步，也记录了电子工程技术的变迁，主要见证了四个时期的科技发展：

第一阶段（1913~1937）：记录了真空管的发展和应用，从长波通信到短波通信的转变、商业无线电广播的发展，以及电视和微波设备的萌芽。此时 *Proceedings* 规模较小，年载文量在 100 篇左右，会员仅有几千人。

第二阶段（1938~1962）：记录了雷达的应用和推广，以及第二次世界大战后电视、计算机、晶体管设备的迅速发展。1963 年，AIEE 与 IRE 合并为 IEEE，*Proceedings of the IRE* 转变为 *Proceedings of the IEEE*，年载文量翻倍。

第三阶段（1963~1987）：记录了电子技术的迅猛发展和多样化，电信频谱从微波扩展到可见光，计算机和数字系统在控制和计算上得到广泛应用。

第四阶段（1988~2009）：记录摩尔定律的实现，智能高压直流电网的兴起，算法和软件重要性日益凸显，以及有线和无线网络数据容量在传呼机、智能手机中的不断扩大。

Proceedings 出版至今已有一个多世纪的历史，多年间，*Proceedings* 不仅推动着科技发展，也记录了人类在通讯电子方面科技进步的脚步，其刊载的具有里程碑意义的文章如图 3-22 所示。进入信息时代的 *Proceedings* 依然植根于电子电气领域，只是由电气时代的晶体管与高压电路转移至了当前的前沿领域，如 5G、人工智能以及风电等。表 3-25 展示了近五年 *Proceedings* 的高被引论文情况。

尽管工程领域对于影响因子不像理科和医学一般重视，但 *Proceedings* 在过去 20 年的表现也算是可圈可点（图 3-23），不仅在 2018 实现了 10 的突破，而且是在 20 年中少有的将影响因子提升近 5 倍的期刊。20 年间，发文规模一直稳定在 120 篇左右。为了进一步理解杰出作者的作用，我们进行了类似于 *Science* 案例中

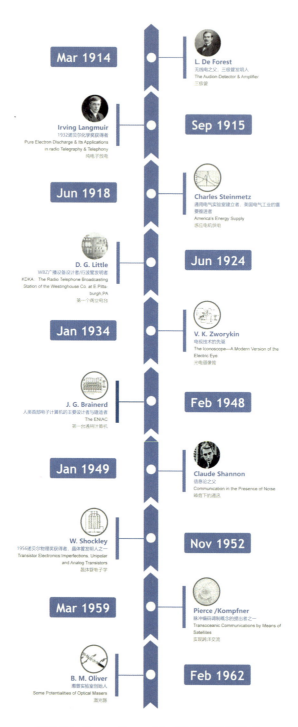

图 3-22 *Proceedings of the IEEE* 里程碑论文

表 3-25 *Proceedings of the IEEE* 年被引论文 Top10（2014~2018）

论文名	研究主题	年	被引频次
Software-Defined Networking: A Comprehensive Survey	软件定义网络	2015	1245
Millimeter-Wave Cellular Wireless Networks: Potentials and Challenges	无线网络	2014	787
Spatial Modulation for Generalized MIMO: Challenges, Opportunities, and Implementation	MIMO 空间调制	2014	567
Neurogrid: A Mixed-Analog-Digital Multichip System for Large-Scale Neural Simulations	神经网络模拟	2014	330
The SpiNNaker Project	SpiNNaker 项目	2014	249
A Survey on Wireless Security: Technical Challenges, Recent Advances, and Future Trends	无线安全	2016	219
Physical Unclonable Functions and Applications: A Tutorial	函数和应用程序	2014	209
Adaptive Networks	自适应网络	2014	207
Ambient RF Energy-Harvesting Technologies for Self-Sustainable Standalone Wireless Sensor Platforms	射频能量收集技术	2014	205
High-Power Wind Energy Conversion Systems: State-of-the-Art and Emerging Technologies	高功率风能转换系统	2015	153

的分区统计分析。图 3-24 显示，2014 年，前 20%的论文对于总引用的贡献接近 70%，大幅超出了 *Science* 顶尖论文的水平。前 60%的文章贡献了超过 90%的引用，这也是 *Science* 数据中未能发现的结果，这从侧面说明了杰出作者撰写论文的作用。

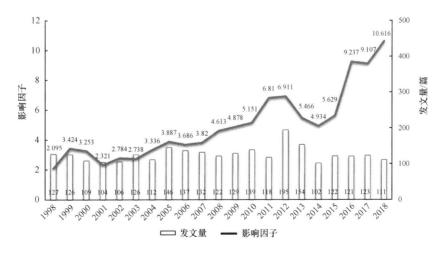

图 3-23 *Proceedings of the IEEE* 发文量与影响因子 20 年变化

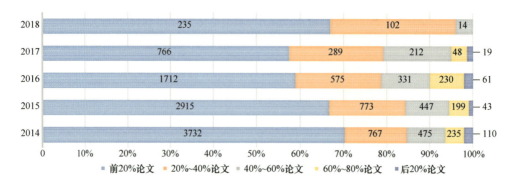

图 3-24 *Proceedings of the IEEE* 里程碑论文

　　最后我们统计了 2014~2018 年间在 *Proceedings* 发表文章数量排名前 15 的机构（表 3-26）。首先，不出意外的是 *Proceedings* 刊文主要来源于信息领域研究实力较强的机构，15 所高发文机构中有 8 所 ESI 排名前 50。同时我们并没有看到存在一家发文量大幅领先的情况，可以说 *Proceedings* 的各机构稿件相对是较为均衡的。值得重点关注的是，Intel 公司位列第 12 位。这也充分体现了 *Proceedings* 与理工类以及医学类期刊的不同之处，将学术与产业有机地结合起来，能更好的为创新服务，我们将从下一节的主编分析中更能体会到 *Proceedings* 的办刊理念。

表 3-26 *Proceedings of the IEEE* 高发文机构 ESI 排名（2014~2018）

序号	机构名称	发文量	ESI 排名
1	University of California Berkeley	23	27
2	Massachusetts Institute of Technology（MIT）	21	15
3	Centre National De La Recherche Scientifique（CNRS）	16	1
4	Stanford University	15	36
5	Georgia Institute of Technology	14	25
6	University of California Los Angeles	14	112
7	University of California San Diego	14	73
8	Virginia Polytechnic Institute State University	14	84
9	Carnegie Mellon University	13	129
10	ETH Zurich	13	41
11	Princeton University	13	127
12	Intel Corporation	12	287
13	University of Pennsylvania	12	390
14	Ecole Polytechnique Federale De Lausanne	11	47
15	Purdue University	11	40

三、历任主编与编委：理工结合，产学覆盖

首先我们将详细介绍 *Proceedings* 的历任主编，以期能有所发现。

Proceedings 第一任主编 Alfred Goldsmith 在 1911 年毕业于哥伦比亚大学，获得博士学位。他曾在纽约市立大学（College of the City of New York，CCNY）就职，并以工程顾问的身份接触过多个美国知名电子通讯企业及政府部门。1919 年，他建立了美国无线电公司（Radio Corporation of America，RCA）实验室，并推动其成为了史上最重要的企业研究室之一。在 IEEE，他为 *Proceedings* 奉献了人生的三分之一，奠定了 *Proceedings* 电子电气工程领域内的领先地位。他不仅是 IEEE 的会士，还是美国物理学会、美国科学促进会、美国声学学会等多个学会的会士，曾获 IEEE 杰出贡献奖、美国进步奖、现代先锋奖和汤森德哈里斯奖章（Townsend Harris Medal）。

他在任期间，*Proceedings* 经历了创立伊始的艰难、经济危机的打击、第二次世界大战时期的资源紧缺却依然在飞速成长，可以说，Goldsmith 为 *Proceedings* 做出了不可计量的贡献。1927 年之前，*Proceedings* 基本只依靠 Goldsmith 一人在运营，直到 1928 建立编委会后，他休息了一年，并将编辑事务移交给因为研究压电晶体而出名的 Walter Cady，一年后 Goldsmith 重返 *Proceedings*，并继续担任了24 年的主编。创刊之初，他充分展现了其社交才能，说服多个高校、研究机构、企业或政府的知名工程师及科学家在 *Proceedings* 上投稿，使期刊权威性大大提高。在编辑过程中，他注重期刊的规范化和标准化工作，比如为文章加入摘要，标明稿件接受日期等，使其具有专业期刊的标准。

1929 年，IRE 成立了临时委员会，Goldsmith 被委任主席，就 IRE 涉及的专业范围进行讨论，委员会经过讨论决定，在保证以无线电技术为基础的前提下，也接收工业界其他领域的论文，自此其关注点不再仅限于无线电，也包括了通讯和电子学领域，从而帮助 *Proceedings* 拓宽稿源，抓住科技前沿。为此，他成立了特别论文采集部门，拓宽了 *Proceedings* 的稿源和文献形式，也便于期刊及时追踪研究热点。其中较具代表性的有 1951 年出版的关于彩色电视的 400 页专刊，及1962 年他组织 18 位作者出版的一份 1200 页的专刊，以及与应用光学学会（Applied Optics）、美国光学学会（Optical Society of America）、美国航空航天研究所（American

Institute of Aeronautics and Astronautics）等联合出版的跨领域专刊等。

接任 Goldsmith 的是贝尔电话实验室电子研究部主任 John Pierce。Pierce 博士毕业于加州理工大学（Caltech），致力于研究压电、气体放电、超声波、压电谐振器和振荡器，以及晶体器件等。在贝尔实验室，他撰写了电子信息论，并与其同事 Barney Oliver 和 Claude Shannon 发明了脉冲编码调制（Pulse Code Modulation）的概念。自他开始，*Proceedings* 编委开始了两年一换的风格。

Pierce 博士在任期间重组了管理机构，由主编和编委组成的编委会替代了论文审查委员会、编辑委员会和信息技术行政委员会的功能，极大精简了审阅编辑流程，从而提高了出版效率。他上任的第一年，*Proceedings* 出版时间就从 10 个月缩短到 5 个月。另外，他还改进了期刊的无线电进展年度综述（Annual Review of Radio Progress）专栏，更改为约稿专家对最新的科技主题进行评述。这项特色一直延续至今，奠定了 *Proceedings* 人类电子电气信息技术发展史记录者的地位，也提高了它对科技热点的追踪能力。

自 Pierce 博士之后，每一个新上任的主编都会为 *Proceedings* 带来新的想法：其继任者 Donald Frink（1956~1957）带来了之前在 *Electronics* 做编辑的经验，开设了 "Scanning the Issue"（期刊概览）版面，至今仍在使用；John Ryder（1958~1959，1963~1964）重组了 IEEE 编委会结构，使期刊每个版面都有专门的顾问委员会负责，提高了版面质量；F. Karl Willenbrock（1964~1965）在此基础上更细化了编委结构，使之前的编委会更名为出版委员会，之前的 IEEE 主编出任副总经理，并将 *Proceedings* 主编变成独立的职位，从而令 *Proceedings* 管理结构更为合理、专业；Van Valkenburg（1966~1968）启动了约稿计划，拓宽了 *Proceedings* 的关注领域。

纵观 *Proceedings* 发展历史，其特点之一就是主编更换非常频繁，除了其创始人 Alfred Goldsmith 就任时间最长外，其他主编就任时间均不超过 8 年。1954 至 1989 年，主编基本保持一至两年一换的频率，最多不超过三年，1989 年至今主编五至六年一换，基本不超过六年。如前文所述，目前 PSPB 的规定中，*Proceedings* 主编更换周期为三年，最多可连任两届，虽然 IEEE 没有公布之前的主编更换制度，但可以推测这种频繁的主编更换周期是其刻意为之的。

从 *Proceedings* 历届主编的主要研究领域可以发现（表 3-27），其主编的选择一直在跟从着科技研究热点：20 世纪 50 年代至 60 年代是半导体和集成电路初次

表 3-27 *Proceedings of the IEEE* 历任主编及简介

在任时期	主编姓名	任职机构及研究领域
1913~1928	Alfred N. Goldsmith	时任纽约市立大学（The City University of New York）无线电研究实验室主任。
1929	Walter G. Cady	维思大学（Wesleyan University）物理学教授，研究方向为压电、气体放电、超声波、压电谐振器和振荡器，以及晶体器件。
1930~1953	Alfred N. Goldsmith	时任美国无线电公司（Radio Corporation of America）副总裁兼总工程师。
1954~1955	John R. Pierce	贝尔电话实验室（Bell Telephone Laboratories）电子研究主任，以无线电通讯、微波技术、计算机音乐、心理声学等为研究方向。
1956~1957	Donald C. Fink	Philco 公司研究主任，他是无线电导航系统和电视标准的先驱。
1958~1959	John D. Ryder	密歇根州立大学（Michigan State University）工程学院院长，研究方向是工业电子学。
1960~1961	Ferdinand Hamburger, Jr.	约翰霍普金斯大学（The Johns Hopkins University）电气工程教授。
1962	Thomas F. Jones, Jr.	普渡大学（Purdue University）电气工程学院院长。
1963~1964	John D. Ryder	密歇根州立大学（Michigan State University）工程学院院长。
1964~1965	F. Karl Willenbrock	哈佛大学（Harvard University）应用物理及工程学院副院长。
1966~1968	Mac E. Van Valkenburg	伊利诺伊大学（University of Illinois）电气工程教授，研究网络分析。
1969~1970	David Slepian	贝尔电话实验室（Bell Telephone Laboratories）通信原理部长，研究编码理论、概率论和分布式源编码。
1971~1973	Joseph E. Rowe	密歇根州立大学（Michigan State University）电子与计算机工程学院院长，研究非线性电子波相互作用现象。
1974~1976	Robert W. Lucky	贝尔电话实验室（Bell Telephone Laboratories）高级数据通信部长，研究自适应均衡器。
1977~1979	Glen Wade	加州大学（University of California）电气工程教授，研究行波管、参数放大器、四级放大器、超声波、超声成像、声学显微镜、声学全息术等。
1980~1982	Harlow Freitag	IBM T.J. Watson 研究中心战略规划高级经理。
1983~1985	James S. Meditch	华盛顿大学（University of Washington）电气工程学院院长。
1986~1989	Merrill Skolnik	海军研究实验室（Naval Research Laboratory）雷达分部总监督，研究雷达系统。
1993~2000	Richard B. Fair	杜克大学（Duke University）电子与计算机工程教授，基于电湿润技术，研究用于芯片实验室的微流控系统。
2000~2006	Fawwaz T. Ulaby	密歇根大学（University of Michigan）研究副主席，用于太赫兹传感器和通讯系统的电路、天线微电子技术。
2007~2012	Robert J. Trew	北卡罗莱纳州立大学（North Carolina State University）教授，GaN(生成式对抗网络)，半导体元件物理学，纳米电子学，异质结构。
2013~2018	Joel Trussell	北卡罗莱纳州立大学（North Carolina State University）教授，估计理论、色彩成像、信号和图像的恢复重建，以及用于信号处理的新数学技术。
2019 至今	Gianluca Setti	意大利都灵理工大学（Politecnico di Torino, Italy）电子与通信学院担任电子、信号与数据处理学教授。

资料出处：来自 *Proceedings of the IEEE* 官网及 Web of Science。

出现的时代，数字通信和空间通信逐渐被实现，此时 *Proceedings* 出任主编的以熟悉无线电通讯技术的学者为主，如 John Pierce、Donald Fink；20 世纪 60 年代至 80 年代，集成电路迅速发展，世界进入微电子技术时代，无线电各领域的研究均有了颠覆性的进展，这期间 *Proceedings* 的主编来自电子通讯的各个研究领域；进入 21 世纪后，随着社会发展需要，电子装置变得越来越复杂，研究小型高效的电子元件成为研究的热点主题之一，这期间 *Proceedings* 的主编则选自对微电子、纳米电子较为熟悉的 Fawwaz Ulaby 及 Robert Trew。由此看来，在科技迅速发展的情况下，选择对尖端科技更为熟悉的主编对期刊的内容建设影响巨大，*Proceedings* 经历一个多世纪的时间依然可以保持其影响力，与其通过主编追踪研究热点有较大的关系。

目前 *Proceedings* 的编委中，约 30.8% 的编委来自 ESI 排名前 100 的机构，约 25.6% 的编委所在机构 ESI 排名在 100~300（表 3-28 和图 3-25）。从编委个人论文被引频次看，约 60% 的编委论文总被引频次在 1 万次以上，其中被引 2 万次以上的编委约占 30.8%，被引在 5 万次以上的编委约占 10.3%。从编委机构所在地看，美国仍为编委的主要任职地区（51%），欧洲其次（26%），在亚洲、澳洲也有分布，地域组成较为丰富。值得注意的是，来自中国科学院的研究员陈锟山也是编委之一，他致力于微波随机散射和放射的解析建模和影像雷达系统的研究，横跨工程与自然科学的领域，为著名的 IEM 微波散射模型三位创构人之一，在 IEEE 多个相关期刊担任主编、副主编。

表 3-28　*Proceedings of the IEEE* 编委论文被引频次及任职机构信息

姓名	论文被引频次	ESI 机构名称	机构 ESI 排名	国家或地区
Gianluca Setti	7336	University of Bologna	152	意大利
Moeness Amin	14875	Villanova University	1010	美国
Göran Andersson	23915	Eth Zurich	41	瑞士
Ronald Arkin	20126	Georgia Institute of Technology	25	美国
Jón Atli Benediktsson	25738	University of Iceland	1315	冰岛
Claudio A. Cañizares	15068	University of Waterloo	64	加拿大
Hsiao-Hwa Chen	15605	Cheng Kung University	44	中国台湾
Kun-Shan Chen	5888	Chinese Academy of Sciences	71	中国大陆
Diane Cook	19909	Washington State University	446	美国

续表

姓名	论文被引频次	ESI 机构名称	机构 ESI 排名	国家或地区
Jack Dongarra	79525	University of Tennessee	257	美国
James S. Duncan	91985	Yale University	623	美国
Michelle Effros	13376	California Institute of Technology	151	美国
Yuguang (Michael) Fang	20337	University of Florida	94	美国
Maya Gokhale	1003	Lawrence Livermore National Laboratory	416	美国
Takeo Kanade	121548	Carnegie Mellon University	129	美国
Agnieszka Konczykowska	1362	Adesign	公司	-
Insup Lee	13437	University of Pennsylvania	390	美国
James Lyke	982	United States Air Force	279	美国
Kofi Makinwa	6101	Delft University of Technology	34	荷兰
Nelson Martins	3903	Cepel	公司	-
Muriel Médard	34378	Massachusetts Institute of Technology	15	美国
Michał Mrozowski	2413	Gdansk University of Technology	737	波兰
Arokia Nathan	13201	Cambridge University	68	英国
Damir Novosel	3684	Quanta Technology	公司	美国
H. Vincent Poor	35019	Princeton University	127	美国
Zoya Popovic	10095	University of Colorado Boulder	219	美国
Anders Rantzer	14201	Lund University	168	瑞典
Catherine Rosenberg	7824	University of Waterloo	64	加拿大
Robert Schober	22111	University of Erlangen-Nuremberg	430	德国
Ioannis Stavrakakis	3445	University of Athens	585	希腊
Ahmet Murat Tekalp	10098	Koç University	1184	土耳其
Gabor Temes	20342	Oregon State University	389	美国
Rodney Tucker	15438	The University of Melbourne	210	澳大利亚
Edward Tunstel	1641	United Technologies Research Center	公司	美国
Jan Van der Spiegel	2252	University of Pennsylvania	390	美国
Sally Wood	468	Santa Clara University	未进入排名	美国
Hoi-Jun Yoo	8811	Korea Advanced Institute of Science and Technology	59	韩国
C. Patrick Yue	710	Hong Kong University of Science and Technology	75	中国香港
Lixia Zhang	58289	University of California, Los Angeles	112	美国

注：资料来自 *Proceedings of the IEEE* 官网及 Web of Science。

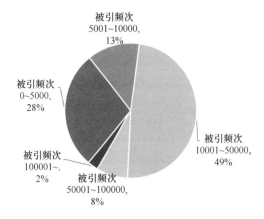

图 3-25 编委论文被引频次分布

第四章

商业品牌：
跨国公司的全球事业

第一节　商业公司学术出版：荷兰德国的欧洲集团

文艺复兴、启蒙时代、工业革命和电气革命均发端于欧洲，但海洋国家与大陆国家的科技期刊却有着截然不同的发展轨迹，反映在 311 本顶尖期刊的版图上，英美以学会和大学为主，例如美国科学促进会、美国化学会、牛津大学出版社和剑桥大学出版社等，但无论从质量还是规模上，均大幅落后于以爱思唯尔为首的位于欧洲大陆的商业出版集团。事实上，如果考虑当前的五大学术出版巨头，有两家是欧洲大陆公司，分别是荷兰的爱思唯尔（Elsevier）和德国的施普林格-自然（Springer Nature），一家是依赖欧洲各国的学会进行合作出版的威立（Wiley），而泰勒-弗朗西斯（Taylor & Francis）和 SAGE 则是以人文社科为主。我们以爱思唯尔的发展历程作为代表，在欧洲代表性科技出版巨头的历史的基础上，针对商业科技期刊出版的四个案例进行研究，分别是《自然》《细胞》《柳叶刀》和《先进材料》。

爱思唯尔公司的总部设在荷兰的阿姆斯特丹，在全球 180 多个国家进行销售，并且在全球拥有 7300 多名员工，组织协调约 7000 名主编、70000 名编委会成员、300000 名审稿人和 600000 名作者紧密协作。爱思唯尔在 1880 年成立之初只是荷兰的一家小型出版商，在一百余年的发展历程中，爱思唯尔始终站在世界科技变化发展的前沿，不断调整发展战略，现在已经从一家传统的生产静态文本和图像的企业发展成为一家利用先进技术帮助科学和医学领域专业人员在工作的各个方面做出重要决策的企业。

纵观爱思唯尔的发展历程，大致分为以下四个阶段：

（1）公司创建期

1880 年，Jacobus Robbers 与其他四位商人联手在荷兰鹿特丹创立了爱思唯尔，他们沿用了具有显赫声誉的历史出版商 Elzevir 的名字，并将公司的标语定为 Non Solus，同时其名字改为更有现代感的爱思唯尔（Elsevier），Non Solus 是拉丁语中 Not Alone 的意思，表达了爱思唯尔想要建立的一种作者和出版商之间相互支持的关系。

（2）科技出版初创期

1928 年，23 岁的记者泰德·克劳茨接受了爱思唯尔的总经理职位。年轻大胆和雄心勃勃的他很好地把握了变化的时代，三年后，他被任命为公司的董事。1937年，克劳茨主导爱思唯尔开始出版受到纳粹德国迫害的流亡科学家的作品。1940年，爱思唯尔在伦敦和纽约设立了办事处。同年，荷兰被纳粹占领，爱思唯尔的科技出版业务不得不暂时搁置。1945 年，荷兰解放，爱思唯尔周刊（*Elsevier's Weekly*）面世，成为 20 世纪 40 年代和 50 年代最受欢迎的荷兰期刊，这也使公司能够进一步投资于科技期刊出版。

（3）战后快速发展期

1947 年，爱思唯尔创办了自己的第一种期刊 *Biochimica et Biophysica Acta*。1958 年，爱思唯尔的科学部门开始盈利，并且开始聘请更多的科学家来共同优化公司的业务方向。1970 年，爱思唯尔的科学部门与北荷兰出版公司合并，扩大了公司以化学为导向的期刊组合，但同时也出版了大量的物理学书籍。1971 年，爱思唯尔收购了总部设在阿姆斯特丹的小型医学摘要出版商 Excerpta Medica，它将计算机技术引入了爱思唯尔。1997 年，爱思唯尔完成了曾经占公司总收入 22% 的消费出版业务的剥离，摆脱了对广告收入的依赖。在退出消费出版的同时，公司在 1999 年以 1.32 亿英镑收购了位于美国波士顿分子生物学顶级期刊出版商细胞出版社（Cell Press），随后在 2000 年收购汉考特公司中，获得了纽约的 Academic Press 品牌。至此爱思唯尔完成了以柳叶刀和细胞出版社两大旗舰并立而行的科技期刊出版布局。

（4）数字化转型时期

1997 年，经过近二十年的实验，爱思唯尔推出 ScienceDirect，这是第一个科学方面的电子书籍和文章的在线存储库。2002 年，Reed Elsevier 子公司正式更名为 Elsevier。2004 年，Scopus 建立，这是一个涵盖来自不同出版商的期刊和书籍的摘要和引文数据库，并且对作者和出版物水平进行衡量。2009 年，爱思唯尔推出 SciVal Spotlight 工具，基于 Scopus 数据库中的引文，这一战略分析工具使科研管理人员能够通过衡量其机构在科研产出、资助、出版物等方面的相对地位来做出明智的决策。

接下来我们从地理角度来说明位于阿姆斯特丹的爱思唯尔能够在 20 世纪成长为国际科技出版巨头的原因。图 4-1 展示了阿姆斯特丹与 20 世纪几大科学中心的位置关系，以右下角的维也纳为起点进行逆时针环绕，500 公里扫描半径范围内我们将经过德国出版中心莱比锡，德国科学院所在地柏林，波尔的故乡哥本哈根，现代医学的发源地之一爱丁堡，英国剑桥、牛津和伦敦，数学中心巴黎，以及古老的海德堡和慕尼黑。考虑到纸质时代的交通条件，阿姆斯特丹的中心地理位置无疑是汇聚欧洲科学中心成果最佳条件之一。事实上战后爱思唯尔收购的主要对象便是隔海相望的剑桥-牛津-伦敦三角区域的科技出版商，包括伦敦的柳叶刀、牛津的培格曼等。

图 4-1　爱思唯尔与欧洲科学中心

第二节　《自然》：爵士出版的世界科学护照

Nature 可能是迄今为止唯一一本有本刊传记出版的期刊，150 年的发展历程颇有传奇色彩。150 年来，*Nature* 几乎打破了所有学术期刊惯有的办刊模式。从科学中心支撑论的角度看，*Nature* 创刊于英帝国的全盛时期，维多利亚时代，但英国科学却在 19 世纪后半叶逐步地落后于德国科学的发展，尤其是物理学和化学，以至于20 世纪第一个 10 年的诺贝尔物理和化学奖，英国人仅有 4 项。但 *Nature*

却意外地成为了世界范围内的知名刊物，以至于无论卢瑟福在新西兰还是加拿大都要把稿件投到 *Nature* 发表，以确认首发权和获得世界性的声誉。从学术共同体办刊的角度看，*Nature* 除了第一任主编是因科学成就当选为皇家学会会士之外，后面的历任主编均非出色的科学家，大部分都是博士毕业或者进行完博士后训练后进入 *Nature*，历练几十年之后成为主编，而且 *Nature* 主刊也不设学术期刊常见的编委会。从商业运营的角度来看，*Nature* 以及自然出版集团（Nature Publishing Group, NPG）在自身的发展历程中，从未有期刊收购行动，所有子刊悉数由 *Nature* 依靠自身的力量创办运营，而且大部分的子刊主编均有 *Nature* 主刊历练的经验。实际上，科技期刊进入繁荣期后，兼并重组之风盛行，Wakley 家族在 1991 年卖掉了持有了近 200 年的 *The Lancet*，*Cell* 则于 1999 年以超过 1 亿美元的身价并入了爱思唯尔。而以 *Nature* 为核心的自然出版集团直到 2015 年才宣布与施普林格合并，此时的集团已经是一个在全球多个国家和地区拥有上千人规模团队的大型科技期刊集团，不仅 *Nature* 论文业已成为全球通行的科学护照，而且以 *Nature* 期刊为核心编制的 Nature Index 更是成了衡量国家与机构科学水平的标杆。

回顾科技期刊近四个世纪的发展历史，商业公司办刊且独立发展壮大至此地位的确实仅此一家。可谓是"不忘初心，牢记使命"而取得成功的经典案例了。本节我们将从 *Nature* 的发展历程、计量学数据、内容建设、编辑队伍等角度研究顶尖商业品牌的办刊之道。

一、*Nature* 与自然出版集团：科学先锋，全球品牌

（一）*Nature* 介绍及发展历程

Nature 是世界上最早的科学期刊之一，也是全世界最权威、最富声望的学术期刊之一，发表来自多个科学领域的一手研究论文。在许多科学研究领域中，每年最重要、最前沿的研究结果在 *Nature* 中以短文章的形式发表。其办刊宗旨是"将科学发现的重要结果介绍给公众，让公众尽早知道全世界自然知识的每一分支中取得的所有进展。"

Nature 由 Macmillan 家族创建于 1869 年。2018 年 *Nature* 影响因子高达 43.07，每周的全球发行量超过 40 万份。当前 *Nature* 主要包括 7 个栏目：This Week, News in Focus，Comment，Technology， Careers，Futures，Research。各子栏目如下：

- This Week：Editorial，World View， Research Highlights，Seven Days
- News in Focus：News， Features
- Comment：Comment， Books and Arts， Correspondence 等
- Technology：Toolbox， Technology Feature 等
- Careers：News， Features， Career Briefs， Columns 等
- Futures
- Research：News & Views， Reviews， Articles， Letters

下图给出了新闻栏目的编辑名录，总计 28 人，对比研究论文的编辑 27 人（图 4-2），可以发现 *Nature* 对于新闻栏目的重视程度。

This Week/News/Features: Alison Abbott, David Adam, Josie Allchin, Celeste Biever, Declan Butler, Ewen Callaway, Davide Castelvecchi, Rachel Courtland, David Cyranoski, Nisha Gaind, Elizabeth Gibney, Flora Graham, Heidi Ledford, Jane Lee, Brendan Maher, Amy Maxmen, Richard Monastersky, Lauren Morello, Anna Nagle, Nicky Phillips, Sara Reardon, Quirin Schiermeier, Kerri Smith, Mico Tatalovic, Jeff Tollefson, Richard Van Noorden, Traci Watson, Alexandra Witze.

图 4-2　新闻栏目编辑名录

作为世界一流综合性科技期刊，*Nature* 在其长达近 150 年的出版历史中，首次发表了人类科学史上多项重要的成果，图 4-3 展示了多项 *Nature* 曾发表的重要成果，其中包括离子的波动性本质（1927）、中子的发现（1932）、核裂变的发现（1939）、DNA 的分子结构（1953）、激光（1960）、板块构造（1966）、脉冲星的发现（1968）、免疫机制（1974）、臭氧空洞（1974）、C_{60}（1985）、克隆羊（1997）以及人类基因组序列的分析（2001）等。

从文献计量学的角度来看（见图 3-2），在过去 20 年的时间中，*Nature* 平均每年发表超过 800 篇研究论文，同时影响因子从 1990 年代的 30 左右稳步地上升到了 2018 年的 43.07。每年刊登在 *Nature* 上的研究性论文有超过 30% 的比例进入到学科前 1% 的行列中，同时 *Nature* 也是世界顶尖机构发表论文的首选。表 4-1 列

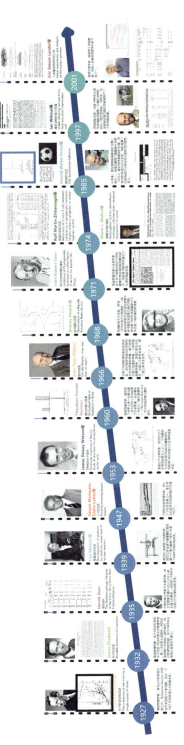

图 4-3　*Nature* 代表性论文时间线示意图

表 4-1　*Nature* 高发文机构 TOP10 及 ESI 排名

序号	机构名称	ESI 排名
1	Harvard University	2
2	Howard Hughes Medical Institute	39
3	Centre National De La Recherche Scientifique（CNRS）	3
4	Max Planck Society	11
5	Massachusetts Institute of Technology（MIT）	19
6	Stanford University	15
7	Va Boston Healthcare System	10
8	University of Cambridge	31
9	Helmholtz Association	16
10	University of California，Berkeley	25

出了近 5 年 *Nature* 刊登论文最多的 10 家机构，与前文所述的 *Science* 基本一致，主要发达国家的标志性大学和研究机构均位列其中：英国本土的剑桥大学，美国的东西海岸的哈佛大学、麻省理工学院、斯坦福大学和加州大学伯克利分校，以及法国科学院和德国马普所等。在一流论文和顶尖数据表现的基础上，我们下面将简要回顾 *Nature* 150 年的发展历程，以期寻找其世界科学护照的形成线索。

　　Nature 故事发端于 Macmillan 家族的 Alexander Macmillan。该家族是 19 至 20 世纪英国出版业的名门望族，家族子弟 Harold Macmillan 曾于 1957~1963 年担任英国首相，退休后回归家族企业担任董事会主席一职直至 1974 年。1843 年，Alexander Macmillan 和 Daniel Macmillan 兄弟在英国剑桥大学的中心创办了他们的书店和出版社，这为 Macmillan 公司与在剑桥和伦敦杰出的科学界人士建立了联系，奠定了关键的地理基础。在此基础上，Alexander Macmillan 举办一些讨论科学、艺术和当今热点话题的沙龙，其效果也正如他所描述的，这个"星期四的谈话、烟草和烈酒"小组在维多利亚时代的伟大科学家中培养了友谊，其中就包含著名的赫胥黎和丁达尔等。维多利亚时代迅速增长的知识需求刺激着出版业的蓬勃发展，1859 年，*Macmillan's Magazine* 创刊，这是英国第一本一个先令就能买到的月刊，目的是将科学、文学和艺术统一在一面旗帜下，由 David Masson 担任编辑，赫胥黎的文章"时间与生活"发表在第二期。Alexander Macmillan 的科学品味奠定了后来 *Nature* 的期刊定位，不久之后他将遇到拥有同样热情和品味的

Nature 未来的创刊主编，Norman Lockyer。

　　Norman Lockyer 出生于 1836 年，曾是英国战争部的一名高级官员，也是一位敏锐而有才华的天文学家，后来他用分光镜发现了太阳日冕中的氦元素，并于 1868 年当选为皇家学会会士。在遇到 Alexander Macmillan 之前，Lockyer 曾出任 *The Reader* 的科学编辑，后来该刊遭遇了大多数维多利亚时代期刊的命运，经营不善而倒闭，但却为年轻的 Lockyer 积累了宝贵的办刊经验。同时代的植物学家 Joseph Hooker 也曾评论道，杰出科学家的办刊成效是令人失望的，这最后也成了 *Nature* 基于职业编辑办刊的考量之一。

　　1869 年 11 月，*Nature* 创刊。除了关于"挑战者号"（HMS challenger）海洋探险任务、金星凌日（transits of Venus）和日食探险（eclipse）等主题的科学文章外，*Nature* 还在研究捐赠、科学改革、德国科学的崛起以及学校教学等问题上进行了努力。由此可见，*Nature* 广泛地参与科学社会讨论的特色是深深地植根于期刊初创期的。*Nature* 自第一期发行以来一直亏损，直到十年后，Alexander Macmillan 才将价格从 4 便士提高到 6 便士，并将其扩大到 28 页。Lockyer 在当期的评论中如此写到："这是因为 *Nature* 作为世界各地的科学媒体越来越被广泛认可，最终我们不得不扩大它，以便为周而复始从四面八方涌入我们的稿件找到空间。（It is because *Nature* has become more and more widely recognised as the organ of science all the world over that at last we are compelled to enlarge it in order to find space for the stream of communications that week after week come pouring in upon us from all parts）"。早期的 *Nature* 便具有浓厚的国际色彩，涵盖了来自世界各地的科学。1883 年 8 月 26 日至 27 日，位于印度尼西亚的克拉卡托火山发生了灾难性的喷发，*Nature* 呼吁世界各地的群众向皇家学会克拉卡托火山委员会（Royal Society Krakatoa Committee）发送观测资料，并将其转发给皇家学会克拉卡托火山委员会。

　　在第一期出版 25 年后，*Nature* 开始成为研究人员揭示其发现的首选场所。1861 年发现铊元素的英国物理学家和化学家 William Crookes 在 1895 年向 Lockyer 发送了一份氦光谱的报告，当时苏格兰化学家 William Ramsey 在陆地上分离出了这种气体（在 Lockyer 从太阳日冕中检测到这种气体的 27 年后）。Crookes 的信揭示了 *Nature* 的地位如何高于它的周刊竞争对手 *Chemical News*，后者是 Crookes

在 1859 年创立的：" 它将出现在周五的 *Chemical News* 上，但我的发行量与 *Nature* 不同，我在这方面进行了很多的努力，我希望我的研究结果能到正确的人手上。（ It will appear in the *Chemical News* on Friday, but my circulation is not to the same class of researchers as that of '*Nature*', and having taken a great deal of trouble about it I want the results to get to the right people. ）" 在 19 世纪末，也就是该杂志创刊三十年后，*Nature* 不再亏损。虽然是 Lockyer（他在 1897 年被封为爵士）使这本杂志在科学方面取得了成功，但没有出版商的耐心和雄厚的财力，*Nature* 是无法支撑到 20 世纪的。

20 世纪 10 年代是世界上大部分地区发生变化和剧变的十年，*Nature* 也经历了艰难的几年。第一次世界大战改变了欧洲的社会、政治和科学景观。随着第一次世界大战的爆发，来自全球各地的投稿流量不可避免地放缓，*Nature* 杂志的订阅量首次下降，同时还面临着如何适应德国作为敌人的新的普遍看法的挑战。以前，德国在科学方面的成就，特别是化学，一直被誉为成功的现代组织的典范。战后，该杂志不得不承认科学在这场流血事件中的作用。1919 年，Gregory 正式接管了主编的职位，成为了 *Nature* 的第二任主编。在大英图书馆保存的一份 1918 年的信件中，当时 82 岁即将退休的 Lockyer 给 Frederick Macmillan 写了一封关于 Gregory 的信，称 " 我对他在这些困难时期为我们所做的一切感到非常满意 "。此外，Lockyer 随后驳斥了新编辑必须是一位足够杰出的科学家，而且必须是皇家学会会员的想法：" 皇家学会的院士很难领导，他们中很少有人对行政工作有丝毫的了解或拥有商业能力。" 自 Lockyer 1912 年离开伦敦前往德文郡西德茅斯的一个新天文台以来，Gregory 一直是事实上的编辑，在 1919 年 11 月正式担任这一角色。同年，他被授予爵士头衔，并于 1933 年当选为英国皇家学会会士。

1939 年，随着战争的临近，接近 75 岁生日的 Gregory 退休。*Nature* 杂志的编辑职位移交给了 Arthur Gale 和 Jack Brimble。他们已经在 *Nature* 杂志工作了 25 年以上，他们接受了一个持续了 20 多年的联合编辑的职位。人们普遍认为，在 Gregory 的领导下，该期刊已成为一家国际机构，订阅量增加了，"给编辑的信" 栏目成熟了，成为了 *Nature* 创立者 50 多年前就设想过的科学传播的杰出载体。*Nature* 致力于改变的不仅是科学，还包括英国和世界，通过一种独特的方式，将最新的科学通信和强大的新闻业结合起来。

在 20 世纪 30 年代和 40 年代，*Natrue* 收到并发表了许多顶尖物理学家有影响力的论文：不仅是 Lise Meitner 和 Otto Frisch 描述铀裂变的经典论文，还包括 Hans Von Halban、Frédéric Joliot 和 Lew Koarski 的一系列论文，他们在 1939 年确立了核链式反应和核能生产的可能性。战争期间，James Chadwick 将 Von Halban 和科瓦斯基的工作（包括核反应堆的详细计划，以及如何从铀中提炼钚）以密封文件的形式转发给了英国皇家学会，这些文件一直被隐藏和遗忘，直到 2007 年，后来的编辑 John Maddox 表示，这些论文是在 20 世纪 40 年代初提交给 *Nature* 的，但英国政府禁止发表任何可以帮助德国和轴心国发展原子武器的研究报告。

第二次世界大战后的十年是增长和巩固的十年。在战时下降之后，订阅量增加了，杂志的社论页数增加到大约 40 页，以适应新兴的"信件"栏目，随着 Arthur Gale 和 Jack Brimble 的联合编辑带领一本略微修改的杂志度过了 20 世纪 50 年代战后的技术发展，该版块得到了相当大的扩展。在科学方面，生物学开始占据中心舞台（尽管许多发现都是利用物理学的应用，如 X 射线结晶学）：DNA 结构的揭示，然后是蛋白质的第一个结构——肌红蛋白，这预示着生命科学黄金时代的开始。

尽管 *Nature* 杂志已经发展了几十年，但该杂志并没有正式的论文审阅系统。自 Lockyer 时代以来，文章可能会被发送给杰出的科学家征求他们的意见，但是这种方法的不一致正在为未来积累问题，因为提交的数量增加了。Brimble 发展了自己的同行评议方法。据 Maddox 说，他会在口袋里塞满提交给 *Nature* 的论文，然后把它们带到伦敦 Pall Mall 的专属 Athenæum 俱乐部，就在皇家学会的拐角处。然后，他会在午餐或咖啡的时候，就特定稿件的优缺点对俱乐部的科学成员进行咨询。这是一个有很多缺陷的不完善的制度，但却是同行评议制度的开始。

到 1969 年 *Nature* 出版一百周年时，Maddox 已经开始摆脱该杂志的陈旧气息。最重要的一个转变是新闻部分，它实际上将新闻视为比单纯的公告更有意义的东西。这被提升到了期刊的前沿，以跟随社论的脚步；社论继续处理当天的及时问题，紧随其后的是重新改造后的新闻和观点部分，它对复杂的主题进行解析，并恢复了被日益专业化所淹没的可读性。

20 世纪 70 年代初，*Nature* 扩大了它的全球市场，在华盛顿特区国家新闻大楼的一个小房间内设立了它的第一个美国办事处，目的在于增加美国 *Nature* 的订阅量和增加来自美国实验室的稿件量。随着世界各地产生的科学著作数量的增加和专业化程度的提高，出版不止一个版本的 *Nature* 变得可行。1971 年 1 月，*Nature* 分成 3 个独立的出版物：《自然物理科学》《自然新生物学》和《自然》，分别在周一、周三和周五出版。编辑 John Maddox 谈到，*Nature* 将成为一份日报，就像报纸一样，每一天都会专攻不同的科学领域，同时总是把强烈的新闻感带到他的内心深处（有人说他的血管里有打印机的墨水）。然而，这一冒险未能成功。两年后，Maddox 不再是主编，而这些期刊从 1974 年第一期开始合并。

20 世纪 80 年代，*Nature* 继续扩大了其全球业务，在世界各地建立了一系列办事处。1980 年，纽约市办公室在第五大道标志性的 Flatiron Building 开业时，伴随着一项营销试验，有 5 万份期刊免费赠送给美国各地的机构；随后的一场规模更大的宣传活动被认为在短短一年内使订阅量增加了近 4000 份。这帮助 *Nature* 在美国和加拿大的发行量在 1981 年突破了 10000 份大关，到 1984 年，纽约办事处有 19 名员工，美国发行量达到 12300 份。到 20 世纪末，*Nature* 除了在伦敦、华盛顿、纽约和东京的办事处外，还在波士顿、旧金山、新德里、巴黎和墨尔本设有通讯员。20 世纪 90 年代，*Nature* 在国内外经历了一个快速变化和发展的时期。电子邮件和电子系统第一次被用来管理手稿，*Nature* 的第一个网站也成立了。国际扩张仍在继续，1996 年，*Nature* 在澳大利亚成立了第一个办事处；第二年，*Nature* 杂志在韩国举办了第一次会议。*Nature* 俄罗斯分社于 1993 年开张。1999 年，自然出版集团成立。

（二）自然出版集团

NPG 成立于 1999 年，是一家出版学术期刊、杂志，提供在线数据库以及科学和医学服务的学术出版企业。NPG 的旗舰出版物 *Nature*，是 1869 年首次出版的周刊。它还出版 Nature Research Journals，Nature Review Journals（自 2000 年起）和一些学会所有的学术期刊，总计超过 150 种。在 Springer Nature 成立之前，NPG 是 Macmillan Science and Education 的一部分，Macmillan Science and Education 是

Holtzbrinck Publishing Group 的全资子公司。Springer Nature 成立后 NPG 不再单独存在，为方便介绍 Nature 品牌和历史，本节还继续使用 NPG 的说法。NPG 在全世界范围内有超过 800 名员工。

2002 年，NPG 启动了联合出版模式，相继与 Cancer Research UK 等组织达成合作，在 NPG 平台上出版 *British Journal of Cancer* 等刊物。2014 年，在与 Springer 合并之前，NPG 启动了 npj 项目，旨在联合世界各地的学会、协会与科研院所出版开放获取的学术期刊。至此，Nature 品牌下的期刊阵列才全部形成，距离 Macmillan 创办 *Nature*，已有约 150 年。现在 Nature 品牌拥有 *Nature* 主刊、30 本左右 *Nature* 子刊、20 本左右 Nature Reviews 系列、100 本左右联合出版期刊，同时向整个世界提供及时的科学新闻等高质量的信息服务。

NPG 在世界各地有 2000 多名记者，文章出版之前要举行新闻发布会，作者及其研究成果要在全球最重要的报纸、杂志、电台和电视台报道。*Nature* 在其出版前一周向世界上 1000 多位新闻界联系人发布一份新闻稿，供媒体在规定时间报道。这使 *Nature* 的作者受到世界上最重要的报纸、杂志、广播和电视等新闻媒体最广泛的关注。*Nature* 经常被世界各地的新闻媒体作为最新科学信息的最可靠的来源而加以引用。

表 4-2 列出了已经有影响因子的 *Nature* 子刊的创刊及定量数据情况。我们发现有三个主要特征：第一是重点学科，系统化布局，生命科学领域占比近 50%，形成了格局分明的阵列；第二是均为顶级期刊，影响因子学科排序有 5 种位列第 1，有 14 种位列前三，全部位于 Q1 区；第三是迅速跻身顶级：平均期刊年龄不足 17 年，2010 年后创办的 5 种新刊全部位于学科 TOP5 的位置。接下来我们将从内容建设等角度来探讨 *Nature* 何以能将最具原始创新的稿件遴选出来并传播至全球各地。

表 4-2　*Nature* 子刊创刊年份与计量学数据

编号	期刊名称	创刊年	首个影响因子	2018 影响因子	2018 影响因子排名
1	*Nature Biotechnology*	1983	7.4	31.86	2/162
2	*Nature Genetics*	1992	38.85	25.46	2/174
3	*Nature Structural & Molecular Biology*	1994	12	12.11	9/298
4	*Nature Medicine*	1995	28.11	30.64	1/136

续表

编号	期刊名称	创刊年	首个影响因子	2018 影响因子	2018 影响因子排名
5	*Nature Neuroscience*	1998	8.86	21.13	2/267
6	*Nature Cell Biology*	1999	11.94	17.73	8/193
7	*Nature Immunology*	2000	17.43	23.53	2/158
8	*Nature Materials*	2002	10.78	38.89	1/148
9	*Nature Methods*	2004	6.74	28.47	1/79
10	*Nature Chemical Biology*	2005	12.41	12.15	8/298
11	*Nature Physics*	2005	12.04	20.11	3/81
12	*Nature Nanotechnology*	2006	13.79	33.41	4/293
13	*Nature Protocols*	2006	1.67	11.33	2/79
14	*Nature Photonics*	2007	24.98	31.58	2/148
15	*Nature Geoscience*	2008	8.1	14.48	1/196
16	*Nature Chemistry*	2009	17.93	23.19	6/172
17	*Nature Communications*	2010	7.4	11.88	5/69
18	*Nature Climate Change*	2011	14.47	21.72	2/250
19	*Nature Plants*	2015	10.3	13.30	3/228
20	*Nature Energy*	2016	46.86	54.00	1/103
21	*Nature Microbiology*	2016	14.17	14.30	5/133

二、内容建设：结构化评估保障可重复性

Nature 既没有大牌科学家组成的编辑委员会，也不附属于任何学术机构或团体，因此发表文章是自由的，不带任何学术偏见，做出决定迅速，发表标准统一。作者提交稿件后首先会被送到熟悉该领域的编辑手中，编辑会参考科学顾问和其他编辑的意见决定是否送审。只有确实具有创新性、启发性和具有近期、远期重要意义的稿件才被送审。收到评审意见，编辑们就会迅速决定是否发表。判断一篇文章是否会引起广大读者的兴趣，是由 *Nature* 的编辑们决定的，而非审稿人。因为各个审稿人看到的只是所有提交稿件的极小部分，并且只对某一研究领域有深刻了解，而编辑们可以看到所有投稿，知识面宽，可以从更广的角度审查稿件。

最近 5 年，大约有 30%刊载在 *Nature* 上的论文能够成为 ESI 高被引论文，而 *Nature* 每周大约收到 170 份稿件（接受率约为 10%），严格的审稿对于 *Nature* 内容质量建设就显得尤为重要。因此我们将简要介绍 *Nature* 的稿件处理情况，以期在制度上得到启发。基于 *Nature* 自身巨大的影响力的考量，*Nature* 极为注重所发表研究成果的可重复性。并设计了相应结构化表单以方便作者进行报告（图 4-4）。我们下面将着重介绍此项报告的结构。

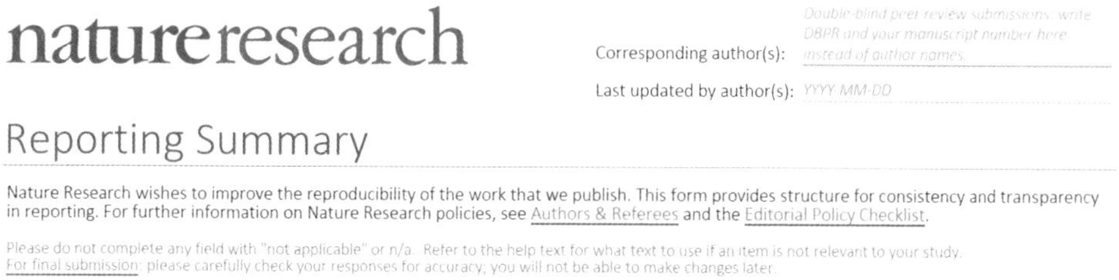
nature research

Corresponding author(s): Double-blind peer review submissions: write DBPR and your manuscript number here instead of author names.

Last updated by author(s): YYYY-MM-DD

Reporting Summary

Nature Research wishes to improve the reproducibility of the work that we publish. This form provides structure for consistency and transparency in reporting. For further information on Nature Research policies, see Authors & Referees and the Editorial Policy Checklist.

Please do not complete any field with "not applicable" or n/a. Refer to the help text for what text to use if an item is not relevant to your study. For final submission: please carefully check your responses for accuracy; you will not be able to make changes later.

图 4-4　*Nature* 可重复性要素报告截图

报告由统计数据、软件和代码以及数据构成，针对特殊领域还有针对性设计。在统计数据部分，*Nature* 要求作者针对下列问题作出确认。

➢ 每个实验组/条件的精确样本大小（n），以离散数和测量单位给出；

➢ 关于测量是否来自不同样品或是否重复测量相同样品的声明；

➢ 使用的统计测试以及它们是单面还是双面；

➢ 所有测试的协变量的描述；

➢ 任何假设或更正的描述，例如正常性测试和多重比较的调整；

➢ 统计参数的完整描述，包括集中趋势（例如均值）或其他基本估计（例如回归系数），变化（例如标准偏差）或相关的不确定性估计（例如置信区间）；

➢ 对于零假设检验，检验统计量（例如 F，t，r）具有置信区间，效应大小，自由度和 P 值，在适当的时候将 P 值作为精确值；

➢ 对于贝叶斯分析，有关先验和马尔可夫链蒙特卡罗（Markov chain Monte Carlo，MCMC）设置选择的信息；

➢ 对于分层和复杂的设计，确定适当的测试级别和完整的结果报告；

➢ 影响大小的估计（例如 Cohen's d，Pearson's r），表明它们是如何计算的。

　　对于软件和代码，要求申明有关计算机代码可用性的政策信息，即对于使用自定义算法或软件的手稿，这些算法或软件是研究的核心，但尚未在已发表的文献中描述，必须向编辑/审稿人提供软件。同时建议在社区存储库（例如 GitHub）中进行代码存储。对于数据采集则要求：提供本研究中用于收集数据的所有商业、开源和定制代码的描述，指定使用的版本或未使用软件的状态。对于数据分析要求：提供本研究中用于分析数据的所有商业、开源和定制代码的描述，指定使用的版本或未使用软件的状态。

　　对于数据部分，*Nature* 要求所有稿件必须包含数据可用性声明。如果适用，本声明应提供以下信息：

　　①公开可用数据集的入藏代码，唯一标识符或 Web 链接；

　　②具有关联原始数据的数字列表；

　　③对数据可用性的任何限制的描述。

　　特定领域的报告，我们选择生命科学的报告进行简要介绍。

　　对于样本量，*Nature* 要求提供：描述样品大小的测定，详细说明使用预先确定样本大小的任何统计方法或如果没有样品尺寸如何进行计算，描述样品尺寸的选择和提供为什么选择这些样本大小的充分理由。

　　对于可重复性，*Nature* 要求提供：描述验证实验结果的可重复性采取的措施。如果复制所有的尝试是成功的，证实了这一点或者如果有未复制或无法再现的任何调查结果，注明并说明为什么。

　　对于随机试验，*Nature* 要求提供：描述样本/有机体/参与者如何被分配到实验组。如果分配不是随机的，描述协变量是如何被控制的，或者如果这与作者的研究无关，解释原因。

　　对于双盲实验：描述调查是否是数据收集和（或）分析期间对照组分配。如果双盲是不可能的，说明为什么或者解释为什么双盲是不相关的。

三、办刊团队：150 年的主编传承

　　在 *Nature* 长达近 150 年的出版历程中，除去 2018 年新上任的主编，仅有 7 位主编，下面对于 6 位主编的履历进行简单的介绍（图 4-5）。

TABLE 1. *Nature's* editors

Name	Previous career	Years as editor
Sir Norman Lockyer	Astronomer, science writer	1869–1919
Sir Richard Gregory	Science writer, member of *Nature* staff	1919–1939
A. J. V. Gale	Agronomist, member of *Nature* staff	1939–1962
L. J. F. Brimble	Botanist, member of *Nature* staff	1939–1965
Sir John Maddox	Physicist, science journalist	1966–1973
David Davies	Geophysicist, journal editor	1973–1980
Sir John Maddox	Physicist, science journalist	1980–1995
Philip Campbell	Physicist, *Nature* subeditor	1995–present

图 4-5　*Nature* 历任主编一览

1869~1919，主编为 Norman Lockyer 爵士，天文学家，帝国理工学院教授（世界上第一位天体物理学教授），皇家学会会士，氦的发现者之一，担任 *Nature* 主编长达 50 年。Lockyer 离任之时对于尚未成为皇家学会会士的 Gregory 能否继任有过一句直达期刊编辑工作本质的评论。前大英帝国战争部合规部门主管（Lockyer）在给麦克米伦公司的信件中如此评论：

In our talk, to which I have already referred, we discussed the possibility of my successor as Editor being preferably a Fellow of the Royal Society. But bearing the recent experiences in mind I do not think now we could do better than entrust the work to him although he is not a Fellow.

Fellows of the Royal Society are very diffcult to lead & very few of them have the slightest idea of administrative work or possess business capacity.

Nature 主编作为英国科学发言人的定位由此成型，而伦敦在当时仍旧还是世界中心。

1919~1939，主编是 Richard Gregory 爵士，天文学家，伦敦女王学院教授，推动 *Nature* 成为国际化期刊，中子的发现、爱因斯坦的广义相对论等历史性论文在其任期内得以发表。Gregory 是伦敦女王学院的天文学教授，撰写过有关天文学、化学、卫生学、物理学和其他科学学科的教科书。他还是英国科学促进会理事会成员。1919 年，他因"组织英国科学产品展的卓越公共工作"而被封为爵士。

1939~1965，主编为 L. J. F. Brimble 和 A. J. V. Gale，联合工作期间主导 *Nature* 发表了 DNA、核物理、激光等多篇历史性论文。1927 年到 1930 年间，Brimble 在曼彻斯特大学担任职位，在授课的同时，Brimble 长期为曼彻斯特的本地报纸撰写科学新闻，这是 *Nature* 优良新闻传统的发端。1931 年，Brimble 作为 Gregory 的助理，开始了在 *Nature* 的编辑工作。1938 年，Brimble 和 Gale 被任命为 *Nature* 的联合主编，同时开启了 *Nature* 职业主编的时代。

1966~1973，主编为 John Maddox 爵士，他曾在牛津大学和伦敦国王学院先后获得学士和博士学位，研究方向为理论物理。在加入 *Nature* 之前，他曾短暂地在曼彻斯特大学担任讲师职位。1955~1964 年，他在曼彻斯特卫报担任科学记者的职位。1965 年，Maddox 开始了 *Nature* 的第 1 个任期，直到 1973 年。Maddox 个性强硬，任期内不仅解决了 *Nature* 稿件积压的问题，重建了 *Nature* 快速发表的名声，同时带领 *Nature* 开启了国际化进程，其标志性事件为 1970 年 *Nature* 华盛顿办公室的设立，也为 *Nature* 第一位美国主编的上任埋下了伏笔。事实上，在 Maddox 的第一个任期内，就试图将 *Nature* 拆分三类子刊，分别发表物理学、生命科学等学科的论文，然而此举并未得到当时科学界的认可，同时也导致了 Maddox 主编任期的结束。

1973~1980，主编为 David Davies，地球物理学家，加入 *Nature* 之前，Davies 是美国麻省理工学院林肯实验室的地球物理学家，负责地下核试验的地震检测。1973 年，在经过 Harold Macmillan 的面试之后，Davies 成为了 *Nature* 的主编。Harold Macmillan 在 1957~1963 年期间为英国首相。

1980~1995，主编为 John Maddox 爵士，在他的第二任主编任期内，*Nature* 发表了 C_{60} 等经典论文。皇家学会在他的会士提名词介绍中如此评论："Maddox 爵士是世界闻名的杰出编辑和自然贡献者。他对所有科学分支的深刻理解反映在科学研究和发现的清晰论述中，这些论述几乎每周出现在 *Nature* 杂志上。在他的领导下，*Nature* 在世界领先的科学出版物中成为独一无二的，涵盖了所有领域并在世界范围内发行。"

1995~2018，主编为 Philip Campbell 爵士。在加入 *Nature* 之前，Campbell 获得了兰开斯特大学（Lancaster University）的理论物理博士学位，1979 年加入 *Nature*，并于 1982 年被任命为物理学学科的编辑。1988 年离开期刊后，他开始出版物理学会会员杂志 *Physics World*，并于 1995 年回归 *Nature* 作为主编，接替 Maddox。Campbell 不仅是 *Nature* 期刊的主编，同时还担任 *Nature* 出版集团的主编，在其长达 20 多年任期内，*Nature* 成功的创办子刊系列。由于其出色的编辑出版工作，他于 2015 年被册封为爵士。

现任总编为 Magdalena Skipper 博士，于 2018 年上任。Skipper 曾在剑桥大学著名的 MRC 实验室工作，获剑桥大学博士学位，之后在帝国理工学院从事博士后研究工作。Skipper 博士在 *Nature* 工作了超过 15 年，2001 年首次加入。她曾担任 *Nature Reviews Genetics* 的主编，*Nature* 高级编辑和团队负责人，并担任 *Nature* 合作期刊的执行编辑。在 Altius 生物医学科学研究所短暂地担任科学传播与出版总监后，她于 2017 年重新加入 *Nature*，担任 *Nature Communications* 主编。2018 年，Magdalena Skipper 接替 Philip Campbell，成为了 *Nature* 的主编。

表 4-3 统计了 *Nature* 专职学术编辑的学历信息，可以发现 *Nature* 的编辑均获得了博士学位，且大多来自剑桥大学、牛津大学、麻省理工学院等世界一流高校，此外半数以上的编辑在高校或研究机构从事过博士后研究，有很强的专业背景和科研能力，这与 *Science* 呈现出的特征基本一致。

表 4-3　*Nature* 学术编辑学历信息

姓名	职位	博士学位授予单位	博士后任职机构
Francesca Cesari	Chief Biological Sciences Editor	University of Tübingen	The Wellcome Trust Cancer Research UK Gurdon Institute, Cambridge
Victoria Aranda	Senior Editor, Biology	University of Navarra	Cold Spring Harbor Laboratory
Anna Armstrong	Senior Editor, Biology	University of York	Australian National University University of York
Orli Bahcall	Senior Editor, Biology	Imperial College London	
I-han Chou	Senior Editor, Biology	Massachusetts Institute of Technology	University of California
Tanguy Chouard	Senior Editor, Biology	Pasteur Institute	HHMI-University of California
Alex Eccleston	Senior Editor, Biology	Imperial Cancer Research Fund	Onyx Pharmaceuticals
Angela K. Eggleston	Senior Editor, Biology	Northwestern University	Imperial Cancer Research Fund HHMI-Children's Hospital Boston
Henry Gee	Senior Editor, Biology	University of Cambridge	
Noah Gray	Senior Editor, Biology	Mayo Clinic and Graduate School	Cold Spring Harbor Laboratory Janelia Farm Research Campus
Marie-Thèrése Heemels	Senior Editor, Biology	Netherlands Cancer Institute, Massachusetts Institute of Technology	
Christina Tobin Kåhrström	Senior Editor, Biology	Uppsala University	
Bryden Le Bailly	Senior Editor, Biology	University of Manchester	University of Manchester University of Bristol
Nathalie Le Bot	Senior Editor, Biology	EMBL	The Wellcome Trust Cancer Research UK Gurdon Institute

姓名	职位	博士学位授予单位	博士后任职机构
Barbara Marte	Senior Editor, Biology	University of Basel	Imperial Cancer Research Fund
Sadaf Shadan	Senior Editor, Biology	University of Cambridge	University College London
Clare Thomas	Senior Editor, Biology	University of Leeds	University of Manchester Stanford University
Vesna Todorović	Senior Editor, Biology	Trieste and University of Belgrade	NYU Langone Medical Center Icahn School of Medicine at Mount Sinai
Ursula Weiss	Senior Editor, Biology	Baylor College of Medicine	Institute for Genetics
Karl Ziemelis	Chief Physical Sciences Editor		
Rosamund Daw	Senior Editor, Physical Sciences	University of Sheffield	University of Washington
Gaia Donati	Associate Editor, Physical Sciences	University of Oxford	
Luke Fleet	Senior Editor, Physical Sciences	University of York	Imperial College London University College London
Claire Hansell	Senior Editor, Physical Sciences	University of Warwick	
Magdalena Helmer	Senior Editor, Physical Sciences	University of East Anglia	
Bryden Le Bailly	Senior Editor, Physical Sciences	University of Manchester	University of Manchester University of Bristol
Juliane Mössinger	Senior Editor, Physical Sciences	University of Cambridge	University of Cambridge
Tobias Rödel	Senior Editor, Physical Sciences	Université Paris-Sud	University of Luxembourg
Leslie Sage	Senior Editor, Physical Sciences	Stony Brook University	The Max Planck Institute for Radio Astronomy New Mexico Tech
John VanDecar	Senior Editor, Physical Sciences	University of Washington	Utrecht University Carnegie Institution of Washington DC
Michael White	Senior Editor, Physical Sciences	University of Montana	University of Montana

第三节 《细胞》：源自 MIT 的生命科学标杆

《细胞》（*Cell*）由美国分子生物学家 Benjamin Lewin 于 1974 年创办，发表生命科学领域的最新研究发现。*Cell* 刊登过许多重大的生命科学研究进展，与 *Science* 和 *Nature* 并列，是全世界最权威的学术杂志之一。根据 JCR 报告，*Cell* 在 2018 年的影响因子达到 36.216。目前，*Cell* 由爱思唯尔公司出版发行。以下这组数据直观反映了这本期刊在现今广泛而深刻的影响力。

- *Cell* 是被下载次数最多的科学期刊。

——*Cell* 是 2015 年在 ScienceDirect 数据库中被下载次数最多的期刊，达 1370 万次；

——2015 年，细胞出版社（Cell Press）系列期刊在 ScienceDirect 数据库中总共拥有超过 6200 万的下载量，是下载量最大的期刊群；

——在 ScienceDirect 数据库中下载的 30 篇文章中就有 1 篇来自细胞出版社杂志；

——细胞出版社系列期刊占 ScienceDirect 所有内容的 1%，但占其使用量的 6%；

——每个文献标题的点击率是 ScienceDirect 其他文献标题的 14 倍。

- 细胞出版社系列期刊是 ScienceDirect 上被引用最多的期刊。

细胞出版社在线提供 16 万篇文章，这些文章在 1996 年至 2014 年期间获得了 550 万次引用。

- 世界顶尖的研究人员选择在细胞出版社上发表论文。

1996 年至 2011 年期间，在细胞出版社杂志上发表的 376 篇论文为诺贝尔医学奖得主撰写，占他们发表论文的 7.7%。本节中我们将重点关注 *Cell* 如何能在 40 年内从 *Science*、*Nature* 以及 PNAS 林立的局面中快速崛起。

一、细胞出版社与 *Cell*：源起 MIT，融入爱思唯尔

分子生物学家 Benjamin Lewin（本杰明·列文）于 1974 年 1 月在麻省理工学院出版社的支持下成立细胞出版社。随后，他注册购买"Cell Press"名称，并于 1986 年成立独立的细胞出版社。之后创办了 *Neuron*、*Immunity* 和 *Molecular Cell* 三份期刊。图 4-6 展示了细胞出版社的地理位置，距离哈佛-MIT 联合创办的世界顶尖生命科学研究所博德研究所均在步行 1 公里的范围内。

细胞出版社以帮助科学家打磨他们的研究并将其呈现给全世界为使命，相信科学的价值和力量及其对全球福祉的重要性，致力于为科学界提供一个强大、引人入胜的科学交流平台。细胞出版社还与世界上多家学会共同合作办刊，覆盖了从细胞和分子生物学到转化及临床医学研究等领域的最新发现及动态，是当前国

际上最有影响力的科技出版社之一。

1999年，细胞出版社加入爱思唯尔，成为专门出版生物医学类的科学期刊出版社。背靠爱思维尔强大的出版发行能力，细胞出版社迅速扩张生物类期刊版图。截至2018年，细胞出版社已出版了包括 *Cell*、*Neuron*、*Immunity*、*Molecular Cell*、*Developmental Cell* 等在内的17种研究型期刊。值得注意的是，细胞出版社近年还出版了跨学科开放获取类期刊——*iScience* 以及新能源类期刊——*Joule* 等，期刊版图不再局限于生物学领域。

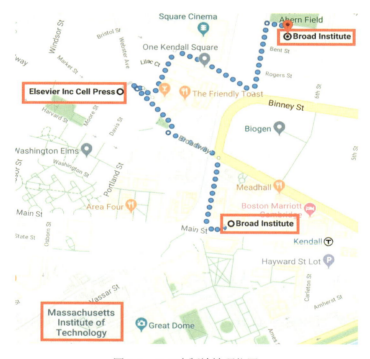

图4-6 *Cell* 出版社地理位置

细胞出版社非常注重品牌建设和品牌宣传，针对所有的子刊刊物编辑标准都很高。而在其旗舰——*Cell* 杂志上，投入的力量也很大。基于对刊物品牌的认识，杂志社在爱思唯尔出版社一直保持相对独立的办刊姿态，独立自主地开展选题、编辑、市场推广工作，对所属的刊物行使统一的指挥，在目标、效率、效益、经费使用几个主要方面保持了高度的统一性。但在新创刊物的问题上，同爱思唯尔保持高度的协调性，爱思唯尔也从人员、经济各方面全力支持刊物选题。*Cell* 非常重视同各种新闻媒体的合作，尤其重视原创论文的新闻信息制作与发布。编辑部设立一名专职新闻发布人员，与所有大型公共媒体（包括报纸、新闻大刊、广播电台）建立良好的沟通渠道，定期向包括《时代周刊》、《今日美国新闻》、《纽约时报》、CNN（Cable News Network，美国有线电视新闻网）、BBC（British Broadcasting Corporation，英国广播公司）等在国际上有重要影响力的媒体提供编辑采访和即将报道在刊物上的信息，以吸引广大公众的关注。

Cell 发展里程碑：

1974 年，本杰明·列文创办 *Cell* 杂志。

1978 年，*Cell* 第一次出版彩色封面。

1986 年，细胞出版社从麻省理工学院出版社独立出来；*Cell* 改为两周出版一次。

1991 年，第一次出版主题专辑——癌基因。

1997 年，*Cell* 首次上网。

1999 年，细胞出版社加入爱思唯尔。

1999 年，Lewin 辞职；薇薇安·西格尔成为 *Cell* 编辑。

2003 年，首次提交电子稿件；艾米丽·马库斯成为 *Cell* 编辑。

2005 年，第一篇理论文章。

2006 年，*Cell* 焕然一新——前沿栏目诞生。

2009 年，*Cell* 发布推文。

2010 年，Lady Gaga 的调侃火爆网络——"我想要好数据，想在 *Cell* 发论文。"

2011 年，*Cell* 加入脸书（Facebook）。

二、代表性论文：生命科学重大发现

在过去 40 余年里，*Cell* 杂志发表了许多里程碑式的研究成果，包括真核生物 DNA 中内含子的发现以及基因拼接的机理（1993）、抗体多样性生成的基因机制（1987）、朊病毒研究（1997）、细胞周期蛋白的发现（2001）、端粒酶的发现（2009）、细胞凋亡的基因程序（2002）、模式形成的蛋白控制（1995）、气味识别的分子机制（2004）、天然免疫的激活研究（2011）、诱导性多能干细胞（2013）等。图 4-7 详细列出了 *Cell* 所发表的 20 余项诺贝尔奖成果论文，包括 RNA 的催化作用、iPs 细胞等。

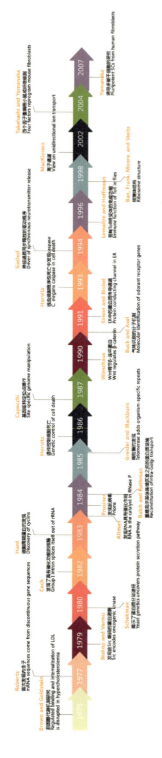

图 4-7　*Cell* 发表的诺贝尔奖获得者的相关论文（1974~2008）

三、科学计量学分析：稳定发挥，品牌协同

图 4-8 将 *Cell* 与 *Journal of Biological Chemistry*（JBC）过去 20 年影响因子和发文量的变化进行了对比。JBC 创刊时间较早，由美国生物化学和分子生物学学会于 1905 年出版，在 1990 年曾被 Eugene Garfield 称为 "SCI 高被引论文数量名列前茅的期刊"，在当时，前 100 篇高被引 SCI 论文中有 17 篇来自于 JBC。可以看到，与 *Cell* 相比，JBC 发文量占明显优势，但其影响因子却不到 *Cell* 三分之一。虽然自 2004 年起 JBC 开始削减其发文数量，但这对其影响因子的提高并无明显帮助，至 2018 年其影响因子缩减至 4.106，仅为 *Cell* 的 1/9 左右。

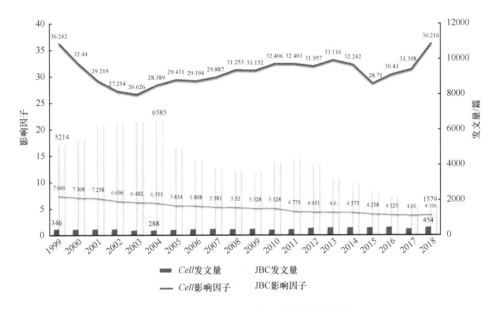

图 4-8　*Cell* 与 JBC 20 年发文量和影响因子对比

表 4-4 统计了 *Cell* 子刊的相关数据，我们发现加入爱思唯尔后，*Cell* 在 *Nature* 的竞争压力下，也几乎是一年一本期刊的速度在生命科学各领域办新刊，而且新刊取得了几乎与 *Nature* 子刊同样的地位。这一定程度上也影响了 *Cell* 的影响因子表现，*Cell* 是 CNS 三大期刊中唯一的专业期刊，同时也是唯一未能实现影响因子大幅上涨的期刊。随着 2012 年 *Cell Reports* 的创办成功，*Cell* 的生命科学梯队基本成型，各刊之间协同效应开始凸显。图 4-9 基于 2014~2018 年的 Web of Science

数据，绘制了 *Cell* 主刊以及子刊的引用网络。主刊 *Cell* 位于网络的中心位置，在其周围的是年发文量超过 3000 篇的 *Cell Reports* 和 1999 年创办的 *Molecular Cell*，外围由各学科排名前 5 的子刊构成。

表 4-4 *Cell* 子刊相关信息

序号	期刊名称	创刊年	首个影响因子	2018 年影响因子	2018 年影响因子排名
1	*Cell Chemical Biology*	1994	5.592	6.76	34/298
2	*Molecular Cell*	1999	12.400	14.55	6/298
3	*Developmental Cell*	2001	11.531	9.19	2/42
4	*Cancer Cell*	2002	18.913	23.92	4/193
5	*Cell Metabolism*	2005	16.710	22.42	3/145
6	*Cell Systems*	2005	8.406	8.64	21/298
7	*Cell Host & Microbe*	2007	7.436	15.75	3/133
8	*Cell Stem Cell*	2007	16.826	21.46	6/193
9	*Cell Reports*	2012	7.207	7.82	29/193

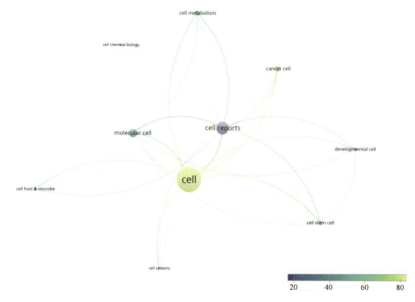

图 4-9 *Cell* 主刊-子刊引用关系网络（2014~2018）（颜色代表主题平均被引频次）

四、内容建设：STAR Methods 保障论文质量

细胞出版社出版的期刊上发表的论文有两类读者：一类是跨学科读者，一类

是本研究领域的读者。这两类读者希望从这些论文中寻找新的想法和灵感，他们希望复制特定的实验流程，以此作为他们研究的基础，因此，清晰完整的实验细节非常重要。然而，大部分期刊上并没有有关实验流程的详细内容，只有论文最后的参考文献，那么读者只能通过检索以前的文献找实验细节。为了解决这一问题，细胞出版社创造了 STAR Methods。STAR Methods 作为一种研究方法格式，其中的 S 代表结构化（structured）、T 代表透明度（transparent）、A 代表易获取（accessible）、R 代表报告制（reporting）。

（1）结构化——结构化不仅意味着要对论文中提及的实验方法在内容、功能、结构等各方面进行标准化梳理，以提升该方法的严谨性和完整性，还要求作者提供一个"关键资源列表（key resources table）"，详细列出研究中使用的关键试剂、抗体来源、动物模型以及生物软件等资料，以便读者对其所使用的实验方法等相关信息一目了然。

（2）透明度——将全面、完整、严谨的实验方法及其关键资料随文发表意味着 Cell 及其子刊在科研出版中的高透明度，传达细胞出版社诚信至上的出版理念，使论文获得更大影响力，也能有效防范学术不端的产生。

（3）易获取——STAR Methods 通过公布关键资源列表，将详细的实验方法信息链接到论文主体等方式使得实验过程不再隐晦难懂，鼓励科研资源、数据和知识共享。

（4）报告制——细胞出版社主张完善的方法和准确的报告是强大科学的基础。STAR Methods 的推出也是对这一理念的实践，他们始终与科学家群体保持密切联系和合作，不断提高研究方法和报告的标准化。

对于使用了 STAR Methods 的论文，在网络上呈现时没有长度限制，作者可以提供完整的实验细节，包括所使用的试剂及资源信息、受试对象的详细情况等。STAR Methods 非常强调共享试剂和资源的重要性。图 4-10 展示了已经在使用该方法的部分期刊。

STAR Methods 由 6 个标题和一个关键资源列表（key resources table）组成。6 个标题主要内容如下：

（1）负责人联系方式和材料可用性（lead contact and materials availability）

作者必须愿意发布论文中使用的所有材料、数据集和协议。在作者名单中需指定负责人，并提供负责人的联系方式，负责提供有关试剂和资源共享的信息。在这一部分，作者还需指定一个主要联系人，负责出版前后与期刊沟通，同时是争议的仲裁者，包括与试剂或资源共享有关的问题。

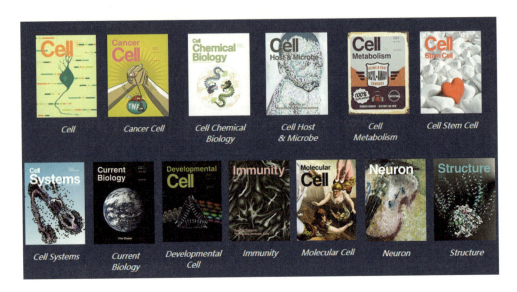

图 4-10　使用 STAR Methods 的部分期刊

　　此外，这部分必须包括"材料可用性声明"，描述与论文相关的新生成材料的可用性。如果材料分配有限制，需要对限制作出书面解释（即 MTA），为了便于分配，建议使用存储库，例如 Addgene，Jackson Labs（杰克逊实验室），American Type Culture Collection（美国典型培养物保藏中心）等。

　　（2）实验模型和主题细节（experimental model and subject details）

　　在此处单独列出研究中使用的所有实验模型（包括人类、动物、植物、微生物菌株、细胞系、原代细胞培养物等）。对于每个模型，需提供与其物种、维护和护理相关的信息。必须描述性别对研究结果的影响。

　　对于活体动物研究，需要描述受试者的性别、年龄和发育阶段。需要描述如何将动物进行分配的（例如，同性的同窝仔被随机分配到实验组）。使用活脊椎动物的研究，必须按照相关指南和法规进行，并且要求作者确认所有实验符合相关的监管标准。对于人体研究，必须提供受试者的年龄、发育阶段、性别。另外还需提供与实验有关的信息，例如样本容量，或者指明哪些地方可以找到这些信息。与人类受试者合作的研究需要在此提供声明，以确定委员会已经批准研究，并获得所有受试者同意。以上信息如果出于技术或科学原因导致无法提供，则必须对此作出解释。

（3）方法细节（method details）

作者需要提供论文中所有实验流程准确详细的信息（包括试剂生成、生物分析、建模等），这样就可以清楚地知道实验流程的执行方式、时间、地点和原因。

计算模型和化学合成细节也可以在本节中介绍。但是，如果在不使用大量表格或图形的情况下难以提供计算模型或化学合成的详细信息，Cell 建立联系对应的处理编辑，以获取有关如何继续操作的指导。文章中所有数据集、程序代码和方法必须在文中有适当的引用，并在参考文献部分列出。或者以标识符的形式，例如数字对象标识符（DOI）。

（4）量化和统计分析（quantification and statistical analysis）

作者需要在此描述所有统计分析使用的软件。要求作者在本节中指出可以找到实验所有统计分析的细节（例如图中的图例、数字、结果等），包括使用的统计检验，n 的精确值，n 代表什么（例如动物数量、细胞数量等），以及分散和精确度量（例如平均值、中值、SD、SEM、置信区间等）。

（5）数据和代码的可用性（data and code availability）

数据集应在发布后免费提供给读者，最好通过适当的公共存储库。对于特定类型的数据（例如生物大分子 DNA 和蛋白质序列结构、微阵列数据等），必须将完整数据集提交给社区认可的公共存储库。对于论文结果至关重要的自定义计算机代码或者算法也必须存档在可公开访问的存储库中。即使没有与论文相关的数据集和代码，作者也必须提供"数据和代码可用性声明"。这部分还需包括入藏号，DOI 或唯一标识符，或存放数据集和代码的 Web 链接。

（6）关键资源列表（key resources table）

关键资源列表用于描述论文中所必需的材料和资源（包括转基因生物和菌株、细胞系、试剂、软件、实验模型和计算研究的原始来源数据等），这对于重现论文结果至关重要。关键资源列表中引用的文献必须包括在参考文献列表中，我们强烈建议使用 RRID（请参阅 https://scicrunch.org/resources）作为关键资源表中抗体和模型生物的标识符。

在关键资源列表中需提供以下信息：①试剂或资源（reagent or resource）作者需描述实验的完整名称，以便可以在论文中识别和链接其描述（例如，提供软件的版本号、抗体的宿主来源、菌株名称等）。在实验模型部分，要提供论文中使用的所有模型。在生物样品部分，需列出从商业来源或生物储存库获得的所有样品。②来源（source）需提供企业、制造商或个人可以获得信息的位置（例如，库存中心或存储库）。如果某个项目来自其他实验室，需提供主要研究者的姓名。实验中使用的软件，需提供公司名称。③标识符（identifier）标识符包括目录号（例如 Cat # 3879S）、RRID、模型生物数据库编号、登录号和 PDB 或 CAS ID 等。对于抗体，需提供批号或克隆身份号。对于软件或数据资源，需提供可以下载资源的 URL。另外，需确保标识符的准确性，因为它们对于生成可用的外部源的超链接至关重要。关键资源列表的样例见图 4-11。

CellPress

TABLE FOR AUTHOR TO COMPLETE

Please upload the completed table as a separate document. ***Please do not add subheadings to the Key Resources Table.*** *If you wish to make an entry that does not fall into one of the subheadings below, please contact your handling editor. (**NOTE:** For authors publishing in Current Biology, please note that references within the KRT should be in numbered style, rather than Harvard.)*

KEY RESOURCES TABLE

REAGENT or RESOURCE	SOURCE	IDENTIFIER
Antibodies		
Bacterial and Virus Strains		
Biological Samples		

图 4-11　关键资源列表截图

五、主编、编辑与编委：三位一体，共创一流

自 1974 年创刊以来，*Cell* 前后历经了四任主编，现进行简要介绍。

- Benjamin Levin（1974~1999）

Benjamin Levin（本杰明·列文）是一名分子生物学家，拥有剑桥大学硕士和博士学位以及伦敦大学硕士学位。在英国苏克塞斯大学做过讲师，后来成为了 *Nature New Biology* 的编辑。在离开 *Nature* 之后加入了美国国立卫生研究院（National Institutes of Health，NIH）工作，1974 创办 *Cell*，1999 年 *Cell* 被出售给了爱思唯尔。他还撰写了最畅销的分子生物学教科书——《基因》。本杰明·列文在很短时间内就将 *Cell* 打造成一本高水平并广受认可的生物学前沿杂志，可与 *Nature* 和 *Science* 相媲美。他致力于缩短出版周期，并且只有在数据证实令他满意的情况下才发表具有开创性的论文，本杰明·列文通过自己对科学发现的评估创建了一本前沿的期刊，而不仅仅依赖于审稿人。

- Vivian Siegel（1999~2003）

Vivian Siegel 拥有加州大学旧金山分校的遗传学博士学位，她在科学期刊出版行业有着几十年的工作经历。她于 1994 加入细胞出版社，担任高级编辑，并于 1999 接替 Benjamin Levin 担任杂志社主编。在细胞出版社工作期间，她协助推出了 *Molecular Cell, Developmental Cell* 和 *Cancer Cell*，并担任 *Cell, Molecular Cell* 和 *Developmental Cell* 的主编。2003 年起，她开始担任 PLoS（Public Library of Science，公共科学图书馆，简称 PLoS）的创始执行主任，并担任 *PLOS Biology* 创始编辑之一。此外，她还参与了其他许多顶级科学期刊的创刊，包括 *PLOS Medicine, the PLOS Community journals* 和 *Disease Models and Mechanisms*。她是一位知识渊博、高效的生物学期刊编辑，她在科学界广为人知，非常受尊重，这都有助于学者将他们的论文投到她所在的期刊上。在 PLoS 工作期间，她的主要职责是发展和领导编辑委员会，建立期刊的编辑结构和出版政策，并与 PLoS 董事会合作，以确保达成更广泛的目标——改善科学家的沟通方式，使期刊始终处于最前沿。

- Emilie Marcus（2003~2017）

Emilie Marcus 于 1993 年博士毕业于耶鲁大学，获得了生物学/神经科学博士

学位,此后四年在加州大学圣迭戈分校做博士后。随后进入细胞出版社担任*Neuron*杂志编辑。2003 年开始担任 *Cell* 编辑,2008 年被任命为 *Cell* 主编及细胞出版社总编辑,直至 2017 年卸任。Emilie Marcus 一直是科学出版面临争议和辩论时的主要贡献者。她曾在哈佛大学和布兰迪斯大学的公开辩论会以及 2006 年科学编辑委员会年会上的出版伦理小组担任小组成员,就同行评议过程的价值和稳健性,作者、审稿人和编辑的潜在利益冲突,科学不端行为和数据操纵,新信息技术(博客,维基和数据以及文本挖掘功能),新的出版业务模型以及影响因子作为期刊质量衡量标准的使用和滥用等问题进行辩论。她在 *Cell* 曾倡导了一项新政策,该政策于 2005 年启动,旨在免费在线提供细胞出版社所有期刊的过刊论文,最早可回溯至 1995 年,同时,新发表的论文在出版后 12 个月即可免费在线提供。Emilie Marcus 还负责识别和推广可能影响未来科学研究的新科技趋势。在她担任编辑期间,*Cell* 推出了一个名为前沿(Leading Edge)的新栏目,该栏目将期刊内容扩展到主要研究成果之外,包括直接影响科学研究的全球问题和政策的意见和辩论。

● John Pham(2018 至今)

John Pham 在美国西北大学获得博士学位,在那里他与 Erik Sontheimer 博士一起研究了 RNA(ribonucleic acid,缩写为 RNA)剪接和干扰的机制,并在哈佛医学院和布莱根妇女医院完成了博士后工作。他于 2008 年加入细胞出版社,担任 *Molecular Cell* 编辑团队成员,并于 2012 年成为该刊主编。在细胞出版社工作多年来,John Pham 一直积极倡导透明诚信,并主张对作者要热情相待。过去 10 年,他参与试点了数据上传和存档的新政策,推广了发表前图像检测,并尝试了同行评议的新方法。此外,John Pham 也强调论文初审应把控时间,细致周到,面对作者应有强烈的服务意识,让学界与细胞出版社的沟通往来成为独特的体验。John Pham 接任主编后,认为 *Cell* 应该发表更多技术及其发展方面的文章,因为成像技术、结构生物学、测序技术和基因编辑技术等新技术对科学进步的重要性不容小觑。他希望可以网罗最重要的科研进展以及这些进展的最新应用情况。同时期待 *Cell* 能够扩大课题范围,同时也要增加文章类型。

表 4-5 列出了 *Cell* 编辑团队的履历信息。*Cell* 的学术编辑呈现出了与 *Nature* 相同的特征,由来自于生命科学世界顶尖机构的博士或博士后构成,除了早年就加入 *Cell* 的 Kruger 博士之外,全部都有博士后研究经历。

表 4-5　*Cell* 编辑及简介

编辑姓名	简介
Robert Kruger	Kruger 于萨塞克斯大学获生物学硕士学位，于密歇根大学获神经科学博士学位。主要研究生物化学、细胞及发育生物学。2005 年加入 *Cell* 担任副编辑。
Stacie Dodgson	Dodgson 在密歇根州立大学、麻省理工学院及哈佛大学接受了遗传学方面的系统训练，并具备免疫学、宿主-病原体相互作用、细胞、分子生物学等方面经验。于 2018 年初加入 *Cell*，负责处理有关遗传学、免疫学、微生物学等方面的文章。
Sarah Geisler	Geisler 2012 年于凯斯西储大学获生物化学博士学位，后留校从事博士后研究 1 年，2013 年起至苏黎世理工学院继续博士后工作，从事分子伴侣热休克蛋白如何影响染色质转录调控的研究。
April Pawluk	Pawluk 于 2016 年获多伦多大学生物化学博士学位，后至加州大学伯克利分校从事博士后研究，2017 年 5 月起加入细胞出版社，担任 *Cell* 助理科学编辑，2019 年 7 月起担任 *Cell* 副科学编辑。
Nicole Neuman	Neuman 现任 *Cell* 前沿编辑。她毕业于塔夫斯大学，获生物化学博士学位，期间从事血管生物学研究。毕业后至布里汉姆女子医院进行博士后工作，研究细胞增长及营养信号。2012 年加入细胞出版社，在 *Trends in Biochemical Sciences* 及 *Molecular Cell* 任科学编辑，2019 年加入 *Cell*。
Andrew J. Rennekamp	Rennekamp 于 2010 年获宾夕法尼亚大学医学院细胞分子生物学博士学位，2011 至 2016 年至麻省理工综合病院进行博士后研究。2016 至 2017 年担任哈佛医学院医学导师，2017 至 2018 年担任 *Feinstein Kean Healthcare* 自由撰稿人及顾问。2017 年起加入细胞出版社，任 *Cell* 编辑。
Lara Szewczak	Szewczak 现任 *Cell* 高级科学编辑，博士毕业于科罗拉多大学，曾与 Thomas Cech 一同从事催化性 RNA 的研究。后至耶鲁大学与 Joan Steitz 及 Scott Strobel 一起研究核糖核蛋白颗粒的生成。2005 年加入细胞出版社，担任 *Structure* 及 *Chemistry & Biology* 副编辑，2006 年加入 *Cell* 编委团队。
Jiaying Tan	Tan 目前担任 *Cell* 高级科学编辑，毕业于密歇根安娜堡大学，获分子与细胞病理学博士学位，后至上海诺华生物医学研究所进行博士后研究工作。2013 年加入 *Cell*。

　　同时我们也收集了 *Cell* 子刊主编的履历信息，形成了表 4-6。从主编履历可以看出，*Cell* 子刊主编大部分都是生物学家出身，均获得名校博士学位，本身即有丰富的科研经验，并已在各自的研究领域取得一定成就，进入期刊领域后仍始终跟踪生命科学最新的研究进展，与科研界仍保持密切联系。他们进入细胞出版社后，一般先从科学编辑做起，再逐步晋升为期刊主编，例如 *Developmental Cell* 的主编玛莎·盖尔芬德博士、*Cell Systems* 的主编 Quincey Justman 博士。也有少部分期刊主编是来自其他出版机构、具有丰富出版经验的编辑人员，例如 *Immunity* 的主编 Lee 博士在 NPG 有 3 年工作经历。*Current Biology* 的主编 Geoffrey North 曾长期担任 *Nature* 期刊生物学副主编等。

表 4-6　*Cell* 子刊主编履历信息

期刊名称	主编履历
Cell Chemical Biology	Dan Nomura 于 2003 年在加州大学伯克利分校获得分子与细胞生物学学士学位，2008 年在加州大学伯克利分校获得分子毒理学博士学位，2009~2010 年为美国癌症协会博士后研究员，2010~2011 年为美国国立卫生研究院独立博士后研究员，2011 年为斯克里普斯研究所化学生理学博士后研究员，2011~2015 年为加州大学伯克利分校助理教授，2013 年获得类花生酸研究基金会青年研究员奖，2014 年获得国防部突破奖，2014 年 ACS 研究奖学金。
Molecular Cell	Brian Plosky 自 2006 年以来一直在细胞出版社工作，大部分时间都花在 *Molecular Cell* 上。Plosky 喜欢通过技术改进来获得作者、评论家和编辑的编辑过程。他在纽约大学获得了生物系博士学位，并在美国国立卫生研究院做博士后工作。他专注于理解转录偶联 DNA 修复、移损 DNA 聚合酶的调控等研究。
Developmental Cell	玛莎·盖尔芬德在圣路易斯华盛顿大学获得生物学学士学位和博士学位。博士毕业后曾在哈佛医学院神经科学专业顾成华博士实验室研究大脑血管生成。2012 年加入 *Developmental Cell*，成为一名科学编辑，如今是该刊执行主编。
Cancer Cell	现任主编是 Li-Kuo Su。他本科就读于台北医学大学，硕士毕业于台湾清华大学，1989 年在宾夕法尼亚大学获得分子生物学博士学位。随后在宾夕法尼亚大学冷泉港实验室和约翰霍普金斯大学从事博士后研究。1993 年在得克萨斯大学安德森癌症细胞研究所担任助理教授，他于 2003 年加入细胞出版社，成为该刊编辑。
Cell Metabolism	Nikla Emambokus 是一名生物医学科学家，本科和硕士毕业于剑桥大学，2000 年从牛津大学获得分子医学/生物化学博士学位。此后在海德堡大学和哈佛大学进行多年的实验研究。2005 年加入 *Cell Metabolism*，成为一名科学编辑，2010 年担任该刊主编，逐步将 *Cell Metabolism* 发展为该领域顶级期刊。Nikla Emambokus 对科学的进步充满热情，对促进战略伙伴关系感兴趣，热衷回答需要创新思维的科学问题，并善于将严谨的科学数据整合到可行的战略中。
Cell Systems	Quincey Justman 在里德学院获得了生物学学士学位，在加州大学旧金山分校获得生物物理学博士学位。她在哈佛大学从事博士后工作期间主要研究新陈代谢如何控制细胞周期，2015 年进入细胞出版社担任 *Cell Systems* 的助理科学编辑，2018 年至今担任 *Cell Systems* 执行主编。
Cell Host & Microbe	Lakshmi Goyal 博士自 2001 年以来一直在细胞出版社工作。她的职业生涯始于 *Cell* 的高级编辑。2006 年，她被任命为 *Cell Host & Microbe* 的创刊编辑，*Cell Host & Microbe* 主要发表在宿主-微生物相互作用领域的研究论文。在加入细胞出版社之前，Goyal 博士是美国麻省理工学院（MIT）生物系的博士后研究员。她在印度完成本科和研究生学业，1997 年从美国新泽西州罗格斯大学获得微生物学和分子遗传学博士学位。
Cell Stem Cell	Sheila Chari 在西北大学获得博士学位，在那里她研究了调节 T 细胞发育和白血病发生的信号通路。在芝加哥大学的布鲁斯·拉恩实验室完成了博士后培训，研究体细胞重编程和癌症进展过程中的表观遗传沉默。她在分子生物学，免疫学和干细胞生物学方面拥有十多年的研究经验。希拉·查里博士于 2012 年加入细胞出版社，并于 2017 年被任命为 *Cell Stem Cell* 的主编。作为编辑，她的主要职责是专注于监督期刊策略和管理其编辑人员。
Cell Reports	Stephen Matheson 是一名生物学家，是 *Cell Reports* 的高级编辑和 CrossTalk 的编辑。他对神经科学、进化、发展和系统生物学有浓厚的兴趣。他在亚利桑那大学获得神经科学博士学位，并在哈佛医学院获得博士后奖学金。Stephen Matheson 于 2018 年 8 月开始担任细胞出版社的主编。在 2001~2011 年期间，在凯尔文学院担任助理教授。

续表

期刊名称	主编履历
Immunity	Peter T. Lee 在西澳大利亚大学获得博士学位，并在普林斯顿大学开展博士后研究，研究方向是树突细胞、巨噬细胞和 CD1-NKT 细胞的生物学。2002~2005 年，Peter T. Lee 在自然出版集团担任高级编辑，2005 年秋季加入细胞出版社，先后任职编辑、高级编辑及出版总监。目前他正与 *Immunity* 同事们一起努力，致力于使 *Immunity* 成为深入了解免疫学最重要成果的平台，并在此过程中继续为科学界提供最佳服务。
CHEM	Rob Eagling 毕业于英国纽卡斯尔大学，2001~2015 年在皇家化学会担任高级编辑，在国家和国际层面与化学科学界合作超过 13 年，是一个强大的影响者和领导者，在建立和维护网络方面有着良好的记录，也是具有科学出版热情的创意思想家，以身作则，鼓励团队精神。2015 年，Rob Eagling 加入细胞出版社，担任 2016 年新创期刊 *CHEM* 的执行主编。
Current Biology	Geoffrey North 于 1992 年 4 月加入 *Current Biology* 的编辑团队，目前担任该期刊的主编。在那之前，他自 1981 年 2 月起就一直是 *Nature* 期刊生物学副主编。
Neuron	Mariela Zirlinger 自 2011 年起担任 Cell Press 的编辑，自 2017 年起担任 *Neuron* 的主编。Zirlinger 的主要职责是监督审稿过程、管理编辑团队，并处理神经科学所有领域的稿件提交。在加入 *Neuron* 之前，Zirlinger 在阿根廷布宜诺斯艾利斯大学学习化学，后获得加州理工学院神经生物学专业博士学位，是哈佛大学的博士后，研究方向为小鼠遗传学、行为学、分子和发育神经生物学。

ESI 的分析结果同样支持了我们的判断，61%的任职机构 ESI 排名在 100 名以内，13%的任职机构 ESI 排名在 101~500 名，说明 *Cell* 子刊编辑绝大部分都来自高水平的科研机构。

细胞出版社何以能将如此多名校博士、博士后招揽至全球各地办公室？一方面自然是因为 *Cell* 的平台作用，另外一方面是相对优厚的待遇。我们在 Glassdoor 以及多个职业社交网络上收集了 *Cell* 以及学术编辑薪酬（图 4-12）。2018 年，细

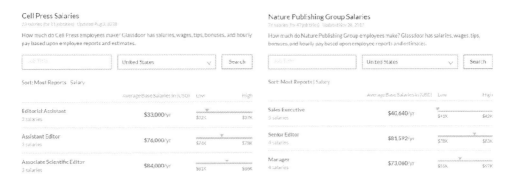

图 4-12　细胞出版社和自然出版集团编辑薪酬水平

胞出版社的助理编辑薪酬约 7.6 万美元/年，副科学编辑的薪酬约 8.4 万美元/年。NPG 的高级编辑薪酬约为 8.2 万美元/年。要知道，欧美高校生命科学领域的助理教授实际上也就是 10 万美元/年的待遇水平，但编辑的工作强度与常任教职的压力是不可同日而语的。这也是一流期刊建设过程中需要考虑的实际问题。

Cell 作为世界一流期刊，在发展方面极为注重刊物的国际化程度，真正做到"立足世界、面向世界"的国际视野。最直接的表现是其国际编委比例较高。表 4-7 和图 4-13 统计了编委相应的信息。*Cell* 最新一届编委共 108 人，分别来自美国、德国、英国、日本、瑞士等 10 余个国家和地区。其中除美国以外的国际编委共 31 人，占编委总人数的 30.6%。这些编委均可为期刊提供支持和建议。

数据同时显示了 *Cell* 编委会的整体水平：56%以上的编委来自于 ESI 排名前 50 的机构，96%以上的编委来自于 ESI 排名前 300 的机构；46%以上的编委个人论文总被引频次高于 5 万次，其中11%以上的编委被引频次达 10 万次以上。值得注意的是，编委中有两位中国学者：一位是来自南开大学的曹雪涛院士，他主要从事医学免疫学基础研究和肿瘤免疫治疗应用研究，同时曹院士也是现任南开大学校长；另一位是来自北京大学的邓宏魁教授，他主要从事干细胞增殖分化的分子机理以及抗体工程等方面的研究。

Cell 在整个办刊团队的表现与 *Science* 呈现出了高度相同的特征：第一是高水平研究机构的博士或博士后构成的专职学术编辑；第二是数量众多的，同时乐于贡献代表作的高水平编委。这两项特征从队伍上坚实地保障了 *Cell* 内容的创新性和引领性。

表 4-7　*Cell* 编委被引频次及任职机构信息

编委姓名	总被引频次	任职机构	机构 ESI 排名	国家
C. David Allis	78377	Rockefeller University	129	美国
James Allison	37151	University of Texas MD Anderson Cancer Center	45	美国
Genevieve Almouzni	21578	Research Center of the Institut Curie	202	法国
Angelika Amon	24189	Massachusetts Institute of Technology	6	美国
Silvia Arber	14982	University of Basel; Friedrich Miescher Institute	193	瑞士
Johan Auwerx	95304	École Polytechnique Fédérale de Lausanne	164	瑞士
Richard Axel	59378	Columbia University	42	美国

续表

编委姓名	总被引频次	任职机构	机构 ESI 排名	国家
Cori Bargmann	39191	Rockefeller University	129	美国
Yasmine Belkaid	37595	National Institute of Allergy and Infectious Diseases	8	美国
Jeffrey Benovic	28263	Thomas Jefferson University	301	美国
Wendy Bickmore	21907	University of Edinburgh	54	英国
Elizabeth Blackburn	56047	University of California, San Francisco	14	美国
Joan Brugge	50596	Harvard Medical School	1	美国
Lewis Cantley	167771	Cornell University	36	美国
Xuetao Cao	24908	Nankai University	732	中国
Joanne Chory	58185	Salk Institute for Biological Studies	151	美国
David Clapham	69011	Howard Hughes Medical Institute	3	美国
Andrew Clark	91119	Cornell university	36	美国
Hans Clevers	143323	Hubrecht Institute	274	荷兰
James Collins	14058	Massachusetts Institute of Technology	6	美国
Patrick Cramer	18156	Max Planck Institute for Biophysical Chemistry	17	德国
Benjamin Cravatt	60190	Scripps Research Institute	135	美国
George Daley	69460	Harvard Medical School	1	美国
Jeff Dangl	55855	University of North Carolina at Chapel Hill	40	美国
Ted Dawson	95126	Johns Hopkins University School of Medicine	175	美国
Karl Deisseroth	75737	Stanford University	18	美国
Hongkui Deng	18922	Peking University	195	中国
Pier Paolo di Fiore	25398	European Institute of Oncology	519	意大利
Ivan Dikic	52972	Goethe University Frankfurt	257	德国
Julian Downward	60604	Francis Crick Institute	—	英国
Bruce Edgar	17658	University of Utah	102	美国
Steve Elledge	124656	Harvard Medical School	1	美国
Anne Ephrussi	11422	European Molecular Biology Laboratory	64	德国
Ronald Evans	180559	Salk Institute for Biological Studies	151	美国
Marco Foiani	14233	University of Milan	174	意大利
Elaine Fuchs	80436	Rockefeller University	129	美国
Daniel Geschwind	78527	University of California, Los Angeles	35	美国

续表

编委姓名	总被引频次	任职机构	机构 ESI 排名	国家
Yukiko Goda	9643	Riken Center For Brain Science	79	日本
Joe Goldstein	180632	University of Texas Southwestern Medical Center	51	美国
Doug Green	5124	St. Jude Children's Research Hospital	208	美国
Leonard Guarente	83273	Massachusetts Institute of Technology	6	美国
Taekjip Ha	31426	Johns Hopkins University	19	美国
Daniel Haber	92738	Harvard University	1	美国
Barton Haynes	80583	Duke University Medical Center	41	美国
Mark Hochstrasser	22706	Yale University	32	美国
Erika Holzbaur	15753	University of Pennsylvaniasy	21	美国
Huck Hui Ng	33573	Agency For Science, Technology and Research	88	新加坡
Tony Hunter	137052	Salk Institute	151	美国
James Hurley	22583	University of California	2	美国
Trey Ideker	54504	University of California San Diego School of Medicine	24	美国
Tarun Kapoor	11188	Rockefeller University	129	美国
Narry Kim	40155	Seoul National University	185	韩国
MaryClaire King	50959	University of Washington	25	美国
David Kingsley	23290	Stanford University School of Medicine	18	美国
Frank Kirchhoff	30731	University of Ulm	288	德国
Jan Korbel	34279	European Molecular Biology Laboratory	64	德国
Brian Kobilka	67956	Stanford University	18	美国
Mark Lemmon	30934	University of Pennsylvania	21	美国
Beth Levine	95735	University of Texas Southwestern Medical Center	51	美国
Wendell Lim	26142	University of California, San Francisco	14	美国
Jennifer Lippincott Schwartz	65926	National Institutes of Health	8	美国
Dan Littman	111311	New York University	78	美国
Richard Losick	45286	Harvard University	1	美国
Scott Lowe	94272	Memorial Sloan Kettering Cancer Center	52	美国
Tom Maniatis	277491	Columbia University	42	美国
Matthias Mann	219565	Max Planck Institute of Biochemistry	17	德国

续表

编委姓名	总被引频次	任职机构	机构 ESI 排名	国家
Kelsey Martin	13735	University of California, Los Angeles	35	美国
Joan Massague	172731	Memorial SloanKettering Cancer Center	52	美国
Satyajit Mayor	14789	National Centre for Biological Sciences, Bangalore	—	印度
Ruslan Medzhitov	110771	Yale University	32	美国
Craig Mello	46791	University of Massachusetts Medical School	77	美国
Tom Misteli	37551	National Cancer Institute	44	美国
Tim Mitchison	69990	Harvard Medical School	1	美国
Danesh Moazed	23012	Harvard Medical School	1	美国
Alex Mogilner	13126	New York University	78	美国
Paul Nurse	51367	Francis Crick Institute	—	英国
Svante Pääbo	74437	Max Planck Institute for Evolutionary Anthropology	17	德国
Roy Parker	51270	University of Colorado Boulder	299	美国
Dana Pe'er	2405	Columbia University	42	美国
Erika Pearce	9381	Max Planck Institute of Immunobiology and Epigenetics	17	德国
Kathrin Plath	24942	University of California, Los Angeles	35	美国
Carol Prives	40150	Columbia University	42	美国
Lalita Ramakrishnan	10385	University of Washington	25	美国
Rama Ranganathan	9449	University of Texas Southwestern Medical Center	51	美国
Aviv Regev	71308	Massachusetts Institute of Technology	6	美国
Anne Ridley	53009	University of Bristol	186	英国
Alexander Rudensky	69436	Memorial Sloan Kettering Cancer Center	52	美国
Helen Saibil	17592	Birkbeck, University of London	11	英国
Charles Sawyers	50279	Memorial Sloan Kettering Cancer Center	52	美国
Joseph Schlessinger	128745	Yale University	32	美国
Hans Schöler	41842	Max Planck Institute for Molecular Biomedicine	17	德国
Trina Schroer	11833	Johns Hopkins University	19	美国
Kevan Shokat	47837	University of California, San Francisco	14	美国
Nahum Sonenberg	106112	McGill University	63	加拿大
Deepak Srivastava	36851	University of California, San Francisco	14	美国

续表

编委姓名	总被引频次	任职机构	机构 ESI 排名	国家
Azim Surani	15660	University of Cambridge	16	英国
Keiji Tanaka	87742	Tokyo Metropolitan Institute of Medical Science	486	日本
Sohail Tavazoie	4435	Rockefeller University	129	美国
Craig Thompson	170676	Memorial Sloan Kettering Cancer Center	52	美国
Robert Tjian	68879	University of California, Berkeley	34	美国
Skip Virgin	35500	Washington University	33	美国
Jonathan Weissman	68152	University of California, San Francisco	14	美国
Matthew Welch	9877	University of California, Berkeley	34	美国
Ian Wilson	92214	Scripps Research Institute	135	美国
Shinya Yamanaka	97634	Kyoto University	100	日本
Xiaowei Zhuang	33464	Harvard University	1	美国
Juleen Zierath	29704	Karolinska Institute	43	瑞典
Huda Zoghbi	69921	Baylor College of Medicine	46	美国

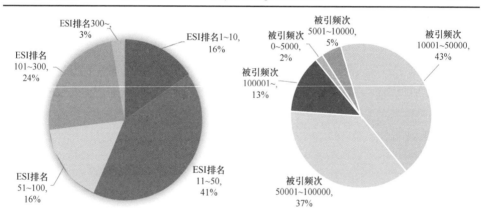

图 4-13 *Cell* 编委任职机构 ESI 排名及个人论文总被引频次统计

第四节 《柳叶刀》: 荷兰巨头的全球健康代言

一、《柳叶刀》: 爱思唯尔的公共健康平台

《柳叶刀》(*The Lancet*) 由 Thomas Wakley 于 1823 年创办, 是世界上最悠久

及最受重视的综合性医学期刊之一。*The Lancet* 由爱思唯尔公司出版发行，致力于应用科学知识来改善健康状况、推动人类进步。现任总编为 Richard Horton。*The Lancet* 主要刊载原创性的研究文章、评论文章、社论、书评、短篇研究文章，也有一些其他类型的文章，如特刊消息、案例报道等。该刊被 Medline/PubMed、Scopus、SCI 收录，2018 年影响因子为 59.102，在普通内科学学科排名第二，仅次于 NEJM。

作为世界领先的医学期刊，*The Lancet* 旨在发布最优科研成果来促进世界各区域的健康发展。自 2003 年以来，*The Lancet* 发布了 100 多个 Global Health 系列，读者可以在期刊的系列页面（Series page）浏览相关内容，Global Health 的目标是在 2030 年能够提供更多的分析数据和深度报告。Global Health 首页包括最新的系列文章、最新研讨会、区域报告、会议摘要、播客、*The Lancet* TV 等内容。对于爱思唯尔来说，1991 年收购而来的 *The Lancet* 不仅在医学领域填补了顶尖期刊的空白，经过近 30 年的经营，*The Lancet* 及其子刊业已成为对抗以 NEJM 为首的学会集团中最有分量的集团阵列。表 4-8 列出了已经有影因子的 *The Lancet* 子刊相关信息，与 *Nature* 子刊和集团内部的 *Cell* 子刊一样，*The Lancet* 子刊也呈现出了

表 4-8　*The Lancet* 子刊信息

序号	期刊名称	创刊年	学科类别	2018 影响因子	2018 影响因子排名
1	*The Lancet Oncology*	2000	Oncology	35.39	3/229
2	*The Lancet Infectious Diseases*	2001	Infectious Diseases	27.52	1/89
3	*The Lancet Neurology*	2002	Clinical Neurology	28.76	1/199
4	*The Lancet Diabetes & Endocrinology*	2013	Endocrinology & Metabolism	24.54	2/145
5	*The Lancet Global Health*	2013	Public, Environmental & Occupational Health	15.87	1/185
6	*The Lancet Respiratory Medicine*	2013	Respiratory System	22.99	1/63
7	*The Lancet Haematology*	2014	Hematology	11.99	3/73
8	*The Lancet HIV*	2014	Infectious Diseases	14.75	2/89
9	*The Lancet Psychiatry*	2014	Psychiatry	18.33	2/146
10	*The Lancet Gastroenterology & Hepatology*	2016	Gastroenterology & Hepatology	12.86	6/84
11	*The Lancet Public Health*	2016	Public, Environmental & Occupational Health	11.60	3/185

顶尖刊物云集的态势,仅有 1 本位列前三名之外。同时我们能看到爱思唯尔在 2000 年后的第一个 10 年间的动作是相对保守的, 仅创办了 3 本新刊, 但在 2013 年后, 创刊速度明显加快了。此外 *The Lancet* 还体现出了对于全球公共健康的领域偏好, 11 种期刊有 4 种是关于公共健康的, 分别是 2001 年创办的 *The Lancet Infectious Diseases*, 2013 年的 *The Lancet Global Health*, 2014 年的 *The Lancet HIV* 以及 2016 年的 *The Lancet Public Health*。

The Lancet 创办至今近 200 年, 刊载了很多里程碑式的医学成果。例如, "现代手术之父"Joseph Lister 提出的使用石碳酸作为外科手术的防腐剂, 减少了术后感染, 使手术更加安全; 2012 年发表的 "2010 年全球疾病负担", 详细、权威地对世界健康状况进行分析, 通过最新研究成果, 来增进对疾病危害和风险的发展趋势的理解, 具体内容可见图 4-14。接下来我们将从影响因子、主题分析、办刊队伍和编委四个角度解析 *The Lancet* 的一流特征。

二、科学计量学分析: 国际视野打造一流数据

图 4-15 为 *The Lancet* 和 BMJ 近 20 年发文量和影响因子变化情况。两刊的影响因子整体均呈上升趋势, *The Lancet* 高于 BMJ, 约为 BMJ 的两倍; 从发文量来看, *The Lancet* 2000 年和 2001 年的发文量有明显下降, 可能是由于 2000~2002 年连续三年创办子刊, 子刊对稿件的分流引起的, 2004 年以后年度的发文量维持在相对稳定水平, BMJ 的发文量整体呈下降趋势。同样的, 我们将分析 *The Lancet* 何以能在影响因子上与 BMJ 拉开差距。

2014~2018 年, *The Lancet* 共发表文章 1229 篇, 总被引频次高达 17.3 万余次。表 4-9 列出了被引频次最高的 10 篇文章, 从文章的内容来看, 大多是从全球视角分析疾病问题, 其中有 6 篇是关于全球疾病负担 (global burden of disease) 的内容。从文章的国家地区分布来看, Top10 论文没有单一国家或地区来源的论文, 全部为多个国家和地区的合作发文, 合作国家或地区数量最多高达 91 个。图 4-16 展示了近 5 年 *The Lancet* 的国际合作论文比例情况, 仅有 2014 年比例低于 90%, 2015~2018 年的国际合作比例均保持在 93%左右。

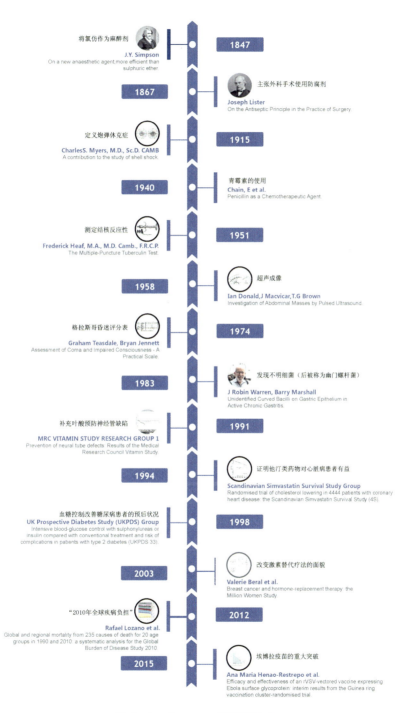

图 4-14 *The Lancet* 里程碑论文

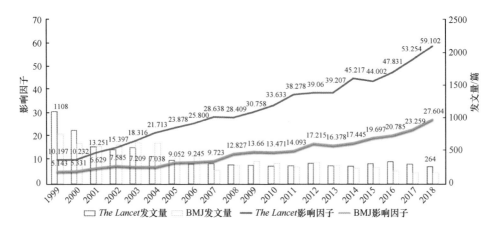

图 4-15　近 20 年 *The Lancet* 与 BMJ 发文量和影响因子变化情况对比

表 4-9　*The Lancet* 2014~2018 年高被引论文 TOP10

序号	标题	出版年	总被引频次	合作国家/地区数量
1	Global, regional, and national prevalence of overweight and obesity in children and adults during 1980~2013: a systematic analysis for the Global Burden of Disease Study 2013	2014	4313	41
2	Global, regional, and national age-sex specific all-cause and cause-specific mortality for 240 causes of death, 1990~2013: a systematic analysis for the Global Burden of Disease Study 2013	2015	3106	91
3	Global, regional, and national incidence, prevalence, and years lived with disability for 301 acute and chronic diseases and injuries in 188 countries, 1990~2013: a systematic analysis for the Global Burden of Disease Study 2013	2015	2236	81
4	Pembrolizumab versus docetaxel for previously treated, PD-L1-positive, advanced non-small-cell lung cancer (KEYNOTE-010): a randomised controlled trial	2016	1781	7
5	Comparison of the efficacy and safety of new oral anticoagulants with warfarin in patients with atrial fibrillation: a meta-analysis of randomised trials	2014	1638	6
6	Global, regional, and national life expectancy, all-cause mortality, and cause-specific mortality for 249 causes of death, 1980~2015: a systematic analysis for the Global Burden of Disease Study 2015	2016	1571	89
7	Global, regional, and national incidence, prevalence, and years lived with disability for 310 diseases and injuries, 1990~2015: a systematic analysis for the Global Burden of Disease Study 2015	2015	1465	78
8	Global and regional burden of stroke during 1990~2010: findings from the Global Burden of Disease Study 2010	2014	1408	10
9	Atezolizumab in patients with locally advanced and metastatic urothelial carcinoma who have progressed following treatment with platinum-based chemotherapy: a single-arm, multicentre, phase 2 trial	2016	1167	8
10	Trends in adult body-mass index in 200 countries from 1975~2014: a pooled analysis of 1698 population-based measurement studies with 19.2 million participants	2016	1114	85

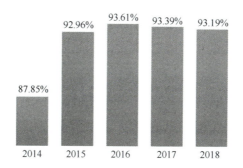

图 4-16　*The Lancet* 国际合作论文比例（2014~2018）

类似于 JAMA 的做法，我们针对 2014~2018 年 *The Lancet* 发表文章的标题进行共现词分析。图 4-17 显示，"global burden" 不仅位于引文网络的次中心位置，而且是总引用与篇均引用最高的主题，与之相邻的高被引主题还有 "country"、"national level" 等与国际化高度关联的词。这从另外角度反映了 *The Lancet* 的办刊定位。

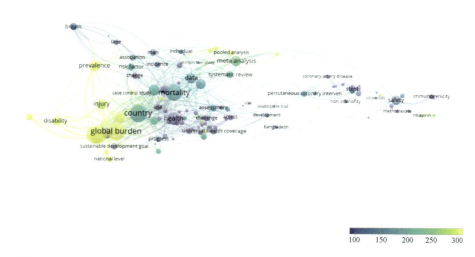

图 4-17　*The Lancet* 2013~2018 年发文的共词分析（颜色代表主题平均被引用频次）

最后我们统计了 2014~2018 年 *The Lancet* 的高发文机构情况（表 4-10），尽管哈佛大学发文量高居第一，但 *The Lancet* 更多的稿件还是依赖英国医学研究机构，如牛津大学、伦敦大学学院、帝国理工学院等。我们在 *The Lancet* 的 TOP10 名单中发现了和 NEJM、JAMA 显著不同的一家单位，即世界卫生组织（World Health

Organization）。这也从另外一个侧面说明了 *The Lancet* 是立足伦敦，依托爱思唯尔，面向世界传播公共健康学术成果的定位。

表 4-10　*The Lancet* 高发文机构 TOP10 及 ESI 排名

序号	机构名称	发文量	ESI 排名
1	Harvard University	189	1
2	University of Oxford	177	27
3	University College London	160	20
4	London School of Hygiene Tropical Medicine	149	138
5	Imperial College London	144	31
6	University of Toronto	119	9
7	World Health Organization	110	110
8	Johns Hopkins University	104	10
9	Kings College London	101	75
10	University of Sydney	101	37

三、内容建设：特色栏目，主题突出

1. 栏目建设

The Lancet 作为综合性医学周刊，栏目设置丰富，刊载最新的、全面的医学动态。按照接收的稿件类型分为三大类，具体为：Red section（论文、临床图片）、Blue section（社论、评论、世界报道、通信、勘误、药物不良反应等）、Green section（研讨会、综述、系列文章、假设、调查组课题等）。

文章（articles）主要考虑可能会改变临床实践或对某疾病有新见解之类的原创研究报告。文章要求不多于 3500 个单词（随机对照试验 4500 个）、30 个参考文献；文章要包含一个 300 单词以内的摘要（半结构化摘要），摘要应包括研究背景、研究方法、调查结果、结果解释和资金支持五部分内容。此外，提交文章时要包括前后文研究（research in context），将文章的研究内容与先前的研究成果结合起来，并指出本文的最新成果有何价值以及对未来研究的影响。

临床图片（clinical pictures）应优先考虑"柳叶刀诊所（Lancet Clinic）"中包含的 136 种疾病，要求用 300 个单词以内解释患者病史和图片内容。

世界报道（world report）涵盖有关科学、医学、政策等内容的新闻，作者大多为专业记者。

通信（correspondence）要求 250 单词以内，与期刊文章无关的信函最多 400 单词、1 个图表，且不应超过 5 条参考文献、5 个作者，通信信函通常不经过同行评审，但可能会邀请原文作者的回复，或者将信件传递给原作者。

药物不良反应（adverse drug reactions）要求不超过 800 个单词、1 个图表，且不应超过 5 条参考文献、5 个作者，药物不良反应报告经过同行评审，被接收后发表在通信部分。

研讨会（seminar）以临床疾病为导向，涵盖流行病学、病理生理学、诊断、管理和预防，内容范围较广，要求不超过 5000 个单词，最多 140 条参考文献。

综述（Reviews）则针对更专业的受众，主题范围较窄，要求不超过 4500 个单词，最多 100 条参考文献。研讨会和评论文章都应包括 150 个单词的非结构化摘要，以及 5 个左右图表来帮助读者理解内容。

假设（hypotheses）要求不超过 1500 个单词、20 条参考文献，需要有 150 个单词的非结构化摘要。

Commissions 由 *The Lancet* 的编辑人员选择主题，与学术合作伙伴共同确定科学、医学和全球健康方面最紧迫的问题，旨在提出改变公共政策或改进实践的建议。

2. 网站建设

The Lancet 网页设计简洁清晰，主要有三部分内容：一是 *The Lancet* 及其子刊的最新研究成果、评论等的图文链接，方便读者浏览最新研究动态；二是提供了 *The Lancet* 及其子刊的期刊官网入口，读者可以通过刊名列表快速进入各刊网站；三是 *The Lancet* 特色应用，有 Specialties、Lancet Clinic、Global Health。

Specialties 是 *The Lancet* 主题集合（Lancet specialty collections），集合包含在 *The Lancet* 及其子刊上发表的研究论文、评论、研讨会等内容，目前有 20 个集合，部分集合下面包含不同的小主题，集合内容每月更新，读者可以通过邮件提醒来跟踪该集合最新研究进展。点击某一主题进入该主题集合页面后，可以看到最新文章，以及相关的音频、视频、系列文章和图片等内容。

根据全球疾病负担数据和临床实践需求，Lancet Clinic 针对 136 种疾病汇集了 *The Lancet* 及其子刊发表的内容，目前有 126 种疾病的链接可以使用。点击某一疾病名称进入该疾病页面，有关于疾病的介绍、病理学研究、遗传风险、诊断成像、急诊科早期成像等多方面的链接，选择一项进入之后可以看到关于该疾病的总结、参考工具书、文章、相关主题集合、视频等。此外，各疾病页面还有 *The Lancet* 及其子刊发表的相关文章、视频、图片、相关疾病链接，以及负责这部分内容的医学编辑信息。

此外，*The Lancet* 还使用社交网站发布相关信息。*The Lancet* 的 Twitter 账号主要发布一些研究成果、活动信息、会议等内容，也转发专家学者、子刊、官方组织、统计门户网站等账号的推文，目前有 1.3 万条推文、37.6 万个关注者。Facebook 账号主要发布研究成果、临床图片、子刊发行推广等消息，目前有 21 万个关注者。Linkedin 账号有约 1.2 万个关注者。

The Lancet 提供 Apple 和 Android 设备使用的应用程序（The Lancet App），通过 The Lancet APP 可以快速获取 *The Lancet* 及其子刊最近发表的文章内容，期刊订阅者可以使用登录期刊官网的账号登录 APP 来阅读全文，非订阅者也可以免费下载该应用程序并查看文章摘要。The Lancet APP 的全新布局和导航功能可以方便用户快速访问文章，此外，用户还可以根据个人需要来创建阅读列表、添加注释，或者通过社交媒体、邮件等形式分享文章。

四、主编、编辑和编委：从 Wakley 家族到全球网络

1. 现任主编

Richard Horton 毕业于伯明翰大学（University of Birmingham），于 1990 年加入 *The Lancet* 担任助理编辑，于 1993 年移居纽约担任北美编辑，1995 年回到英国担任 *The Lancet* 的主编。Horton 是世界医学编辑协会的第一任主席，也是美国科学编辑委员会的前任主席（2005~2006）。他是伦敦卫生和热带医学学院（London School of Hygiene & Tropical Medicine）、伦敦大学学院（University College London）和奥斯陆大学（University of Oslo）的名誉教授。他是皇家内科医学院（The Royal College of Physicians）和英国医学科学院（the UK's Academy of Medical Sciences）

的院士。目前他致力于发展地球健康的理念，即人类文明及其赖以生存的生态系统的健康。Horton 坚定不移的致力于全球健康问题，并于 2019 年 6 月获得 Roux 奖，该奖项由华盛顿大学健康指标与评估研究所（IHME）管理，IHME 主任认为 Horton 是一名积极主义编辑，不遗余力地处理超出公共卫生传统范围的问题，包括医学界的责任以及人权问题。

2. 历任主编

自 1823 年 *The Lancet* 创办，Thomas Wakley 担任了约 40 年的主编，之后分别由其两个儿子、一个孙子担任主编，Wakley 家族管理该刊 85 年。20 世纪以来，一些 Wakley 家族之外的优秀人士开始管理 *The Lancet*。从 *The Lancet* 近 200 年的发展历程来看，该刊主编的任职时间普遍较长，从创刊至今只有 12 位主编。历任主编信息见表 4-11。

表 4-11　*The Lancet* 历任主编信息

序号	任职时间	主编姓名
1	1823~1862	Thomas Wakley
2	1862~1886	James Wakley
3	1886~1905	T. H. Wakley and Thomas Wakley (junior)
4	1886~1908	Thomas Wakley (junior)
5	1909~1937	Samuel Squire Sprigge
6	1937~1944	Egbert Morland
7	1944~1964	Theodore Robbie Fox
8	1964~1976	Ian Douglas-Wilson
9	1976~1988	Ian Munro
10	1988~1990	Gordon Reeves
11	1990~1995	Robin Fox
12	1995 至今	Richard Horton

1823~1862 年，主编为 Thomas Wakley。Thomas Wakley 在伦敦联合医院（The United Hospital in London）学习医学，他创办了 *The Lancet*，打击揭露他在医学界发现的腐败现象和裙带关系，他是一位伟大的社会改革家，他的直言不讳和激进观点在数十年间一直占据着该期刊的主导地位。Wakley 反对将鞭打作为惩罚手段，参与调查军队鞭打罪犯致死的案件，1881 年《陆军法》废除了鞭刑。Wakley 反对食品掺假，为了提供证据，他成立了分析和卫生委员会（The Lancet Analytical and Sanitary Commission），该委员会提供各类固体和液体消费品的微观和化学分析记录，第一次调查结果显示"咖啡大部分是掺假的"，*The Lancet* 公布了交易者的诚信名单，并威胁其他交易者，如不改正将面临风险。随后他们对糖、胡椒、面包、烟草、茶等进行了调查，1860 年第一部掺假法出台，1872 年第二部出台，随后又颁布了食品和药物销售法，这些都是 Wakley 及其同事完成的。他不遗余力地维护工人阶级的利益，倡导人道主义改革，使 *The Lancet* 成为了社会改革的强大引擎。

1862~1886 年，主编为 James Wakley。James Wakley 是 *The Lancet* 创始人 Thomas Wakley 的小儿子，于 1852 年加入 *The Lancet*。他致力于拓展期刊的公共职能，并邀请有影响力的作家撰写关于公共健康问题的文章，特别是关于工厂等工作场所卫生问题的内容。

1886~1905 年，主编为 Thomas Henry Wakley。Thomas Henry Wakley 是 *The Lancet* 创始人 Thomas Wakley 的长子，先后在牛津大学（University of Oxford）、伦敦大学学院学医，因不被允许攻读皮肤病学被送往巴黎学习。听从父亲要求加入 *The Lancet* 担任助理编辑，在他的弟弟 James Wakley 去世后，他担任该刊主编，但将期刊的日常工作交给员工，并越来越多地得到他儿子 Thomas "Young Tom"的帮助。他始终保持着自己对外科医学的兴趣，并于 1881 年成为皇家外科医学院（The Royal College of Surgeons）院长。

1886~1908 年，主编为 Thomas "Young Tom" Wakley，期间有一段时间和 Thomas Henry Wakley 共同管理。Young Tom 在家庭压力下在剑桥大学（University of Cambridge）学医，但未完成学业，在 30 岁时，出于对在 *The Lancet* 工作的渴望再次学医，并在圣托马斯完成了学业。作为一名编辑，Young Tom 对细节有着非常好的记忆力，但他自己很少写文章，他认为编辑应该保持公正，但在写文章时却很难保证毫无偏颇。

1909~1937 年，主编为 Samuel Squire Sprigge，他是第一位非 Wakley 家族的 *The Lancet* 主编。先后在剑桥大学凯厄斯学院（Caius College, Cambridge）学习，在伦敦圣乔治医院（St George's Hospital）接受培训，1904 年，他在剑桥大学获得文学硕士和医学博士学位。他曾是西伦敦医院（West London Hospital）的家庭外科医生、布朗普顿医院（Brompton Hospital）的家庭医生，以及大奥蒙德街儿童医院（The Children's Hospital, Great Ormond Street）的临床助理。于 1892 年加入 *The Lancet*，在 *The Lancet* 工作了 45 年。他对医学实践没有太大兴趣，大部分时间都在文学活动中度过，与历史学家埃德蒙·戈斯（Edmund Gosse）和威廉·亨特（William Hunt）联系密切。入职初期于 1899 年完成出版关于该期刊及其创始人历史的著作 *The Life and Times of Thomas Wakley*，之后又撰写出版了 *Medicine and the Public* 和 *Some Consideration in Medical Education*。

1937~1944 年，主编为 Egbert Morland。他在圣巴塞洛缪医院（St Bartholomew's Hospital）学医，早期目标是成为眼科医生，后因患肺结核而决定专攻结核病，并开始为 *The Lancet* 撰稿。*The Lancet* 的前任主编 Squire Sprigge 对他的文章印象深刻，所以在他访问伦敦时被邀请留在 *The Lancet*，由此开启了在该刊 30 多年的职业生涯。在战争期间，他管理有序，保证了刊物每周出版。此外，Morland 还是贵格医学会（Quaker Medical Society）的创始成员。

1944~1964 年，主编为 Theodore Robbie Fox。他在剑桥大学彭布罗克学院（Pembroke College, Cambridge）学习，之后在伦敦医院（London Hospital）接受医学培训，1938 年毕业于剑桥大学，获得医学博士学位。于 1925 年加入 *The Lancet* 从事编辑工作，在 *The Lancet* 工作了 40 年。第二次世界大战期间，他作为医务人员在军队工作，随后加入了 *the Army Medical Department Bulletin*，之后应时任主编 Egbert Morland 的要求，回到 *The Lancet* 继续从事编辑工作。他将记录型期刊（recorder journals）和报纸期刊（newspaper journals）作了区分：记录型期刊并非真正要被阅读，而仅仅是为了存储科学以供将来参考；报纸期刊则是知识和观点的积极塑造者。他认为期刊要能够引发人们思考（use your journal to make people think），编辑在判定一篇论文是否有价值时，不是因为它代表评论者一致意见的绝对真理，而是因为它违背常理从而可以引起人们思考。他是国家医疗服务理念的坚定拥护者，致力于为所有人提供免费医疗服务，还关注其他国家医疗保健工作的进展，对苏联（1954 年）、中国（1957 年）、美国（1960 年）、澳大利亚和新西兰（1963 年）进行了短暂访问，研究这些国家卫生保健系统的成就和不足。他在 *The Lancet* 期间，减少了对审阅人员的使用，加快了论文评审和发表的速度。

1964~1976 年，主编为 Ian Douglas Wilson。他在爱丁堡获得医师资格后，在威尔士实习，并在战争期间为皇家陆军医疗队（The Royal Army Medical Corps）工作。1944 年，他向 BMJ 提交了一份临床论文，BMJ 编辑 Hugh Clegg 向他提供了加入 BMJ 的工作机会。作为一个激进分子，他拒绝加入他所说的保守的出版物。Clegg 建议他尝试 The Lancet，之后他在 The Lancet 工作了 30 年。他反对同行评审，认为这会导致过于谨慎的态度，他偏向于对事件的快速反应，在 The Lancet 期间大力减少论文在接受和发表之间的时间延迟。

1976~1988 年，主编为 Ian Munro。他在伦敦盖伊医院（Guy's Hospital, London）接受医学培训后，在皇家陆军医疗队服役，于 1951 年加入 The Lancet，在 The Lancet 工作 37 年。在职期间，期刊探讨了健康与人权之间的联系，并曝光了各种不公。他致力于英国国民健康服务，并且是 Physicians for Human Rights（UK）的第一任主席。

1988~1990 年，主编为 Gordon Reeves，是 The Lancet 有史以来任期最短的主编。他是一位杰出的学者，曾在伦敦皇家研究生医学院（The Royal Postgraduate Medical School, London）就职，是皇家内科医学院（The Royal College of Physicians）和皇家病理学院（The Royal College of Pathologists）的咨询委员会成员。学生时期，他曾在 Guy's Hospital Gazette 从事编辑出版工作。虽然从事编辑工作，但他对研究仍保有很大热情，出版了 Immunology in Medicine: a Comprehensive Guide to Clinical Immunology 和 Lecture Notes on Immunology 等图书。

1990~1995 年，主编为 Robin Fox。他是该刊 1944~1964 年时任主编 Theodore Robbie Fox 的小儿子，在爱丁堡学习医学，于 1968 年加入 The Lancet，他建立了一个由年轻临床医学编辑和科学作家组成的编辑团队，帮助该期刊寻求关键论文。他还与时任副主编 David Sharp 一起重新做了同行评审系统。Fox 也是贵格医学会成员，他对医学社会问题较为关注，但他厌恶编辑的管理职责。1991 年，Fox 完成与爱思唯尔的谈判，The Lancet 被收购。

The Lancet 的编辑队伍包括 1 名主编、1 名副主编、4 名高级执行编辑、2 名国际执行编辑、4 名执行编辑和 7 名高级编辑，详细信息见表 4-12。从 18 名编辑的履历来看，大多毕业于一流院校，如伦敦大学学院（University College London）、伦敦大学（University of London），并且接受过专业的医学培训，也有几位拥有 BMJ 的工作经历。

表 4-12　*The Lancet* 编辑信息

姓名	职务	履历
Astrid James	Deputy Editor	James 于 1983 年获得伦敦大学学院的医学资格，1986 年获得该校的医学史博士学位。James 在伦敦、卡迪夫和温彻斯特工作了 5 年，接受了全科医学职业培训，而后作为医疗顾问加入了 *Medical Tribune*，然后作为医学编辑加入了 *Medical Action Communications*。James 于 1993 年加入 *The Lancet*，自 2001 年起担任副主编。
Pamela Das	Senior Executive Editor	Das 曾就读于伦敦大学学院，于 2011 年加入 *The Lancet*。
Sabine Kleinert	Senior Executive Editor	Kleinert 曾在德国、奥地利、瑞士和美国的医学院学习，并在英国和比利时接受了儿科医生的培训，在伦敦大奥蒙德街医院（Great Ormond Street Hospital）和澳大利亚墨尔本皇家儿童医院（the Royal Children's Hospital in Melbourne）进行了儿科心脏病学专业培训，在休斯顿德州儿童医院（the Texas Children's Hospital, Houston）进行了研究培训。于 1998 年加入 *The Lancet* 担任全职医学编辑。2002 年 3 月，成为执行编辑，于 2006 年 7 月担任高级执行编辑，负责管理期刊的高级编辑和行政流程。她 1999 年加入 COPE（Committee of Publishing Ethics），2002 年当选为理事会成员，于 2006 年成为副主席。
Naomi Lee	Senior Executive Editor	Lee 在剑桥大学和伦敦国王学院（King's College London）学习医学，接受过外科专业培训，专攻泌尿外科，曾在英国、阿根廷和墨西哥工作过，于 2014 年加入 *The Lancet*。她对外科、健康信息学、数字科学和医疗技术特别感兴趣，是 *The Lancet* 的数字执行编辑。
Stuart Spencer	Senior Executive Editor	Spencer 曾在雷丁大学（University of Reading）、伦敦大学（University of London）学习，后加入 *The Lancet*。
Rebecca Cooney	International Executive Editor	Cooney 于 2007 年获得斯坦福大学（Stanford University）心理学博士学位，并在哥伦比亚大学（Columbia University）接受儿童和青少年精神病学博士后培训。曾在 *The Annals of New York Academy of Sciences* 担任助理和助理编辑，于 2012 年加入 *The Lancet*。
Helena Wang	International Executive Editor	Wang 分别于 2000 年和 2003 年在华中科技大学同济医学院（Tongji Medical College of Huazhong University of Science and Technology）获得医学学士学位和病理学与病理生理学硕士学位。2010 年，她加入 *The Lancet* 担任亚洲编辑，并于 2016 年成为亚洲执行编辑。Helena 还是 COPE 的理事会成员。
Jocalyn Clark	Executive Editor	Clark 拥有生物化学和微生物学学士学位，加拿大卫生研究院（the Canadian Institutes of Health Research）支持的公共卫生科学硕士和博士学位。2002~2007 年担任 BMJ 的助理编辑，2008~2013 年担任 *PLOS Medicine* 的高级编辑，2013~2016 年担任 *Journal of Health, Population, and Nutrition* 的执行编辑。2013 年，她在洛克菲勒基金会贝拉吉奥中心担任学术住院医师，负责全球健康医学化的写作项目，并于 2014 年被评为全球健康领域 100 强女性领导者。
Helen Frankish	Executive Editor	Frankish 于 1992 获得利物浦大学（University of Liverpool）生理学学士学位，1998 年获得利物浦大学博士学位。1989~2001 年在 *Medical Monitor* 先后担任副主编、临床编辑和编辑职位，2001~2005 年在 *The Lancet* 担任高级编辑，2005~2014 在 *The Lancet Neurology* 担任副主编、编辑，2014 年 5 月至今，在 *The Lancet* 担任执行编辑。

续表

姓名	职务	履历
Tamara Lucas	Executive Editor	Lucas 在伦敦大学学院学习人类学，随后在伦敦皇家艺术学院（London's Royal College of Art）攻读硕士学位。在英国和澳大利亚担任人种学和土著艺术的策展人数年后，Lucas 进入出版业，2007 年加入爱思唯尔，2013 年加入 *The Lancet*。
Joanna Palmer	Executive Editor	Palmer 于 2015 年至今在 *The Lancet* 担任执行编辑。
Jessamy Bagenal	Senior Editor	Bagenal 在伦敦大学学院获得医学学位，曾在 NHS 接受过普通和乳腺外科医生的培训，并获得了英国皇家外科医学院颁发的玛格丽特·惠特奖以及临床卓越奖等奖项，并在国家委员会任职。2014 年，Bagenal 联合创办了一家医学教育公司，该公司现在与皇家医学会（Royal Society of Medicine）合作，为医疗保健专业人士提供课程。Bagenal 曾在《英国医学杂志》（*British Medical Journal*）的研究和教育团队担任临床编辑，并于 2017 年被任命为 *BMJ Open Quality* 的主编。Bagenal 于 2018 年加入 *The Lancet* 担任高级编辑。
Josefine Gibson	Senior Editor	Gibson 于 2004~2007 年在 Københavns Universitet 学习生物化学，2009 年获得硕士学位，2009~2014 年在马克斯普朗克生物化学研究所（Max Planck Institute of Biochemistry）学习，获得博士学位。2014 年 10 月至 2016 年 2 月，在 *The Lancet* 作助理编辑，2016 年 2 月至 2017 年 7 月，在惠康信托（Wellcome Trust）作顾问。2018 年 7 月至今，担任 *The Lancet* 高级编辑。
Marianne Guenot	Senior Editor	Guenot 拥有新闻、微生物学和免疫学的背景。她最初在法国波尔多大学（University of Bordeaux）接受了微生物学家和免疫学家的培训，并获得了硕士和博士学位，之后她移居伦敦，在伦敦帝国理工学院（Imperial College London）从事博士后研究。在伦敦帝国理工学院期间，她参与了科学传播项目，并担任自由记者，获得了帝国理工学院科学传播学硕士学位。2017 年，她作为高级编辑加入了 *The Lancet*。
Jonathan Pimm	Senior Editor	Pimm 在伦敦玛丽女王大学医学院（Barts and the London School of Medicine and Dentistry）获得医学学士学位。他拥有伦敦卫生和热带医学学院的公共卫生硕士学位和伦敦大学学院的分子遗传学博士学位。他还拥有爱丁堡大学（University of Edinburgh）的硕士学位，并完成了精神病学培训，是皇家精神病学家的当选研究员。他曾在伦敦玛丽女王大学医学院担任 NHS 普通成人精神病学顾问和荣誉高级临床讲师。Pimm 曾担任精神病学期刊的编辑和省级日报的记者。在 2018 年加入 *The Lancet*。
Anabella Barusic	Senior Editor	Barusic 于 2006~2013 年在 University of Zagreb 学习医学，获得医学博士学位。曾在学校担任助理讲师、初级讲师，后在医院、信托基金工作。于 2019 年 1 月加入 *The Lancet*。
Vania Coelho Wisdom	Senior Editor	Wisdom 于 1998~2002 年在葡萄牙天主教大学学习微生物学，2007 年在柏林医科大学（Berlin Medical University）获得博士学位，2007~2013 年在南安普顿癌症研究英国分部（Southampton Cancer Research UK Unit）从事博士后研究。2013 年 9 月至今，在伦敦大学学院癌症研究所担任血液学和免疫学讲师，2017 年 9 月加入 *The Lancet*。

续表

姓名	职务	履历
Liz Zuccala	Senior Editor	Zuccala 来自澳大利亚，在墨尔本大学（University of Melbourne）获得历史学学士学位和遗传学理学学士学位，在澳大利亚沃尔特和伊丽莎·霍尔医学研究所（Walter and Eliza Hall Institute of Medical Research）获得博士学位。Zuccala 曾是 *Nature Reviews Disease Primers* 的副主编，之后于 2016 年加入 *The Lancet* 担任高级编辑，2018 年加入 *The Lancet HIV* 担任代理副主编，并于 2019 年重新加入 *The Lancet*。

注：资料来自 *The Lancet* 期刊官网、LinkedIn。

3. 编委

表 4-13 收集并统计了 *The Lancet* 编委会成员的信息，共 24 位外部编委，分别来自哈佛大学（Harvard University）、伦敦大学（University of London）等 21 个机构，半数编委在 ESI 排名前 100 的机构任职。编委的论文总被引频次普遍较高，从编委发文的被引情况来看，被引 10 万次以上的编委占比 16.67%，近半数编委发文的被引频次集中在 1 万~10 万次，有 4 名编委发文的总被引频次在 10 万次以上，最高的为华盛顿大学（University of Washington）的 Christopher Murray，发文总被引达到 173533 次。从编委的任职机构来看，在排名前 100 的机构任职的编委占比达 54.16%，在 101~1000 名机构任职的编委占比 25%，这一点与 JAMA 和 NEJM 有着显著的不同，显然是 *The Lancet* 的全球公共健康平台的定位起到了关键作用。

表 4-13　*The Lancet* 编委信息

编号	姓名	总被引频次	任职机构	机构 ESI 排名（临床医学）
1	Christopher Murray	173533	University of Washington	19
2	Stuart Pocock	142282	University of London	3
3	Giuseppe Remuzzi	133835	University of Milan	104
4	Nick White	114285	Mahidol University	484
5	Jan Vandenbroucke	77031	Leiden University	80
6	Cesar Victora	72990	Universidade Federal de Pelotas	1143
7	Valerie Beral	47465	University of Oxford	27
8	Marie-Louise Newell	30383	University of Southampton	197
9	Karen Gelmon	29929	University of British Columbia	61
10	Robert Fletcher	26022	Harvard University	1

编号	姓名	总被引频次	任职机构	机构 ESI 排名（临床医学）
11	Peter Piot	24735	University of London	3
12	Robert Beaglehole	20838	University of Auckland	285
13	Karen H. Antman	17881	Boston University	82
14	Suzanne Fletcher	16698	Harvard University	1
15	Anthony Costello	10652	University College London	20
16	Judith Lumley	8777	La Trobe University	843
17	Ana Langer	7991	Harvard University	1
18	Frank Shann	7567	The University of Melbourne	60
19	Elizabeth Molyneux	3943	University of Malawi	1401
20	Caroline Savage	3306	Memorial Sloan-Kettering Cancer Center	3445
21	Alwyn Mwinga	2601	University of Zambia	1499
22	David Grimes	2033	Istituto Oncologico Veneto	793
23	Ken Schulz	1244	FHI 360	2764
24	Magne Nylenna	645	University of Oslo	96

第五节　《先进材料》：乘东风而起的材料科学阵列

《先进材料》（*Advanced Materials*）作为本章最后一个案例出现是一个经过思考的结果。这里的东风指的是来自东八区每年超过 3000 篇的投稿。*Advanced Materials* 是一本德国化学会出版，美国威立发行，篇幅被中国作者占据 50% 以上的材料科学期刊。同时，*Advanced Materials* 也是相对较为年轻的一本期刊，创刊于 1988 年，起初的定位是德国应用化学的子刊，用于刊发德国应用化学不便发表的论文。创刊 22 年后，即 2010 年，*Advanced Materials* 在影响因子方面超越了曾经的带头大哥。如今，*Advanced Materials* 在每年 1300 篇研究性论文的规模基础上，影响因子依然能保持在 20 以上。在相对较为复杂的办刊环境下，能取得如此靓丽的计量学表现，其中的原因值得我们进行深入挖掘，其中的经验对于中国科技期刊可能更具参考意义。

一、《先进材料》简介：新晋一流的先进材料系列

Advanced Materials 由 Peter Gölitz 创办于 1988 年，最初作为化学类综合学术期刊 *Angewandte Chemie* 的副刊，在创办 18 个月后成为独立的学术刊物。办刊之初，*Advanced Materials* 只收到了 23 篇稿件，2016 年稿件量超过 7000 篇，稿件采用率在 15% 左右。20 世纪 90 年代，材料学领域展现出了较大的发展前景，首先是诺贝尔奖关于钙钛矿超导体和扫描电子显微镜的发现标志着可以从分子/原子角度获得对材料特性的更多理解，"先进材料" 这个新领域自此开始。期刊的发展极大地受益于选用 *Advanced Materials* 作为自己的研究方向，以及发表了描述发射蓝光的聚合物分子的文章，这些在今天依然非常有影响力的研究。

该杂志的文章类型有：communications、review articles、progress reports、research news、essays 和 correspondences。我们重点介绍 communications 类型。

Communications 对文章的要求是出色且新颖的发现并且能够引起相关领域专家的广泛关注。第一段应当指出对进行这一研究的原因以及目前该研究所取得的相关进展。最后一段应当对文章得出的结论进行总结。投稿 communications 的文章所得的结论以及重要发现必须是之前没有被报道过的。communications 的文章将会由相关领域的专家进行独立审稿，作者可以推荐审稿人，同时所推荐的审稿人不能有相关的合作关系。期刊对于 communications 的要求一般是四页大约 3000 字左右（包含正文、实验部分、参考文献和图释）。在保证文章质量的前提下也可以适当的延长，同时文章应提供不超过五个关键词。文章被期刊接收后，作者可以将凸显自己工作新颖性方面的摘要（不超过 150 个字）以及图片发送到 Materials Views，编辑会根据文章的内容、新颖性、原创性等方面考虑将其发布在 Materials Views 平台上。Materials Views 通过报道最有趣和最相关的突破，帮助科学家节省时间和跟上最新的研究进展，这些突破是由该领域一些顶级期刊的编辑挑选出来的。热点领域的渠道包括纳米技术、聚合物、能源、电子学、光子学、表面等让科学家们专注于与他们最相关的故事。

Advanced Materials 的创刊主编是 Peter Gölitz。Peter Gölitz 于 1978 在德国哥廷根大学（Georg-August-Universität Göttingen）获得博士学位，1978~1980 年间先

后在 IBM 和汉堡大学（Universität Hamburg）做博士后研究，1980 年进入威立。1982 年起担任 *Angewandte Chemie* 主编，当时该期刊在没有同行评审的情况下便可以发表论文，而且 90% 论文来自德国科学家。他上任后第一件事便是引入了同行评审程序，向美国的科学家发送论文，请他们评审。这一举动使 *Angewandte Chemie* 从一个主要由德国科学家发文的期刊发展成为一个真正的国际期刊。Peter Gölitz 博士还曾担任化学期刊小组的负责人，并与世界各地的化学学会的工作建立了联系并为其提供支持。他对出版商的图书计划也产生了深远的影响。1988 年创办了 *Advanced Materials* 并担任主编至 1991 年，随后又先后创办了 *ChemBioChem*、*ChemPhysChem*、*ChemMedChem*、*ChemSusChem*、*ChemCatChem* 等期刊。

现任主编是 Peter Gregory，于 1991 年就任。2001~2005 曾任职于皇家化学会出版部门，2006 年回归 *Advanced Materials*，并一直任职至今。Peter Gregory 毕业于英国伦敦大学学院（University College London），获得博士学位，曾在纽伦堡大学（Friedrich-Alexander-Universität Erlangen-Nürnberg）从事博士后研究；1989 年加入威立，1991 年起担任 *Advanced Materials* 主编，以及威立全球材料及物理科学出版总监。

2002~2006 年，*Advanced Materials* 的主编为 Esther Levy。她于 1997 年毕业于剑桥大学（University of Cambridge），在短暂的工业界任职之后，于 1999 年加入 *Advanced Materials* 编辑部，并于 2002 年接替 Gregory 出任主编一职。Esther Levy 目前是 *Advanced Materials Technologies* 的主编。

表 4-14 统计了 *Advanced Materials* 有影响因子的子刊的相关信息，可以清楚地看到除了 *Advanced Functional Materials* 之外，*Advanced Materials* 其余子刊均创

表 4-14 *Advanced Materials* 子刊信息

编号	期刊名称	创刊年	首个影响因子	2018 影响因子	2018 影响因子排名
1	*Advanced Functional Materials*	1992	4.656	15.62	5/148
2	*Advanced Energy Materials*	2011	10.043	24.88	3/148
3	*Advanced Healthcare Materials*	2012	4.88	6.27	4/32
4	*Advanced Optical Materials*	2013	4.062	7.13	7/95
5	*Advanced Materials Interfaces*	2014	3.365	4.71	40/172
6	*Advanced Science*	2014	4.80	15.80	6/94
7	*Advanced Electronic Materials*	2015	4.19	6.31	21/148
8	*Advanced Materials Technologies*	2016	4.62	5.40	53/293

办于 2010 年后，但影响因子大致也位于学科中上游水平，与能源相关的排名最高，一定程度上也反映了期刊在学科布局方面的考虑。

二、科学计量学分析：材料东风助力世界一流

近年来迅速发展的太阳能电池和电池相关领域、碳基材料、生物医学领域以及纳米材料的广泛应用，使得针对高性能先进材料的研究在解决医疗保健、能源和可持续发展以及所有高科技领域的问题中处于重要地位。图 4-18 统计了近 20 年材料科学领域期刊数量和发文量的变化情况，可以看到随着材料科学的兴起和迅猛发展，材料学领域期刊的数量和发文均呈现出了快速的增长，到 2018 年期刊数量达到 293 本，年发文量高达 114027 篇。

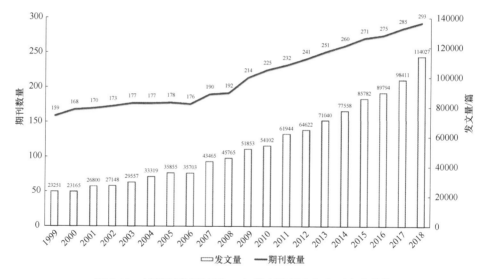

图 4-18　材料科学领域近 20 年期刊数量和发文量变化趋势

Advanced Materials 发展的另一个重要原因是材料科学在中国的兴起和发展。在 1999 年发行的中国特刊开启了中国学者在 *Advanced Materials* 投稿量的空前增长。这种情况延续至今，目前发表的文章有三分之一来自中国。图 4-19 统计了 2014~2018 年间中国、美国和德国在 *Advanced Materials* 系列期刊发表的论文数量，可以看到中国学者在 *Advanced Materials* 系列期刊上的发文量增长迅速，已经超过美国，美国和德国在 2014~2018 年间增长较为缓慢。

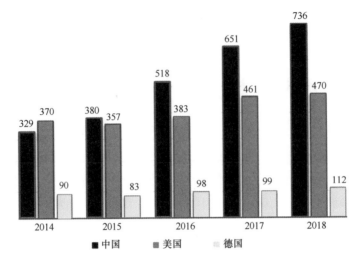

图 4-19 中、美、德在 *Advanced Materials* 2014~2018 年发文量对比

表 4-15 统计了 *Advanced Materials* 在 2014~2018 年发文量最高的 10 个机构的发文量及机构 ESI 排名情况，与前面的表格不同的是，我们删去了中国科学院与中国科学院大学，因为在该表中出现了科学院单一研究所论文超越整个马普所的现象。根据表 4-15，可以看到有 7 个高发文机构来自中国，分别为中国科学院化学研究所、北京大学、清华大学、中国科学技术大学、国家纳米中心，苏州大学和北京航空航天大学。

表 4-15 *Advanced Materials* 高发文机构 TOP20

序号	机构名称	发文量	ESI 排名
1	Institute of Chemistry CAS	263	21
2	Nanyang Technological University	224	8
3	Peking University	207	33
4	Tsinghua University	194	6
5	University of Science Technology of China	161	34
6	Max Planck Society	137	10
7	Georgia Institute of Technology	135	20
8	National Center For Nanoscience Technology China	134	105
9	Suzhou University	133	47
10	Beihang University	127	88

　　表4-16收集并统计了 *Advanced Materials* 的编委情况，数据显示有超过80%的编委的论文总被引频次在1万以上。超过50%的编委来自于ESI排名前100的机构，任职机构ESI排名在前500的编委人数在80%以上。37名编委中有7位编委来自中国机构，中国高校毕业任职海外机构的编委有3人，总计10人，总引次最高的是来自加利福尼亚大学洛杉矶分校的 Yang Yang 教授。

表4-16　*Advanced Materials* 编委统计

编号	编委姓名	总被引频次	任职机构	ESI 机构排名
1	Joanna Aizenberg	23119	Harvard University	36
2	Pulickel M. Ajayan	124679	Rice University	127
3	Katsuhiko Ariga	24113	National Institute For Materials Science, University of Tokyo	22
4	Zhenan Bao	82403	Stanford University	31
5	Guillermo C. Bazan	56414	University of California Santa Barbara	76
6	Paul W. M. Blom	31775	Johannes Gutenberg University of Mainz	363
7	Jillian Buriak	11349	University of Alberta	280
8	Paul D. Calvert	6858	University of Massachusetts System	219
9	Xiaodong Chen	42814	Nanyang Technological University	8
10	Xinliang Feng	48007	Shanghai Jiao Tong University	15
11	Richard H. Friend	139588	University of Cambridge	32
12	Georges Hadziioannou	18959	Universite de Bordeaux	687
13	Andreas Hirsch	31880	University of Erlangen Nuremberg	114
14	Wei Huang	49008	Northwestern Polytechnical University	82
15	Taeghwan Hyeon	40568	Seoul National University	27
16	David Kaplan	147135	Tufts University	326
17	Takashi Kato	26243	University of Tokyo	60
18	Leeor Kronik	14334	Weizmann Institute of Science	626
19	Joerg Lahann	12218	University of Michigan	67
20	Jennifer Lewis	24796	Harvard University	36
21	Zhongfan Liu	30012	Peking University	33
22	Lynn Loo	9655	Princeton University	217
23	Cefe López	11361	CSIC Instituto de Ciencia de Materiales de Madrid Icmm	22
24	Richard D. McCullough	15050	Harvard University	36
25	E. W. (Bert) Meijer	31440	Eindhoven University of Technology	153
26	Joel S. Miller	26131	University of Utah	310

续表

编号	编委姓名	总被引频次	任职机构	ESI 机构排名
27	Chad A. Mirkin	136891	Northwestern University	26
28	Stuart S. P. Parkin	15115	Max Planck Society	10
29	Michael J. Sailor	28244	University of California San Diego	150
30	Paolo Samorì	7571	Universite de Strasbourg	334
31	Ferdi Schüth	61307	Max Planck Society	10
32	Molly Stevens	21036	Imperial College London	42
33	L. J. Wan	39878	Chinese Academy of Sciences	1
34	Xun Wang	24447	Tsinghua University	6
35	Yang Yang	102156	University of California Los Angeles	54
36	Deqing Zhang	13919	Institute of Chemistry CAS	21
37	Ni Zhao	6939	Chinese University of Hong Kong	265

最后我们来看 *Advanced Materials* 近 20 年的引用表现。图 4-20 对比了 *Advanced Materials* 和 *Angewandte Chemie* 近 20 年发文量和影响因子的变化情况。1998~2009 年间，*Advanced Materials* 的影响因子和发文量的增长较为缓慢，2010 年起 *Advanced Materials* 的影响因子呈现快速的增长，2011 年 *Advanced Materials* 的影响因子超过了 *Angewandte Chemie*，2018 年 *Advanced Materials* 的影响因子达到 25.809。可谓东风助力世界一流。

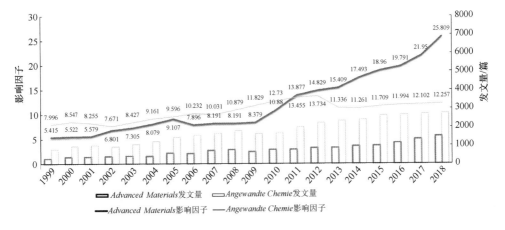

图 4-20 *Advanced Materials* 和 *Angewandte Chemie* 近 20 年发文量和影响因子对比

三、威立出版社：值得中国借鉴的公司案例

我们以一家出版社的介绍以结束本章的内容是经过考虑的。成书之时，中国科协、中宣部、教育部与科技部四部委联合下发了《关于深化改革培育世界一流科技期刊的意见》，着重提出推动科技期刊出版集团化发展。要求利用中央和地方文化产业发展专项资金，支持若干科技期刊出版企业跨部门、跨地区重组整合期刊资源，打通产业链，重构价值链，形成创新链，加快集聚一批国际高水平期刊，打造国际化、数字化期刊出版旗舰。

中国是后发国家，科技实力的大幅度提升是改革开放之后，甚至是最近 20 年的事情，随着中国科技论文规模与质量的跨越式发展，一流科技期刊的建设需求也摆上了各级科技领导的桌面上，成为了非常急迫的问题。虽然 11 个案例里面 8 个创刊于 19 世纪，但毕竟还有两个崛起于改革开放之后，一个是源起麻省理工的 *Cell*，另外一个就是本节的 *Advanced Materials*。新的问题来了，一流科技期刊的建设虽然与科学中心的崛起是有高度关联的，但恐怕也不能等待一流高校建成之后再筹划科技期刊的建设，何况如果不掌握科技期刊这个国际科技话语权，一流高校的建设恐怕也会遇到问题。至此，一本基于中国稿件与审稿人的，由德国化学会出版的，美国公司发行的期刊的成功故事就特别显得有借鉴意义了。事实上，在 2019 年 7 月份，科学出版社就宣布完成了对于一家法国科技出版社的收购，耗资近一亿元人民币，获得了大约 70 种优质的科技期刊，其中 26 种为 SCI 收录期刊，成为近年来中国科技期刊国际化的一次重大突破。

细心的读者一定发现了本书的学会旗舰均为美国学会所办，而强调欧洲大陆传统的商业公司办刊章节中却安排一家美国公司出场，从下面的威立的案例中，您会明白为何做如此安排。

有两百多年历史的威立于 1807 年创立于美国，总部在美国新泽西州的霍博肯，是全球历史最悠久、最知名的学术出版商之一，享有世界第一大独立的学术图书出版商和第三大学术期刊出版商的美誉。核心业务包括科学、技术、医学领域的期刊、参考著作、书籍、数据库服务和广告；订阅产品，认证和培训服务以及在线申请；教育内容和服务，包括为本科生和研究生以及终身学习者提供教育

内容和服务，包括综合的在线教学和学习资源。

    威立的业务遍及美国、欧洲（英国、丹麦、德国和俄罗斯）、加拿大、亚洲、澳大利亚、巴西和迪拜，该公司约 50% 的收入来自美国以外的地区。作为一家大型出版社，威立的业务除了图书出版外，还有期刊、数据库、在线图书馆、培训等。目前，威立在线图书馆有约 1700 种期刊、240 本参考书、21000 本在线图书供读者阅读使用。威立出版的期刊涵盖了生命科学、健康科学、理工科学、社会科学以及人文科学的所有领域，包括很多在各自领域排名前列的期刊。包括很多在各自领域排名前列的期刊。根据 2018 年发布的 JCR 报告，威立共有 1236 种期刊被 JCR 收录，其中 22 种期刊在 26 个学科中占据了影响因子排名第一的位置，各学科前 10 名期刊中，威立总计有 320 种。

    然而威立的科技期刊业务是收购而来的。1961 年，威立收购了 Interscience Publishers。1940 年在纽约成立的 Interscience 是被迫出逃希特勒迫害的 Eric Proskauer 和 Maurits Dekker 所创办的，一位是化学博士，另一位是来自莱比锡的书商。Interscience 是威立科技出版的基石，这次收购给威立带来了 10 种科学期刊，包括当时备受推崇的 *Journal of Polymer Science*。1989 年，收购 Liss，将威立拥有的期刊数量提升了 1 倍，达到了 120 种。1996 年，收购 VCH Verlagsgesell schaft，初步形成了当前威立的期刊业务规模，经过此次收购，德国应用化学正式成为威立所出版的期刊。2007 年，威立与布莱克威尔合并，成为威立-布莱克威尔。

    至此威立当前的科技期刊出版格局定型，然而威立并不是拥有其出版平台所有的期刊，50% 的期刊只是威立合作出版发行而已。实际上，根据威立 2017 年的年报，集团实现收入约 18 亿美元，其中期刊业务占比 38%，订阅收入约为 6.7 亿美元，其中订阅收入 50% 来自于自有期刊，50% 来自于合作期刊。

    威立的科技期刊业务是收购而来的，而合作期刊的营收占据了其科技期刊业务的半壁江山。那么威立在跟谁合作呢？以下是威立在化学领域的合作伙伴。

美国化学工程学会（American Institute of Chemical Engineers，AIChE）

美国药师协会（American Pharmacists Association，APhA）

亚洲化学编辑学会（Asian Chemical Editorial Society，ACES）

希腊化学家协会（Association of Greek Chemists）

奥地利化学家协会（Gesellschaft Österreichischer Chemiker，GÖCh）

加拿大化学工程学会（Canadian Society for Chemical Engineering，CSChE）

印度化学研究学会（Chemical Research Society of India，CRSI）

捷克化学学会（Chemical Society of Czech Republic，CCHS）

日本化学会（Chemical Society of Japan，CSJ）

泰国化学会（Chemical Society of Thailand，CST）

欧洲化学出版协会（Chemistry Publishing Society Europe）

中国化学会（Chinese Chemical Society，CCS）

德国药学会（Deutsche Pharmazeutische Gesellschaft，DPhG）

日本电化学学会（Electrochemical Society of Japan，ECSJ）

欧洲生物化学联合学会（European Federation of Biochemistry，FEBS）

欧洲肽学会（European Peptide Society，EPS）

欧洲 X 射线光谱学协会（European X-ray Spectrometry Association，EXSA）

德国化学会（German Chemical Society/Gesellschaft Deutscher Chemiker，GDCh）

中国香港化学会（Hong Kong Chemical Society，HKCS）

匈牙利化学学会（Hungarian Chemical Society，MKE）

马来西亚化学会（Malaysian Institute of Chemistry/Institut Kimia Malaysia，IKM）

国际同位素学会（International Isotope Society）

国际晶体学联合会（International Union of Crystallography，IUCr）

日本分析化学学会（Japan Society for Analytical Chemistry，JSAC）

日本农业化学学会（Japan Society for Bioscience，Biotechnology，and Agrochemistry，JSBBA）

韩国化学会（Korean Chemical Society，KCS）

新西兰化学研究所（New Zealand Institute of Chemistry，NZIC）

日本制药学会（Pharmaceutical Society of Japan，PSJ）

波兰化学会（Polish Chemical Society，PTH）

突尼斯化学协会（Real Sociedad Española de Química，RSEQ）

澳大利亚皇家化学会（Royal Australian Chemical Institute，RACI）

英国皇家显微学会（Royal Microscopical Society，RMS）

荷兰皇家化学学会（Royal Netherlands Chemical Society，KNCV）

新加坡国立化学研究所（Singapore National Institute of Chemistry，SNIC）

葡萄牙化学协会（Sociedade Portuguesa De Química，SPQ）

意大利化学学会（Società Chimica Italiana，SCI）

法国化学学会（Société chimique de France，SCF）

布鲁塞尔皇家化学学会（Société Royale de Chimie，SRC）

英国化学工业协会（Society of Chemical Industry，SCI）

美国塑料工程师协会（Society of Plastics Engineers，SPE）

日本高分子科学学会（Society of Polymer Science of Japan，SPSJ）

日本有机合成化学学会（Society of Synthetic Organic Chemistry，Japan，SSOCJ）

瑞士化学学会（Swiss Chemical Society，SCS）

瑞典化学学会（The Swedish Chemical Society，TSCS）

除了美国化学会，皇家化学会和中国化学会之外，威立基本拿到了所有欧洲大陆国家和亚太地区最好的化学期刊资源。

为什么大家倾向于与威立合作呢？一方面是因为这些目前与威立合作的期刊很大一部分以前是布莱克威尔的合作资产，收购之后自然转移到了威立名下，但更重要的原因是威立本身就是一个体量巨大的学术图书出版商，有强大的学术市场营销能力，这给了很多仅办一两种期刊的学会提供了合作的可能。另外一个很重要的原因是威立对于技术的投入。在 2016 年以 1.2 亿美元的代价收购 Atypon，现已全面将从前 Wiley Online Library 的内容转移至 Atypon 旗下的 Literatum 平台。Atypon 成立于 1996 年，是一家为全球期刊发展服务的软件系统公司，总部位于美国加利福尼亚州，Atypon 旗下出版平台 Literatum 为全球近 13000 本期刊和 919 家出版商网站提供内容运营服务，存储的论文超过 2700 万篇。知名期刊客户包括 NEJM 等，知名学会客户包括美国化学会等，知名出版商包括爱思唯尔等。

一家美国学术出版商所有的系统，几乎垄断了全球顶尖科技期刊的网络出版业务。听上去又是一个谷歌或微软的硅谷故事，而中国当前发展最快的行业，便是人工智能产业。威立的道路是合作与技术的道路，恰恰也是中国科技目前正在向前狂奔的道路。威立的借鉴意义体现在：第一，科技期刊的全球合作有多种模式，可以买同时也可以合作出版发行；第二，全球化的运营能力和先进的平台是合作的基础。第三，并购整合是做大做强的必要手段，尤其是在短期内需要弥补技术或者资源短板的时候。

对于这三点，怎么看，怎么都像当前中国风头最劲的互联网行业，这也呼应了《意见》所指出的：发挥科技类企业技术、资本和人才的平台优势，在大数据、人工智能、工业互联网、智能制造、新材料、新能源、生物技术等新兴领域，探索"学会+企业"、"高校+企业"、"科研机构+企业"等多种协同办刊形式，催生科技期刊发展新业态，创新中国特色科技期刊发展模式。

第五章

独树一帜：
《国家科学院院刊》

《国家科学院院刊》（*Proceedings of the National Academy of Science of the United State of America*，PNAS）是世界著名的综合类科技期刊，创办于 1914 年，主要发表研究报告、科学评论与展望、学术报告会论文以及报道重要学术活动。印刷版期刊每周一期。PNAS 是美国国家科学院的官方学术周刊。早期杂志的定位是报道院士们"在研究中做出的重要贡献"，发表"对某位院士来说特别重要的成果"。随着时代的发展，PNAS 逐渐缩减了院士的特权稿件数量，并增加了直接投稿的渠道。PNAS 常年与 *Nature* 和 *Science* 并列为世界三大综合类科技期刊，2018 年影响因子为 9.58。PNAS 自负盈亏，不直接从美国政府或美国科学院获取经费。所以 PNAS 向作者收取出版费（每页 70 美元，每个彩图/表 250 美元）用以支付编辑、出版的费用。PNAS 在 2016 和 2017 年收入约为 1210 万美元和 1400 万美元。订阅收入分别为约 560 万美元和 630 万美元，作者付费收入为 620 万美元和 720 万美元。PNAS 的一流地位本质上是来自于美国国家科学院，因此我们的案例将从美国国家科学院的介绍开始。

一、美国国家科学院与 PNAS：最高咨询机构的学术期刊

美国国家科学院（National Academy of Sciences，NAS）作为 PNAS 的主管机构，是民间的、非营利的、由美国著名科学家组成的荣誉性组织。NAS 是在 1863 年 3 月 3 日由林肯总统签署法案创立的，经 155 年发展，最终扩展为三个组织：美国国家研究理事会（1916）、美国国家工程院（1964）、美国国家医学研究院（1970），其成员在任期内无偿地作为"全国科学、工程和医药的顾问"，负责向国家提供有关科学和技术事务的独立客观建议。NAS 科学家们因在研究中的杰出贡献而被同行选为 NAS 成员。NAS 目前含约 2250 名国内成员和约 440 名外国成员，其中约 200 人为诺贝尔奖获得者。NAS 在 2017 年的年度经费约为 4 亿美元。

20 世纪初，随着美国在科学研究方面的飞速发展，专业杂志已不能满足尽早发表研究成果的需要，而且品种繁多的专业杂志也不利于在国际上发行。NAS 院士们意识到，需要一种综合性的国家级学术刊物来及时发表重要的科研成果。PNAS 的创办，不是为了与其他专业性期刊竞争，而是对它们的一种补充。

1914 年，NAS 理事会正式决定创办 PNAS。1915 年 1 月，PNAS 第一期正式出版。Edwin Wilson 成为 PNAS 的第一任主编，在创刊号上撰文描述 PNAS 的目标是全面综览本国重要科研成果（Comprehensive Survey of the More Important Results of the Scientific Research of This Country）。自 1914 年创刊至今，PNAS 提供具有高水平的前沿研究报告、学术评论、学科回顾及前瞻、学术论文以及美国国家科学学会学术动态的报道和出版，是当今发表原创研究成果的主要国际期刊之一。PNAS 收录的文献涵盖医学、化学、生物、物理、大气科学、生态学和社会科学等，2018 年的影响因子为 9.58。PNAS 自创刊以来，每年发表的文章数不断增加。尤其是 20 世纪 70 年代以后，其文章数量迅速上升，刊期也随之不断缩短。1982 年从月刊变为半月刊，1995 年改为双周刊，2004 至今为周刊。大约每10 年左右就缩短一次刊期。目前每年发表的总页码接近 22000 页。

二、代表性论文：20 世纪的美国生命科学

图 5-1 和图 5-2 展示了 PNAS 创刊以来在生命科学、数学以及经济学方面的代表性论文。从 1915 年 Morgan 的染色体研究，到 1951 年 Pauling 的蛋白质结构，再到 1977 年 Gilman 的 G 蛋白，PNAS 忠实地记录了 20 世纪美国生命科学的杰出成就。不仅如此，PNAS 还以其综合类期刊的身份发表了多项社会科学领域的代表性成果，如纳什的博弈论（1950），科学计量学中目前广泛运用的 h 指数（2006）等。

三、科学计量学分析：量大质高，数量优先

图 5-3 展示了 PNAS 近 20 年发文量与影响因子的数据情况。影响因子基本维持在 9~11，最高点出现在 2001 年的 10.896，最低点出现在 2015 年的 9.423。发文量的波动要比影响因子剧烈的多，从 1999 年的 2609 篇上升到 2013 年的 3901篇，再下降到 2018 年的 3269 篇。事实上，PNAS 是为数不多的发文量在 3000 篇以上，还能将影响因子维持在 10 左右的学术期刊，在 *Nature Communications* 和 *Science Advances* 创刊之前，几乎是绝无仅有的案例。

图 5-1 PNAS 生物领域代表性论文

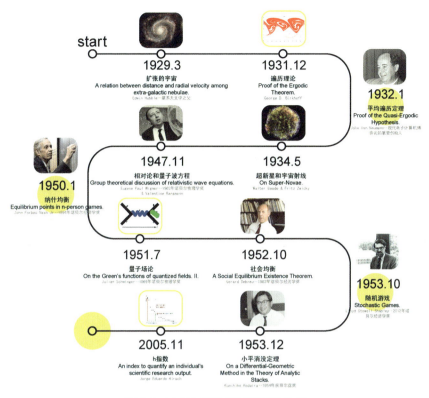

图 5-2　PNAS 理学领域代表性论文

　　图 5-4 展示了不同区段论文的引用贡献情况，分布情况基本与 *Science* 保持了一致的态势，前 20%的论文贡献了约 50%的引用量，后 40%的论文贡献率不足20%。表 5-1 统计了累计总被引频次分区对应论文的数量情况。与 *Science* 略有不同的是，2014~2018 年，PNAS10%的总被引频次均需要超过 1%的论文才能产生，其余区间统计的论文占比也都较之同区间 *Science* 高，说明尽管 PNAS 的引用也是高度依赖顶尖论文，但是论文的差异性要略小于 *Science*。

　　表 5-2 统计了近 5 年 PNAS 发文量较高的 10 家机构的 ESI 排名，与 *Science*的结果取得了高度的一致性。哈佛大学均高居第一，前五名也基本没有变化，有三所机构出现了变化，加州理工学院、剑桥大学与亥姆霍兹联合会变成了德州大学、波士顿医院以及美国国立卫生院。马普所和法国科学院是仅有的两家上榜的非美国机构。该结果不仅反映了稿件的来源，而且充分地体现了 PNAS的办刊定位。

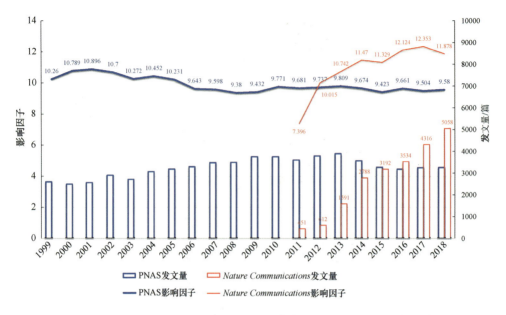

图 5-3　PNAS 与 *Nature Communications* 的发文量与影响因子 20 年比较

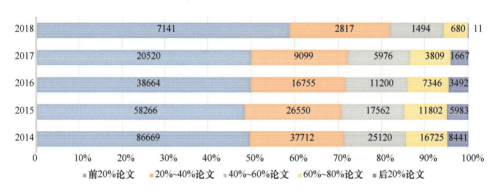

图 5-4　PNAS 不同区段论文总引用频次分布

表 5-1　PNAS 总被引频次分区所需论文量

年份	累计被引频次前10%的篇数占比	累计被引频次前20%的篇数占比	累计被引频次前30%的篇数占比	累计被引频次前40%的篇数占比	累计被引频次前50%的篇数占比
2014	1.45%	4.32%	8.42%	13.66%	20.24%
2015	1.62%	4.63%	8.93%	14.36%	21.09%
2016	1.19%	3.95%	8.00%	13.34%	20.05%
2017	1.69%	4.48%	8.47%	13.59%	19.97%
2018	1.04%	3.18%	6.21%	10.04%	14.84%

表 5-2　PNAS 高发文机构 TOP10 及 ESI 排名

序号	机构名称	发文量	ESI 排名
1	Harvard University	1380	2
2	Howard Hughes Medical Institute	971	39
3	Centre National De La Recherche Scientifique（CNRS）	811	3
4	Stanford University	742	15
5	Massachusetts Institute of Technology（MIT）	659	19
6	National Institutes of Health，USA	608	9
7	VA Boston Healthcare System	597	10
8	University of Texas System	584	7
9	University of California Berkeley	580	25
10	Max Planck Society	573	11

四、内容建设：院士直通，服务学院，生命科学主导

（一）稿件处理

目前，PNAS 允许两种稿件提交途径：第一种是直接投稿（direct summission），稿件处理方式基本与其他学术期刊没有差异，投稿量占所有稿件的 80% 左右，但录用却只占 40%。第二种则是 PNAS 的特色，所谓的"贡献投稿"或者说"名额投稿"（contributed submission），稿件须为院士作通信作者，在评审过程中，院士可自行选择审稿人，第二种基本 100% 接收。曾经的第三种途径，推荐投稿（communicated submission）的方式已于 2010 年废除。事实上，PNAS 的稿件制度一直备受争议，数任主编的核心工作就是围绕着配额制度进行改革，我们也简单地整理了该项制度的历史变迁情况供读者参考。

1972 年以前，院士每年最多可以贡献或推荐 10 篇论文。

1989 至 1992 年，配额减少到每年 6 篇。

1993 至 1995 年，配额减少到每年 5 篇。

1995 年，直接投稿模式施行。

1996 年起，配额减少到每年 4 篇。

2010 年，PNAS 废除了推荐投稿模式。

2015 年，配额论文须注明审稿人姓名。

PNAS 也曾委托独立的出版顾问系统性地分析了不同途径稿件的引用表现。研究分析了 1997~2014 年 PNAS 所发表的 5 万余篇研究性论文。以同年度论文平均引次为标准进行比较，研究发现"名额投稿"会比"直接投稿"整体少 9%的引用，而且呈现出对比年与差异值正相关的关系，即论文对比年越老，"名额投稿"与"直接投稿"的差距越大。2014 年平均少 2.5%而 2005 年则少 13.6%。这意味着"名额投稿"在引用的整体表现不如"直接投稿"途径来的论文。图 5-5 和图 5-6 分别从零被引和高被引论文（前 10%）两个角度对比了不同途径稿件的引用表现。可以清楚地看到"名额投稿"在零被引论文比例上的优势地位是没有学科差异性的。但图 5-6 的高被引论文结果却提供了 PNAS 特色办刊的数据基础，"名额投稿"在顶尖稿件上占有明显的优势，较之"直接投稿"高出 8%的平均被引频次。无论引用数据表现如何，对于普通学者来说，研究成果能与美国科学院院士群体的成果在一个平台被传播至全世界，也是相当高的荣誉，不是么？这恐怕也是 PNAS 能够在 3000 篇的发表量上能够维持在 10 分影响因子的原因之一。

（二）特色栏目

"From the Academy"栏目从 1996 年开始设立，充分体现了 PNAS 的特色。美国科学院代表着美国科学发展的状况，是联邦政府在科学问题方面的顾问，还负责发现重要的科学进展和科学家。虽然很多科学家在他们科学生涯之初就知道有一个科学院，但科学院的实际运作情况大家并不太了解。"From the Academy"制度的设立，就是为了对其主办单位美国科学院进行宣传。

新院士当选后，将会在 PNAS 上进行公布，随后还会列出他们所属的分会，并附有对美国科学院各个分支机构的介绍。"Inaugural Year Articles"系列每年通过发表最新当选院士的研究工作来介绍他们。美国科学院经常颁布一些奖项，获奖情况也在 PNAS 上公布，随后还会陆续介绍获奖者和他们对科学的贡献。发表美国科学院举办、资助的学术会议论文也是 PNAS 的一个特色。值得一提的是该部分的论文引用表现要高于 PNAS 平均水平。

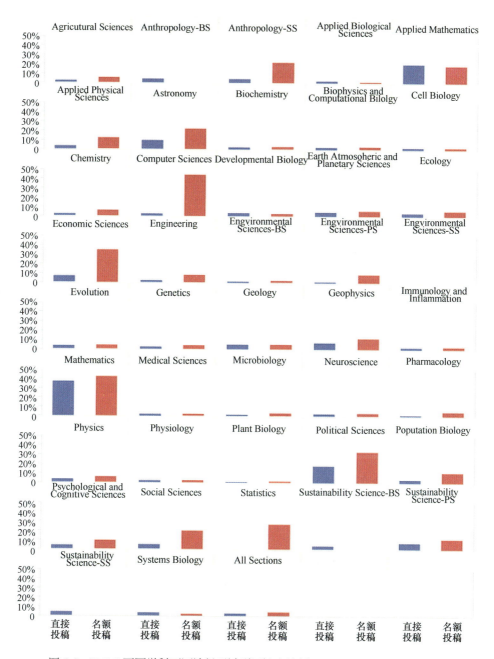

图 5-5　PNAS 不同学科不同途径零被引用论文比例（1997~2014 发表两年后）

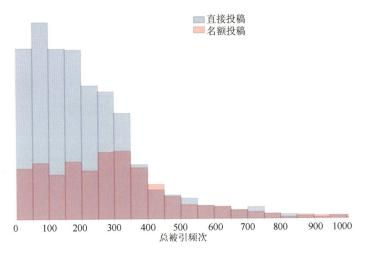

图 5-6　PNAS 高被引论文（10%）比例直方图

"From the Academy"还聚焦在科学院最重要的功能——对科学政策的修订上。National Research Council（NRC）是美国科学院、医学研究院（The Institute of Medicine）和美国工程院所属的一个联合调查分支机构。美国对制定科学政策有严格立法和管理体制，政府部门许多科学政策的制定都要先经过 NRC 学术委员会的学术咨询，写出咨询报告。这些咨询委员会有一百多个，常设的有几十个，临时性的也有几十个。PNAS 就是通过发表 NRC 的咨询报告来实现其对政府科学政策的影响。

（三）学科分布

PNAS 所发表文章的学科分布是不均衡的。虽然 PNAS 的目标是要发表科学研究各领域最优秀的论文，但是实际上发表的自然科学论文与生物学论文数的比例一直在变化。Edwin Wilson 就曾表示在 PNAS 的整个历史中，对不同科学领域的覆盖一直是不平衡的，并认为这是一个很典型的情况。

在最初的十二卷中，60%~75%的文章都属于自然科学（physical sciences）。例如在第 7 到第 12 卷中，仅物理学的论文就超过 1/3。实际上，一直到 1954 年的第 40 卷，自然科学论文数一直超过生物学。从 20 世纪 50 年代中后期开始出现了变化，生物学的论文数超过自然科学和数学。1958 年，生物学论文占到 67%，其中生物化学是最强的学科，占 36%；自然科学论文数下降到 33%左右，数学下降到了只有 17%。PNAS 前主编 Zwanzig 表示，上述自然科学与生命科学类论文数的相对变化并非人为有意造成的，她认为自然科学稿件数量的下降是由于其他优秀杂志的出现，比如美国物理学会的 PRL 等专业刊物。随着 PNAS 在生物学方面比重的增加，许多生物学家把他们的注意力放到 PNAS 上，而非生物学家则不太重视在 PNAS 上发表文章。这就造成学科分布的进一步失衡。为了吸引自然科学论文，PNAS 也采取过一些措施。比如从 1982 年开始，PNAS 开始试着将自然科学和生物学的论文分开出版，生物学分册是半月刊而自然科学分册仍为月刊。但这个办法没有能够成功吸引来更多的自然科学论文，因此到 1985 年，二者又重新合并为半月刊出版。许多美国科学院院士希望看到更多的自然科学论文得以发表，以反映院士的学科分布。PNAS 也仍在想办法鼓励那些论文比例较低领域的科学家投稿，比如在封面图片中采用更多与自然科学而非生物学有关的内容。但 PNAS 目前仍然是一本在生物学家心目中占有重要地位的刊物。

五、历任主编：大师轮转与 Wilson 的毕生奉献

（一）历任主编

1914~1918 年，Arthur Noyes（1866~1936）担任 PNAS 的首位主编。他是美国化学家、发明家和教育家。分别于 1886 年和 1887 年获麻省理工学院化学学士和化学硕士学位，1890 年获莱比锡大学博士学位。1887~1888 年和 1890~1920 年任麻省理工学院化学教授，1907~1909 年任麻省理工学院代理校长。并于 1903 年建立了麻省理工学院物理化学研究实验室，在此执教 17 年。1919~1936 年担任加州理工学院化学教授，领导加州理工学院的盖茨化学实验室。1895 年，诺伊斯（Noyes）开始创办《美国化学研究评论》，该刊是 *Chemical Abstracts* 的前身，于 1904 年担任美国化学会会长，1905 年获选美国国家科学院院士，1914 年当选 PNAS 主编，1927 年担任美国科学促进会主席，同年，被英国皇家学会授予汉弗莱·戴维勋章。

1918~1940 年，Raymond Pearl（1879~1940）继任期刊主编。他是美国生物学家，生物牙科学创始人之一。Pearl 分别于 1899~1902 年获达特茅斯学院生物学学

士和密歇根大学动物学博士学位。1905~1906 年，他分别在伦敦大学、莱比锡大学以及那不勒斯海洋生物站工作，1906 年，他在密歇根大学担任讲师，同年，前往宾夕法尼亚大学担任动物学讲师。1907 年，他成为奥罗诺缅因大学农业实验站生物系负责人。1917~1919 年，担任美国食品管理局统计司司长。1918 年，Pearl 受聘于约翰霍普金斯大学生物统计学和生命统计学专业，并在此开创了一个实验室统计学系。1906~1910 年，Pearl 是生物医学杂志的副主编，1914 年至 1918 年，担任农业研究杂志副主编。除此之外，Pearl 还担任过《遗传学》等期刊的编委会成员。与此同时，他还有超过三十个头衔，包括美国动物学家协会主席（1913）、美国自然学家协会主席（1916~1917）、美国科学院院士（1916）、国际科学调查联盟人口问题主席（1928~1930）、美国物理人类学家协会主席（1934~1936）、美国统计协会主席（1939）等。

1940~1949 年，Robert Millikan 成为期刊主编。他是美国物理学家，1893 年获奥柏林大学（Oberlin College）物理硕士学位，1895 年获哥伦比亚大学物理学博士学位，成为哥大物理系建系以来首位毕业的物理学博士。随后，Millikan 留学德国柏林和哥廷根大学，1896 年回国任教于芝加哥大学，1910 年因出色的教学和科研工作被提升为教授，1915 年获选美国国家科学院院士，1921 年离开芝加哥大学，转职到了加州理工学院。从 1921 年到 1945 年 Millikan 担任加州理工执行理事会主席，并在此期间，让加州理工成为全美最优秀的研究型大学之一。Millikan 曾任美国物理学会主席、美国科学促进协会副主席、国际联盟知识合作委员会美国委员、1921 年国际物理大会美国代表。他拥有大约 25 所大学的荣誉博士学位，并且是国内外许多学术机构的会员或荣誉会员。他曾获得美国国家科学院康斯托克奖、美国电气工程师学会爱迪生奖、英国皇家学会休斯奖等。

1950~1955 年，Linus Pauling 担任期刊主编，他是美国化学家、量子化学和结构生物学的先驱者之一。1922 年毕业于俄勒冈州立大学（当时称为俄勒冈农业学院）获化学工程学位，1925 年获加州理工学院物理化学和数学物理博士学位。1927 年，Pauling 结束欧洲留学返回美国，任职于加州理工学院，于 1935 年出版了《量子力学导论——及其在化学中的应用》这是历史上第一本以化学家为读者的量子力学教科书。Pauling 在加州理工学院一直工作到 1963 年，其间因在化学键方面的工作取得 1954 年诺贝尔化学奖。

1955~1960 年，Wendell Stanley（1904~1971）接替 Pauling 成为主编。他是美国化学家，大部分生化研究集中在联苯和甾醇的结构和功能上，他因在烟草花叶病毒方面的工作而获得了 1946 年的诺贝尔化学奖。Well Stanley 于 1927 年获伊利诺伊大学理学硕士学位，并于 1929 年获化学博士学位。1931 年之前，他作为国家研究理事会成员在慕尼黑工作。1937 年他成为洛克菲勒研究所的助理，1940 年成为副会员，1948 年被任命为加州大学伯克利分校生物化学教授和病毒实验室主任。1948 年至 1953 年担任生物化学系主任，1958 年任病毒学系主任、教授。Stanley 于 1941 年获选为美国国家科学院院士。此外，还获得过包括罗森伯格奖、奥尔德奖、斯科特奖和美国医学协会科学成就奖，以及许多美国和外国大学的荣誉学位，包括哈佛大学、耶鲁大学、普林斯顿大学和巴黎大学等。

1960~1968 年，Saunders Mac Lane（1909~2005）继任主编，他是美国数学家，与塞缪尔·艾伦伯格（Samuel Eilenberg）一同创立范畴论。麦克兰恩（Mac Lane）于 1930 年获耶鲁大学学士学位，1931 年获芝加哥大学硕士学位，于 1931~1933 年间至哥廷根大学进修研习逻辑与数学，并于 1934 年获哥廷根数学研究所数学博士学位。1934~1938 年，麦克兰恩分别在哈佛大学、康乃尔大学及芝加哥大学短暂工作过，随后取得哈佛大学终身教职职位，但他仅于 1938~1947 年在哈佛大学工作，之后一直在芝加哥大学任职。麦克兰恩曾任美国国家科学院与美国哲学会副主席，亦曾担任过美国数学会主席。在领导美国数学会期间，他开始提倡对于现代数学教学技巧改进的研习活动。1974~1980 年，他是国家科学委员会的成员，为美国政府提供科学政策建议，并于 1976 年，组织美国数学家访问团访问了中国，考察了当时中国数学的学术发展。麦克兰恩于 1949 年获选为美国国家科学院院士，并于 1989 年获美国国家科学奖章。作为少数拥有理学背景的期刊主编，麦克兰恩就任之初就颇受争议。他赞成通过专家论文集的形式传达研究内容以鼓励年轻同事，但是 PNAS 过度追捧专家论文的做法受到了他的质疑，并且 PNAS 因收取版面费而导致没有科研经费的数学家放弃投稿的情况也令他担忧。所以在他担任主编后，他虽然依旧秉承 PNAS 接收院士文章及其推荐文章的做法，但是要求客观审查院士文章，并且强调要通过加强学术交流来提高对新成果的认识，防止因为学术短板造成优秀论文的流失。

1968~1972 年，John Edsall 担任主编，他是蛋白质科学家，对血液分馏作出了重大贡献。1928 年获哈佛大学医学博士学位。同年，担任哈佛大学新成立的生物化学专业教授，在此任职长达四十年，期间担任系主任长达 25 年。1943 年，Edsall 和 Cohn 出版了一本关于蛋白质、氨基酸和多肽的专著，成为定义这一新领域的经典之作，即使在今天也广受关注。1948~1958 年，Edsall 担任美国化学学会杂志编辑委员会会员，在那里他展示了作为仲裁者解决有争议稿件的独特才能。1958 年至 1967 年担任 JBC 的主编，该期间期刊出版物的数量和类型都迅速增长，同时，他还参与撰写"蛋白质化学进展"的系列评论，并且坚持编写了 55 年，在他担任 JBC 主编期间，始终坚持无偏见、公正审稿，开创性地接收三位女性作为编委会成员。任职 PNAS 后，因为他始终坚持科学自由，认为除了极少数例外，多数基础科学的研究都应该提供重大进展的数据，即使这些数据或信息需要保密，但也仅在有限和规定的时间内，所以在他担任 PNAS 主编期间，他要求部分文章公开研究数据。1951 年，Edsall 当选为美国国家科学院院士，同时他还是美国哲学学会会员、美国艺术与科学学院院士、丹麦皇家科学院、瑞典皇家科学院及德国国家科学院的外籍院士。

1972~1980 年，Robert Sinsheimer（1920~2017）成为主编，他是分子生物学和生物学家。1941 年获麻省理工学院生物和生物工程联合学位，1948 年获麻省理工学院生物物理学博士学位。曾在麻省理工学院短暂任教，1949 年担任爱荷华州立大学的生物物理学教授，1957 年接受了加州理工大学生物物理学教授的职位，二十年后于 1977 年被任命为加州大学圣克鲁兹分校的校长，十年后，1988 年来到圣巴巴拉成为加州大学圣巴巴拉分校的生物系教授。1967 年当选美国科学院院士，1968 年被评为加州年度科学家，他在自己感兴趣的各个领域发表了大约 200 篇论文，并在 1994 年出版了一本自传《生命的链：DNA 科学和教育艺术》。

1980~1984 年，Daniel Koshland, Jr. 继任主编，他是美国生物化学家，研究重点是了解酶的催化能力和阿尔茨海默病的生物化学病因，突出贡献包括酶相互作用的"诱导拟合"理论等。1941 年，Koshland 获加州大学伯克利分校化学学士学位，第二次世界大战期间担任曼哈顿项目的小组组长，致力于净化钚。1949 年，获芝加哥大学化学博士学位，并在哈佛大学做博士后研究。1951 年，前往布鲁克海文国家实验室，并在布鲁克海文大学和洛克菲勒大学共同任职。1965 年，Koshland 返回加州大学伯克利分校，担任生物化学系主任和生物学咨询顾问主席。

1980~1984 年担任 PNAS 主编，1985~1995 年担任 *Science* 主编。他是最早提出对院士投稿论文施加外部标准的编辑之一，因为除了他很少有人敢正视 Linus Pauling 对大剂量维生素 C 功效的一些可疑观点，所以凭借 Koshland 的良好判断力，PNAS 在他任内接收到了许多高质量的论文。

1985~1988 年，Maxine Singer 成为主编，她是 PNAS 创刊后的首位女性主编，同时也是美国分子生物学家。1957 年获耶鲁大学博士学位，1979 年 Singer 获选为美国国家科学院院士。除了科学研究外，她在完善科学政策方面也发挥了重要作用。Singer 作为 PNAS 的首位女性主编，是科学界女性的绝对拥护者。她曾在 *Science* 杂志上发表社论，认为大学应该鼓励女性从事与科学和工程相关的工作，而不能因为对女性的无意偏见而浪费她们的技能。并且，Singer 改变了在她担任主编之前 16 名北美地区编委会成员全部是男性的现状，植物分子生物学家 Mary Chilton 的加入令女性成员的比例从 0 提升到了 6%。2007 年，Singer 获美国国家科学院院刊的公共福利奖章，以表彰她在科学及其与教育和公共政策的关系方面提供的有启发性和有效的领导。

1988~1991 年，Igor Dawid 担任主编，他是美国生物化学家。维也纳大学化学博士。Dawid 曾隶属于多个专业协会和委员会，包括发育生物学学会、国际发育生物学家学会、美国科学进步协会、美国生物化学家学会、美国细胞生物学学会和美国遗传学学会等。于 1981 年当选美国科学院院士，同时他也是美国艺术与科学院的院士、奥地利科学院院士。并获得过国家卫生和公共服务部颁发的杰出服务奖、卓越服务总统奖、瑞士洛桑大学荣誉博士学位等荣誉奖项。1975~1980 年，Dawid 担任发育生物学学会（Society for Developmental Biology）官方期刊 *Devlopment Biology* 的主编。1988~1991 年，担任 PNAS 主编。他还担任了包括 *Cell* 等期刊的编辑委员会成员。

1991~1995 年，Lawrence Bogorad 作为主编，他是美国植物学家，光合作用研究的先驱和美国科学促进会的主席。1942 年获植物学学士学位，1949 年获芝加哥大学植物生理与植物学博士学位。Bogorad 曾帮助重新开放后的中国，通过开展研讨会有效帮助和激发国际间的合作。他特别关注与俄罗斯、东欧、印度和中国的关系，因为在他看来这些国家的农业、能源和可持续发展的问题都是亟待解决的。Bogorad 认真履行了科学成就赋予他的领导责任，曾在 13 个学术委员会任职。于 1969 年担任美国植物生理学家学会主席，于 1983 年担任发展生物学学会主席，于 1987 年担任 AAAS 主席。Bogorad 于 1968 年被选为美国艺术与科学院院士，1971 年被选为美国国家科学院院士。任职 PNAS 主编期间，Bogorad 提出的小变革引发了一系列实质性的变化，他希望 PNAS 能够从美国国家科学院院士的论文档案变成一个更受欢迎且影响更大的普通科学期刊。所以从 1995 年开始，PNAS 自 1915 年起使用传统的灰色封面被替换成代表华盛顿国家科学院大楼圆形大厅各种装饰元素的插图，并且在封面之上登出了带有时效性和话题性的诸如评论类的前沿标题。

1995~2006 年，Nicholas Cozzarelli 成为主编，他是美国生物化学家，1960 年获普林斯顿大学生物学学士学位，1966 年获哈佛大学生物化学博士学位。1968~1982 年，Cozzarelli 担任芝加哥大学教授，研究拓扑异构酶。1982~2006 年，担任加州大学伯克利分校教授，为理解蛋白质如何改变 DNA 的拓扑结构作出了巨大贡献。于 1989 年当选为美国国家科学院院士，2000 年成为美国艺术与科学院院士。Cozzarelli 以革新 PNAS 而闻名，因为他将这本自 1914 年创办以来在许多方面保持不变的"学院派"期刊，变成了必须阅读的科学出版物。在他任职期间，他不仅将编辑委员会从 26 个扩大到 140 余个，而且开创了允许科学家直接提交手稿的新模式，在他的带领下，PNAS 从封面到最后一页都发生了巨大转变。自 1995 年以来，PNAS 提交和发表论文的数量和质量均得到了显著的提升，并引入了创新的混合开放访问模式。但 Cozzarelli 最早面临的挑战之一是改进 PNAS 的编辑和同行评审政策。为了解决科学界对确保严格的同行评审以及允许非学院成员在 PNAS 上发表的担忧，Cozzarelli 立即添加了当时备受争议的"直接投稿"途径。在这个系统中，任何作者都可以直接向 PNAS 提交作品，而无需学院成员的支持和赞助。该制度 1995 年 12 月由 Cozzarelli 提交给 PNAS，到第二年年底，在新制度下提交的稿件数量增至 1700 份，第三年这个数字跳到了 2200 份，到 2005 年，收到直接提交的稿件共 8700 份，约占该期刊当年提交材料总量的 80%。而且这一做法被认为是 PNAS 百年发展的分水岭标志。Cozzarelli 同时也着手创建了一个更加多样化且更加活跃的编辑委员会。他将原本的 26 个多数拥有生物科学背景的编委群体，扩充到超过 140 个覆盖所有学科广度和能够充分处理工作的编委群体，成功实现了编辑委员会的重大变革。并且，Cozzarelli 希望 PNAS 的期刊内容能够多样化。所以在 1998 年，他为 PNAS 设定了一个大幅增加非生物科学论文发表量的目标，不仅通过开通绿色通道支持这一目标，而且鼓励招募编辑来推动工作进程。与此同时，Cozzarelli 再次试图通过改变 PNAS 的封面形象来吸引更多研究人员和公众的注意力。从 1998 年开始，PNAS 从研究人员提交的引人注目的科学图像中挑选封面，PNAS 也因这一做法再次引起了更多研究人员的兴趣。在 Cozzarelli 的领导下，2003 年 PNAS 加入了新当选院士的个人简介，2005 年又推出了一个名为 "In This Issue" 的新前沿部分，在每一期的文章中又突出了一些特殊文章。尽管他在 PNAS 中加入了这些非专业性的内容，但他仍然将 PNAS 定位为顶级期刊。因为他希望通过这些文章打破人们对于科学家完美职业道路的假想，回归事实，让更多的人能够看到成功科学家的职业生涯并非总是沿着直线发展，而这对于年轻的科研工作者将大有裨益。在担任 PNAS 主编时，Cozzarelli 表现出的无限精力、热情、毫不妥协和奉献精神，不仅成就了他个人的科研和教学工作，也为科学界的发展增添了浓墨重彩的一笔。

2006~2011 年，Randy Schekman 当选主编，他是美国细胞生物学家，加州大学伯克利分校教授。于 1971 年在加州大学洛杉矶分校获得分子科学学士学位，1975 年在斯坦福大学因对 DNA 复制的研究获博士学位。1992 年当选美国国家科学院院士。2013 年，因在细胞膜囊泡运输方面的开创性工作，Schekman 获得了诺贝尔生理学或医学奖。2006~2011 年任 PNAS 主编，2012~2018 年任 *eLife* 的编辑。Schekman 在担任 PNAS 主编时推出了 Feature Article 栏目，该栏目主要发表科学前沿的研究文章，尤其是真正具有创新意义的工作。栏目坚持最高的编辑标准，对所有提交的稿件都进行严格和匿名的同行评审。与 PNAS 的常规研究论文不同的是，该栏目的论文没有严格的版面限制，从而允许作者充分地展示他们的研究工作。Feature Article 系列出版时会同时配发评论和新闻稿件，以更好地传播文章的科学内容。Feature Article 后来成长为了 PNAS 极具特色的栏目之一。

2011~2018 年，Inder M. Verma 担任主编，他是美籍印度裔分子生物学家、癌症学家。1971 年，以色列魏茨曼科学研究所博士，1974 年，美国麻省理工学院博士后。于 1970 年代加入 Salk 生物研究所，2011 年起担任 PNAS 主编，2018 年 1 月离任。在他任内 PNAS 迎来了创刊一百周年纪念，作为百年期刊，"世界四大名刊"之一的 PNAS 仍面临着许多挑战和机遇。

（二）现任主编

May R. Berenbaum 美国昆虫学家（化学生态学领域），1975 年获耶鲁大学生物学学士学位，1980 年获康奈尔大学生态学和进化生物学博士学位。著有诸多关于昆虫学的科普文章和书籍，并在一系列环境问题（包括气候变化和生物多样性）的期刊杂志上发表权威文章。1994 年当选美国国家科学院院士，自 1998 年以来一直担任国家科学院编辑委员会成员，并于 2019 年被任命为 PNAS 的主编。同时，她还是美国哲学学会会员及美国艺术与科学学院的研究员，获得过国家科学奖章（2014 年）和泰勒环境成就奖（2011 年）等荣誉。

委任之初，她表示要帮助 PNAS 延续在学科领域的影响力，并希望 PNAS 能够由此进入崭新时代。她坚信，PNAS 作为世界上引用最多的多学科科学系列期刊之一，因建立在 NAS 本身的广度之上，与其他卓越同行的广度不同，包含了自然科学、物理科学和社会科学等多个跨越基本和应用的学科维度，而随着学科交叉在推进科学发展中的重要性不断提高，学科变革的思想和方法将应运而生。并且，她强调 PNAS 必须继承传统，以及时和快捷的方式，严审稿件质量，出版能够代表重大科学进展的论文，同时，必须认识并适应世界各地科学、社会和文化的变革和迅猛发展，成为适应时代发展的科学出版界楷模。

（三）永远的 Edwin Wilson

1913 年，在美国国家科学院秋季会议上，科学院的一个特别委员会建议设立一份名为《美国国家科学院学报》（PNAS）的期刊。Edwin Wilson 被任命为第一任执行主编，自此之后，尽管大师级的主编 N 年一换，但 Wilson 从 1915 年 1 月 15 日第一期 PNAS 出版开始，担任执行主编达五十年之久，一直到 1964 年 12 月去世。直到去世之前，Wilson 刚刚完成了 *The History of the Proceedings of the National Academy of Sciences*（1914~1963）一书，此书不仅是对 PNAS 这本象征着美国科学的学术期刊的总结，同时也是 Wilson 毕生奉献的总结。

Edwin Wilson，数学家、理论物理学家、统计学家和经济学家，1899 年，他以优异的成绩在哈佛大学毕业，1901 年在耶鲁大学获得博士学位。Wilson 的博士导师是美国著名物理学家和化学家吉布斯。1900 年，他成为耶鲁大学的数学导师，在 1902 年至 1903 年期间，他离开了耶鲁，前往巴黎学习数学，主要是在巴黎高等师范学院（Ecole Normale Superieure）。然后他回到耶鲁大学任教，1906 年，他成为那里的一名数学助理教授。1907 年，他以副教授的身份进入麻省理工学院，1911 年成为正式教授，1917 年成为数学物理教授和物理系系主任。1919 年，Wilson 当选为美国科学院院士。之后 Wilson 来到哈佛大学公共卫生学院，成为统计学教授。1945 年，Wilson 从哈佛大学公共卫生学院退休。从 1948 年到 1964 年 12 月 28 日去世，Wilson 一直担任波士顿海军研究办公室的数学和物理科学顾问。Wilson 为海军和国家安全委员会所做的贡献获得了两项荣誉：海军作战部长颁发的"高级文职服务奖"（1960 年）和海军部长颁发的"杰出文职服务奖"（1964 年）。

　　Wilson 在他 50 年的任期中有效地履行了他的职责，仔细观察每一篇论文的长度、准确性以及是否可能包括不适当的材料（例如，他认为在诸如 PNAS 这样的特权期刊上不合适的有争议的问题）。Wilson 向学院理事会提交的年度会议报告是简洁和精确的典范。他总是谨慎地管理，而不是制定政策，尽管他非常喜欢教育他的主编们关于过去政策的成果和教训。他的行为是谨慎和公正的，但私下里，他可能会严厉批评劣质的论文或几乎无助于促进科学发展的专题讨论会。PNAS 能够在第一个 50 年中平稳地发展，并逐步发展成为美国科学的象征，与 Wilson 的毕生奉献是不可分割的。Wilson 对于 PNAS 的长久的、卓越的贡献应成为中国科技界建设世界一流科技期刊的重要启示，意味着只有高水平科学家在几十年的时间尺度上持续地努力才能真正地办成世界一流科技期刊。

第六章

国际科技期刊案例的启示：从世界到中国

第一节　一流期刊的时代特征

在前文大量数据和资料基础上，我们可以将当前世界一流科技期刊的最主要特征具体归纳为以下几点。

一、具有一流的行业资源掌控力

一流的期刊非常重视在国际专业和行业领域掌控最高端、最重要、最有影响力的学术资源，将办刊的基础建立在最具代表性的学术资源之上（包括学者资源、学术组织资源和学术成果资源），并依此打造超一流期刊。

（一）抓得住一流的专业人才

从主编、编委会、审稿人、编辑队伍的建设方面，瞄准一流的领导人才、专业人才、专家和学者，吸纳进办刊队伍，引领他们为期刊服务。国内外的成功经验表明，要办好一本期刊，最重要的是选好期刊的领军人物——主编。一个好的主编就是期刊的灵魂，就像是乐团的总指挥。他不仅决定着办刊的方向，还能组织得力的副主编、编委会以及编辑人员，有效地扩大稿源，把好刊物的质量关；他还能调动一切有利资源，争取经费，开拓刊物发展的市场。

世界一流的科技期刊在主编的选择方面是非常挑剔的，要求主编必须在国际专业领域享有盛名，精通某一专业，并了解相关学科进展和前沿研究。同时，还要有相当强的策划与组织、管理能力，具有宏观战略管理和经营意识，和政府、学术团体以及出版团队之间有良好的协调关系，具有一流的沟通能力和团队领导能力。主编还具有文化意义上的传承性，*Nature* 的历任主编均为上一任的助手，而 JACS 和 *The Lancet* 均出现过父子主编的情况。刊物主编长期任职对于期刊发展连贯性和办刊特色的保持十分有利。

主编从一个侧面代表了一个期刊在行业中的领导地位和领导能力。而一流期刊具体办刊人员的科学素养同样要求很高，如前所述，*Science* 招聘栏目主管编辑，要求必须在杂志相关学科领域做过 3~5 年的博士后，并且在 CNS 等顶尖杂志上发表过研究论文才可录用。

编委会的贡献更是非常重要。如前所述，一流期刊在吸引一流专家担任编委和组织编委供稿方面也是非常投入的。可以说，依托一流的编委会，成就了一流的期刊。同时，分析学术编辑的履历显示，一流科技期刊编辑普遍具有博士后研究经历和顶级名校毕业或工作经历，高级编辑的薪酬水平几乎与高校教授平齐。

（二）抓得住一流的学、协会和研究机构

发挥学术共同体的学术引领作用和组织协调作用，有效地把大学、科研机构以及企业等资源聚合起来，为期刊服务。主办 *Proceeding of the IEEE* 的电子电气工程师学会就是这样一个集聚行业优秀学术资源的典范，该学会不仅汇集了一流大学和研究机构的资源，同时将不同时期最具创新能力的企业纳入到了其办刊的群体之中，最终得以打造出一份工程技术领域的一流期刊。

（三）抓得住世界科技中心和顶尖学者

从本书调研的 11 种各学科顶级期刊的办公室所在地、高发文机构分布和编委论文的流向数据来看，世界一流科技期刊始终位于世界科技创新中心，服务于世界科技中心的发展，紧紧跟随世界科技中心和顶尖学者。其意义就如同 NEJM 之于哈佛医学院，*Cell* 之于麻省理工学院。世界科技中心的兴起，将势必为科技期刊带来新的发展机遇。

二、具有一流的前沿问题把握力

世界一流期刊在选题策划、热点组织、行业引领性内容建设等方面均瞄准世界范围内的重大问题，牢牢把握人类社会共同关注的前沿问题、学科边缘与交叉领域，尤其是人类创新触及的高端和边缘问题，认真做好选题策划和内容组织。所调研的案例期刊均在过去的一百年中持续发表能够代表人类科技发展进程的成果论文，例如，中子的发现、核裂变的发现、DNA 双螺旋结构的发现、哺乳动物的首次克隆等人类重大创新成果均是 *Nature* 杂志抢先发表；而人类首次登月的阿波罗计划、染色体的结构与功能、大脑定位细胞的发现、石墨烯的合成等重大成

果则是 *Science* 杂志抢先报道。

统计表明，1983~2012 年间诺贝尔生理学或医学奖获得者的里程碑论文有 76 篇发表于学术期刊上，而其中最负盛名的 *Nature*、*Science*、*Cell*、PNAS 4 个刊就发表了 50 篇。

统计表明，1901~2012 年间诺贝尔物理学奖获奖者的里程碑论文共计 278 篇发表在期刊上，单 PRL 就占了 57 篇。

从小科学时代的中子发现、DNA 双螺旋结构到大科学时代的登月与引力波等，所发表的论文直接塑造了我们现在所知道的现代科学。世界一流科技期刊始终与世界一流科技成果紧密相连，这一点是世界一流科技期刊的本质属性。

三、具有一流的学术话语权与影响力

国际一流的学术大刊在学术领域具有很高的学术话语权和影响力，是长期一贯的严谨学风和深入人心的有效服务建立起来的声誉。他们瞄准学术圈的切身利益，新闻意识强、服务意识强、传播自觉性和主动性强，确保所发表的成果能成为学术界公认的结果。2015 年 9 月 9 日， LIGO 科学合作组织的成员就提前举行了一次投票，决定他们将如何宣布引力波这一物理学史上最为重要的发现之一。LIGO 的首席科学家 Peter Fritschel 说，"呼声最高"的选项很快就出现了：美国物理学会的旗舰期刊——《物理评论快报》。因为，该刊是这一领域最负盛名的杂志之一，长久以来其发表的研究也常在后来赢得诺贝尔奖。Fritschel 还说，它是"刊发物理学成果的首选期刊"之一，这样的地位让 PRL 脱颖而出。这说明，期刊的高质量品牌对于吸纳一流的论文具有多么大的作用。

Nature 在 2014 年推出了一个新的评价指标——Nature Index（NI），它的定位是"优质研究综合指标"（a global indicator of high-quality research）。NPG 摒弃了所有定量的文献计量指标，改由独立专家组负责遴选期刊。对专家组成员的要求：卓有建树、来自自然科学主要学科、代表世界上所有活跃地区、兼顾性别平衡，最终形成了 68 人组成的专家组。这里没有考虑诸如影响因子之类的量化指标，完全依赖这些精英学者的学术判断力。同时，NPG 还通过邮件向全世界十万名科学家发送网上问卷，验证专家组初选结果。对于最有名望的期刊，问卷结果和专家

组初选结果高度一致。最终入选 68 种期刊，这 68 种期刊不到 JCR 收录期刊数的 1%，但贡献了接近 30% 的被引用次数。由于 *Nature* 的权威性，NI 迅速成为评估国家、机构和个人学术创新成果的新的重要参照系，从更高层面保持了 *Nature* 的学术话语权。

四、具有一流的先进技术整合力

梳理案例期刊的发展历程，我们发现到 1995 年的时候，所有的案例期刊都有了自己的网站，而支撑顶级期刊的集团全部拥有属于自己的技术平台，覆盖论文网站（nature.com，jamanetwork.com 等）、稿件处理（Chemworx，EMSS 等）、二次产品（CA、Scopus 等）等多类型用户需求。只要打开世界一流期刊的网站，就能体会到这些大刊特别注重受众在网络时代的体验，注重一流的数字出版表现形式，融合最新的科研技术与出版技术，涵盖数字科研、开放创新、开放获取、在线交流、多媒体表现、社交网络交流与传播等各种先进技术，以给作者和读者带来一流的服务为根本目的。他们把出版过程融入科研创新过程，创造优良的学术发表环境，用先进的技术手段防范学术不端行为，用充分的过程资料、补充资料等方式防范伪科学，用音频、视频出版等技术保障交流的有效、高效，用优先出版（online first）、及时出版（as soon as publishable）等手段保证作者的首发权尽早实现。基本实现了研究与交流的及时融合，发布与反馈的及时融合，传承与传播的及时融合，学术与科普的及时融合。将科技成果以全类型、全媒体的形式发布，使科技成果的学术影响力和社会影响力最大化。

综上，从服务与运营的角度来看，我们认为一流的行业资源掌控力、一流的前沿问题把握能力、一流的学术话语权与影响力和一流的先进技术整合力四个一流构成了一流期刊的最主要特征。

第二节 复兴道路上的中国科技期刊：机遇与挑战

习近平总书记在党的十九大报告中指出，"我们比历史上任何时期都更接近中华民族伟大复兴的目标,比历史上任何时期都更有信心、更有能力实现这个目标。"

我国科技期刊数量从建国之初的不足 80 种，增加到 2017 年的 5052 种，学科布局日益完善。科技期刊已逐步实现从无到有、从少到多的发展目标，基础夯实。如今，中国科技期刊冲击世界一流也是中华民族伟大复兴道路上一段机遇与挑战并存的征程。

首先我们来关注中国科技期刊发展的重大机遇。数据显示，中国科技期刊论文数量从 1949 年新中国成立初期的不足 200 篇，到 1978 年十一届三中全会召开时达到 57696 篇，随后中国科技期刊论文数量呈现快速增长模式，2014 年最多时达到 174 万余篇。中国在国际科技期刊上的论文在 1977 年仅 140 篇，之后每年以 10%~20% 速度增长，到 2018 年发文量已达到 37.8 万篇，国际发文量已经占到国内科技期刊发文总量的 25% 以上。

从与 G7 国家 20 年 SCI 论文数量对比图（图 6-1）可见，在 2000 年以前，中国的 SCI 论文量在 8 个国家中排名垫底，但 21 世纪以后进入快速增长模式。2006 年，中国的 SCI 发文量已超过除美国外的其他六国，此后更是一路高歌猛进，直至 2018 年超越美国成为世界 SCI 发文第一大国。与此同时，中国的 ESI 高被引论文量与美国的竞争也呈现出从落后到并跑的态势。2009 年，中国的 ESI 高被引论文量仅 898 篇，仅为美国（4118 篇）的 21.8%。到 2018 年时，与美国的差距缩小到仅 196 篇。可以预期，若当前趋势保持，乐观估计中国高质量论文发表数在 2020 年即可超过美国；保守估计，到 2025 年中国高质量论文数量也将超越美国，成为全球第一。

对详细的学科数据进行挖掘，我们发现：2013~2018 年，我国有 70 个学科 SCI 发文量全球第一，59 个学科高被引论文量全球第一；53 个学科的发文量、高被引论文量均达到全球第一；96 个学科发文量及高被引论文量同时进入全球前三，140 个学科发文量或高被引论文量进入全球前三。正如习近平同志在《在中国科学院第十九次院士大会、中国工程院第十四次院士大会上的讲话》所指出：我们着力推进基础研究和应用基础研究，化学、材料、物理等学科居世界前列。

通过运用引用网络模型，绘制科研国际引用网络图谱，是探讨国家科学中心度的一个十分直观的方法。本研究基于对 PRL 1999~2018 年发表的 6.3 万篇论文大数据，绘制出从 1999~2008（10 年）和 2009~2018（10 年）两个阶段里，世界各国物理学引用网络体系图谱（图 6-2）。其中，每个节点代表了不同的国家，节

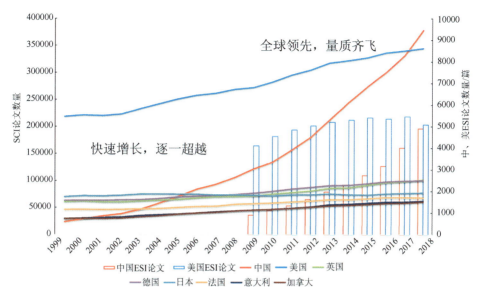

图 6-1　中国与 G7 国家 20 年 SCI 论文对比

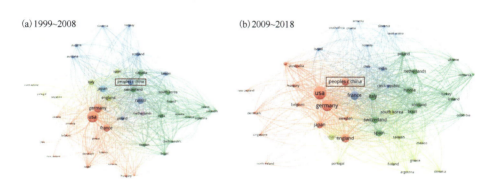

图 6-2　PRL 国家引用网络（1999~2018）

点的大小体现该国国际合作的发文量；不同颜色的连线代表国家间的合作关系，连线的粗细表现了合作关系的紧密程度。根据聚类分析的结果，其中合作较为紧密的国家，被标记为相同的颜色。从图中可见，1999~2008 年，中国在 PRL 的引用网络中仅为一个次要节点，物理学研究中心度居世界第 21 名，并未进入世界物理核心圈。而到 2009~2018 年，中国已逐渐成为核心节点，中心度提高到世界第 7 位。

将《中国学术期刊国际引证年报》（2018 版）的国际影响力 TOP 期刊与 JCR 期刊（2018）放入"影响因子-总被引频次"双对数坐标系，绘制图 6-3。横坐标为期刊影响因子，纵坐标为期刊总被引频次，每一个点代表一种期刊。图中，红色散点为我国 TOP5%期刊，浅红色为我国 TOP5%~10%期刊，蓝色为 JCR 期刊按 CI 排名的 TOP5%，浅蓝色为 JCR 期刊按 CI 排名的 TOP5%~10%，灰色点代表 JCR 收录的其他国家科技期刊。从图中可见，我国大部分科技 TOP 期刊位于 JCR 期刊群的中等水平，甚至有几种期刊已经进入国际顶尖期刊行列，如：*Molecular Plant*（《分子植物》），*Light：Science and Applications*（《光：科学与应用》）等。

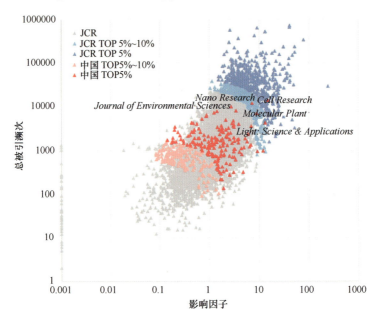

图 6-3　双对数坐标系下的中国科技 TOP 期刊与 JCR 期刊对比图

如上文所述，科技进步与科技期刊发展相辅相成。然而伴随着我国科技繁荣发展与科研产出高速增长的中国科技期刊却未呈现盛放之姿。虽然已有若干本在国际上产生一定影响力的期刊，但整体质量与办刊水平仍有待提升。我国科技期刊主要面临 5 项挑战。

一、高影响力期刊数量过少

JCR 2018 报道了 172 种中国期刊，占我国科技期刊总数的 3.4%。在 172 种中国期刊中，影响因子 Q1 区期刊 45 种，影响因子 Q2 区期刊 50 种，影响因子 Q1

和 Q2 区期刊占比 55.2%，表明从影响因子单一指标评价我国被 SCI 收录的英文期刊，各种质量的期刊分布还比较均衡。

但根据《世界学术期刊学术影响力指数年报》（WAJCI）2018 年的研究，综合考虑总被引频次和影响因子，1616 种中国科技期刊中影响力指数 Q1 区期刊仅 80 种，影响力指数 Q2 区期刊 197 种，影响力指数 Q1 和 Q2 区期刊占比仅17%（图 6-4）。以影响力指数评价我国最好的那部分科技期刊，表现特征为影响力等级越高，中国期刊数量越少。

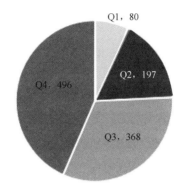

图 6-4　《世界学术期刊学术影响力指数年报》（WAJCI）中国期刊分区图

二、与国际一流期刊差距较大

从《中国学术期刊国际引证报告》近 5 年指标变化趋势来看，如图 6-5 所示，黄色圆点是我国 TOP 期刊各年国际他引影响因子和国际他引总被引频次的均值，橙色圆点是我国 TOP5%期刊各年指标均值，蓝色三角形是按影响力指数 CI 排名前 5%的 JCR 期刊各年指标均值，浅蓝色三角形是按影响力指数 CI 排名前 10%的JCR 期刊各年指标均值。我国 TOP 期刊的国际影响力虽然呈现逐年增长趋势，但与 JCR 期刊相比，目前我国 TOP5%期刊与国际 TOP5%期刊的 CI 均值还存在约11 倍的差距。

三、综合刊过多，且影响力偏低

这里所说的综合刊不包括学科综合类期刊，特指科技综合类期刊。数据统计

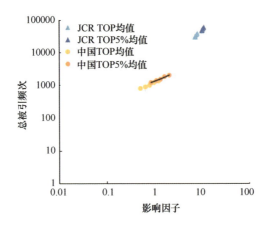

图 6-5　中国科技 TOP 期刊与 JCR TOP 期刊 2013~2018 年均值对比图

显示，目前我国综合类期刊 475 种，专业类期刊 3722 种，综合刊占科技期刊总数比例约 11.3%。从 WAJCI 影响力指标对比来看，综合刊刊均总被引频次 309，刊均影响因子 0.195。而专业刊刊均总被引 653，刊均影响因子 0.358。综合刊的整体影响力仅为专业刊的一半，总体来看综合期刊质量水平低于专业期刊。

而 SCI 收录的期刊中，科技综合刊占比仅 1.62%，而刊均总被引 23822，刊均影响因子为 2.457。SCI 的国际专业刊刊均总被引 6304，刊均影响因子为 2.581。相较之下可见，SCI 期刊的综合刊比例极低，但其刊均影响力总体高于专业刊。从以上两组数据对比可见，我国不仅综合刊数量过多，且整体影响力偏低。

四、英文刊数量过少

随着改革开放和我国科技进步，为了满足全球学术交流的需要，当前我国学者的重要成果很多是以英文论文形式发表，近 3 年年均英文科技论文数量达到近 30 万篇。目前我国的英文科技期刊仅 262 种，而根据当前各学科的国内外英文论文数量及英文刊刊均发文量统计，在不考虑论文外流的情况下，英文刊应达到 1433~1792 种才足够承载中国人每年所发表的英文科技论文。相比之下，可见我国英文期刊数量严重不足。但从期刊的国际影响力来看，中国英文刊的刊均总被引和刊均影响因子整体高于中文刊。例如，在生态学领域，我国英文刊的刊均影响因子为 2.210，明显高于中文刊刊均影响因子 1.400。

五、期刊影响力与发文规模不相匹配

《世界学术期刊学术影响力指数年报》（2018）共收录 1616 种中国期刊，期刊发文量和影响因子统计结果显示：我国期刊与世界期刊相比，在影响因子高于同学科期刊均值的中国期刊中，发文量同时也高于同学科期刊均值的仅 48 种，而发文量低于同学科期刊均值的有 72 种；影响因子低于同学科期刊的期刊中，发文高的为 448 种，发文低的有 500 种（图 6-6）。结果说明，我国大部分科技期刊量效水平较低，影响力与其发文规模不相匹配。而少部分影响因子高的期刊在发文量上通常也采取保守和谨慎的态度。既能维持高质量高影响，又能保持较高发文规模的高水平科技大刊还是少数。

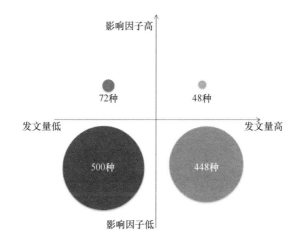

图 6-6　《世界学术期刊学术影响力指数年报》（WAJCI）中国期刊量效类型分布图

回望新中国成立七十周年，中国科技期刊筚路蓝缕，经历了从少到多，从多到全面的发展历程，办刊水平与刊物质量持续进步，国际显示度和影响力逐年提升。中国科技进步的辉煌成就为中国科技期刊的崛起打下了坚实基础，世界科学版图的重构为中国科技期刊提供了前所未有的发展契机，但要冲击世界一流，中国科技期刊显然还需奋发蹈厉，对内提升办刊能力，对外直面国际大刊竞争，方能在不远的将来实现建设世界一流科技期刊的目标。

第三节　中国建设世界一流科技期刊：对策与建议

基于本书的研究内容，我们提出三点建议供广大读者参考。

一、立足科技中心，把握学科前沿，建设国际品牌

历史经验告诉我们，一流科技期刊往往伴随着科技中心的出现而诞生，例如：剑桥与 *Nature*，MIT 与 *Cell*，哈佛与 NEJM 等。中国有多个学科正在形成国际重要的学科领域创新力量，并逐渐成为世界学术中心之一，例如随着中国材料科学的崛起，拥有 5 位中国编委的 *Advanced Materials* 已经成为了威立出版集团旗下最具国际影响力的品牌期刊。中国本土期刊应立足中国、面向世界，首先牢牢抓住中国各个学科领域的研究中心，并拓展到世界各个学术中心，融入他们的日常学术研究工作中，为这些一流学者的前沿信息交流服务、为保护他们的成果首发权服务、为提高科学家们的声望和影响力服务，唯有以更加开放的心态、更加敏锐的学术嗅觉、更加主动和周到的服务态度去办好期刊，才有可能在国际出版激烈的竞争中取得一席之地。

二、明确激励制度，吸引优秀人才，鼓励资源流动

通过调研世界一流期刊编辑的履历和收入水平，我们发现，优秀期刊的高级编辑不仅有长期的研究工作经历、出身名校，而且期刊内部有较为完善的人才培养、升迁机制。优秀编辑经常在期刊之间相互流动，这为经验交流和人才成长提供了很好的保障。匿名数据显示 *Nature* 和 *Cell* 高级别编辑收入均在 8 万美元/年以上，相当于一流大学教授的薪酬水平，这也许能成为我们招募国际化、高水平编辑在薪酬水平上的一个参考标准。除了期刊界的认同以外，世界一流期刊的编辑工作也得到社会的广泛尊重和认同，例如：历任 *Nature* 主编均因编辑工作被女王封爵。我国学术期刊的编辑大多处于边缘化地位，专业化水平低、长期脱离学术研究一线，对学科发展前沿不了解、不敏感，缺乏策划能力。因此，要创办世

界一流期刊，首先需要改革期刊管理体制、制定灵活有效的激励制度，向国际先进期刊学习经验，引进有世界一流期刊办刊经验的编辑，加强培训和管理，切实提高办刊队伍素质。建设世界一流期刊应首先从打造一流期刊办刊队伍着手，最后要从一流办刊队伍中落实。

三、打造先进平台，提升服务能力，解决基本问题

世界一流期刊都具有与时俱进的特质，主动迎接信息传播方式的变化，采取了积极的态度、创造性融合发展。采编发平台的使用显著提升稿件处理速度以及作者、编辑与审稿人的沟通效率。网络首发等理念和技术创新满足了科学家快速发表的需求。首先采用这些技术的期刊获得加速发展的机会，在竞争中获得领先优势后，优质资源加速向头部期刊集中，成就世界一流，而对新技术革命准备不足或没有实力应对的期刊，则纷纷败下阵来，或不得不被有实力的出版集团并购，获得第二次发展的机会。第一等级的期刊竞争残酷、新陈代谢很快，进入门槛越来越高。而当今的环境又在发生巨大的变化，在互联网和人工智能时代，快速发表早已不是科技出版业面临的首要问题，可重复性以及保障成果可重复性的全过程出版成为了国际科学共同体所关注的基本问题。我国科技期刊首先需要完成追赶任务，在集约化、信息化、融合到科研全过程并实现快速发表方面赶上发达国家的水平，并寻求能够实现弯道超车的途径——利用我国先进的人工智能和大数据技术，注重数字出版最新形式，融合最新的科研技术与出版技术，涵盖数字科研、开放创新、开放获取、在线交流、多媒体表现、社交网络交流与传播等各种先进技术，把出版过程融入科研创新过程，创造优良的学术发表环境，解决长期困扰国际学术界的科研诚信等基本问题，以此为根基建设世界一流科技期刊。

参 考 文 献

曹菁, 王英雪, 刘培一. 2006. 德国施普林格出版公司及其期刊出版成功经验剖析[J]. 中国科技期刊研究, (3): 348-353.

陈学民. 1992. 美国化学会[J]. 化学通报, (4): 60-64.

程鹏矗. 1988. 快报类刊物的特点[J]. 科学, (1): 75-76.

董亚峥, 韩晋芳. 2014. 美国物理学会分支机构的现状和管理经验[J]. 学会, (1): 25-32.

冯珍珍. 2010. 当代西方学术期刊的电子化趋势及其启示[J]. 江西社会科学, (8): 207-213.

黄晓鹂, 廖志江. 1996. 世界上最早的科技期刊[J]. 中国科技期刊研究, 7(4): 47.

雷崇鸽, 尚智丛. 2017. 开展政策咨询,提高科技社团服务社会经济发展能力——美国物理学会的经验与启示[J]. 科技和产业, 17(7): 134-137+156.

李呈亿. 2001. 借鉴与提高: 美国医学会杂志的编辑素质、期刊质量及期刊效益[J]. 中国科技期刊研究, 12(4): 273-274.

李呈亿. 2001. 借鉴与提高: 美国医学会杂志学术内容的某些特点[J]. 中国科技期刊研究, 12(2): 114-118.

刘天星, 孔红梅, 段靖. 2014. 科技期刊传播技术、期刊功能和商业模式的历史演变及相互关系[J]. 中国科技期刊研究, 25(10): 1215-1223.

刘昱. 2016. 科技期刊的演进与科技进步[J]. 广东技术师范学院学报, 37(11): 107-111.

刘战兵, 孙忠. 2016. 励德·爱思唯尔并购战略: 1993—2014 年[J]. 出版科学, (1): 99-104.

穆蕴秋, 江晓原. 2015. SCI 和影响因子: 学术评估与商业运作——Nature 实证研究之三[J]. 上海交通大学学报(哲学社会科学版), (5): 68-80.

戚义姣. 2017. 美国化学会期刊 APP 出版的特点及启示[J]. 科技与出版, (1): 41-47.

孙俊, 潘玉君, 贾星客, 丁生. 2011. 岳磊科学活动中心形成的历史地理基础[J]. 科学学与科学技术管理, (11): 14-20.

田浩. 1982. 美国的物理学史研究概况[J]. 华东石油学院学报, (S1): 89-91.

王惠, 张敬来. 2019. 国际科技期刊发展模式分析[J]. 出版广角, (6): 52-54+96.

王久丽, 蔡建伟, 翟振. 2014. 从单刊到集群——美国物理学会 Physical Review 系列期刊调研[J]. 中国科技期刊研究, (7): 867-872.

王凌峰, 詹雅晴. 2019. 知识工作自动化与论文出版方式变革——"预印本+自组织同行评议"模式[J]. 情报探索, (3): 1-5.

吴家睿. 2019. 预印本: 学术交流的"破坏性创新"[J]. 科学, 71(2): 37-39+4.

肖宏. 2008. 品牌——科技期刊学术经营的第一要务[J]. 科技与出版, (1): 4-6.

徐海军. 2006. 科技传播与世界科学中心转移[J]. 云南科技管理, (2): 17-20.

续维国. 1999.《柳叶刀》缘何长盛不衰?[J]. 中国出版, (4): 61-62.

杨贝. 2018. 美国政治中利益集团现象: 罗斯福到奥巴马时期美国医学会对美国医疗改革的影响[D]. 上海: 上海外国语大学.

杨庆余. 2009. 美国物理学的转型、崛起及其给我们的启示[J]. 自然辩证法研究, 25(4): 83-89.

杨睿, 王大明. 2010. 塔特及其对《物理评论》的贡献[J]. 西北大学学报(自然科学版), (6): 1115-1119.

姚远, 张银玲. 1995. 奥尔登伯格与世界上最早的科技期刊——《哲学汇刊》[J]. 陕西师大学报(哲学社会科学版), 24(S1): 182-184.

曾米鲁. 2005. 海外快报类(letters)科技期刊谈略[J]. 内蒙古师范大学学报(教育科学版), 18(3): 121-122.

詹姆斯·弗雷泽·斯托达特. 2019. 延续50年的公众科学素质提升实践——美国化学会的"种子计划"[J]. 科技导报, 37(2): 16-18.

张聪, 张文红. 2013. NPG期刊运营特点分析[J]. 科技与出版, (2): 4-10.

张涛. 1996. 从会长的选举看美国物理学会的宗旨[J]. 学会, (1): 28-29.

张勇安. 2010. 美国医学会药品广告政策的制度化(1883~1915)[J]. 史学月刊, (12): 82-94.

周汝忠. 1990. 科技期刊产生的历史背景[J]. 编辑学报, 2(3): 128-132.

周汝忠. 1992. 科技期刊发展的四个历史时期[J]. 编辑学报, 4(2): 75-81.

周玮. 2014. 美国医学会与1930年代-1960年代联邦政府医疗改革[D]. 沈阳: 辽宁大学.

朱联营. 1991. 中国科技期刊产生初探——中国科技期刊史纲之一[J]. 延安大学学报(社会科学版), (3): 91-97.

朱晓文, 夏文正. 2006. 美国化学会及其期刊的编辑出版[J]. 编辑学报, (3): 233-236.

S. R. 威尔特, 金能锟. 1982. 最近五十年来的物理学——纪念美国物理学会成立五十周年[J].自然杂志, (11): 822-826+854.

Cornelis Andriesse. 2008. Dutch Messengers: A History of Science Publishing, 1930-1980[M]. Netherlands: Brill Academic Pub: 178.

Derek de Solla Price. 1961. Science Since Babylon[M]. New Haven and London: Yale University Press:161-175.

Einar H. Fredriksson. 2001. A Century of Science Publishing: A Collection of Essays[M]. Amsterdam: IOS Press: 107.

ELWOOD K G. 1998. Proceedings of the IEEE: the first 75 years[J]. Proceedings of the IEEE, 76: 1268-1278.

GORDON W D. 2012. Scanning the Proceedings for History[J]. Proceedings of the IEEE, 100: 1247-1249.

JAMES E B. 1996. The evolution of Electrical and Electronics Engineering and the Proceedings of the IRE: 1913-1937[J]. Proceedings of the IEEE, 84: 1748-1772.

Jan P Vandenbroucke. 1998. Medical journals and the shaping of medical knowled[J]. The Lancet, 352: 2001-2006.

Jerome P. Kassirer. 2014. Arnold S. Relman, MD, 1923-2014[J]. American Journal of Kidney Diseases, 64(3): A15-A16.

Larsen P O, Ins M V. 2010. The rate of growth in scientific publication and the decline in coverage provided by Science Citation Index[J]. Scientometrics, 84(3): 575-603.

Melinda Baldwin. 2015. Making "Nature": The History of a Scientific Journal[M]. Chicago: University of Chicago Press: 216.

Peter Kandela. 1998. 175 years at The Lancet-The editors[J]. The Lancet, 352: 1141-1143.

Podolsky Scott H, Greene Jeremy A, Jones David S. 2012. The evolving roles of the medical journal[J]. New England Journal of Medicine, 366(16): 1457-1461.

Timothy C. Jacobson, Wiley, George David Smith, Robert Eric Wright, Peter Booth Wiley, Susan Brophy Spilka, Barbara L. Heaney. 2008. Knowledge for Generations: Wiley and the Global Publishing Industry, 1807-2007[M]. Hoboken: Wiley: 452.

附录 基于计量学标准 TOP5%科技期刊名单

序号	期刊名称	影响因子	总被引频次	学科领域	国家地区	出版商
1	Ultrasonics Sonochemistry	7.279	17314	Acoustics; Chemistry, Multidisciplinary	England	Elsevier
2	Industrial Crops and Products	4.191	24187	Agricultural Engineering; Agronomy	Netherlands	Elsevier
3	Bioresource Technology	6.669	118251	Agricultural Engineering; Biotechnology & Applied Microbiology; Energy & Fuels	Netherlands	Elsevier
4	Annual Review of Animal Biosciences	5.2	709	Agriculture, Dairy & Animal Science; Biotechnology & Applied Microbiology; Veterinary Sciences; Zoology	USA	Annual Reviews
5	Agricultural Systems	4.131	6747	Agriculture, Multidisciplinary	Netherlands	Elsevier
6	Journal of Agricultural and Food Chemistry	3.571	109151	Agriculture, Multidisciplinary; Chemistry, Applied; Food Science & Technology	USA	American Chemical Society
7	Agriculture Ecosystems & Environment	3.954	22675	Agriculture, Multidisciplinary; Ecology; Environmental Sciences	Netherlands	Elsevier
8	Agriculture and Human Values	3.128	2717	Agriculture, Multidisciplinary; History & Philosophy Of Science	Netherlands	Springer Nature
9	Pest Management Science	3.255	10767	Agronomy; Entomology	England	Wiley
10	Postharvest Biology and Technology	3.927	11753	Agronomy; Food Science & Technology; Horticulture	Netherlands	Elsevier
11	Agricultural and Forest Meteorology	4.189	18238	Agronomy; Forestry; Meteorology & Atmospheric Sciences	Netherlands	Elsevier
12	Theoretical and Applied Genetics	3.926	20017	Agronomy; Plant Sciences; Genetics & Heredity; Horticulture	Germany	Springer Nature
13	Journal of Allergy and Clinical Immunology	14.11	51978	Allergy; Immunology	USA	Elsevier
14	Anesthesiology	6.424	28995	Anesthesiology	USA	Lippincott Williams & Wilkins
15	IEEE Transactions on Cybernetics	10.387	13561	Automation & Control Systems; Computer Science, Artificial Intelligence; Computer Science, Cybernetics	USA	IEEE
16	IEEE Transactions on Industrial Informatics	7.377	13187	Automation & Control Systems; Computer Science, Interdisciplinary Applications; Engineering, Industrial	USA	IEEE
17	IEEE Transactions on Industrial Electronics	7.503	61342	Automation & Control Systems; Engineering, Electrical & Electronic; Instruments & Instrumentation	USA	IEEE

续表

序号	期刊名称	影响因子	总被引频次	学科领域	国家/地区	出版商
18	International Journal of Robust and Nonlinear Control	3.953	7343	Automation & Control Systems; Engineering, Electrical & Electronic; Mathematics, Applied	England	Wiley
19	Nonlinear Analysis-Hybrid Systems	5.266	1853	Automation & Control Systems; Mathematics, Applied	Netherlands	Elsevier
20	Behavioral and Brain Sciences	17.194	9377	Behavioral Sciences; Neurosciences	England	Cambridge University Press
21	Nature Methods	28.467	64324	Biochemical Research Methods	USA	Springer Nature
22	Nature Protocols	11.334	40341	Biochemical Research Methods	England	Springer Nature
23	Bioinformatics	4.531	107600	Biochemical Research Methods; Biotechnology & Applied Microbiology; Mathematical & Computational Biology	England	Oxford University Press
24	Briefings in Bioinformatics	9.101	5750	Biochemical Research Methods; Mathematical & Computational Biology	England	Oxford University Press
25	Nature Chemical Biology	12.154	21428	Biochemistry & Molecular Biology	USA	Springer Nature
26	Nucleic Acids Research	11.147	181592	Biochemistry & Molecular Biology	England	Oxford University Press
27	PLOS Biology	8.386	29974	Biochemistry & Molecular Biology; Biology	USA	Public Library Science
28	Nature Structural & Molecular Biology	12.109	27166	Biochemistry & Molecular Biology; Biophysics; Cell Biology	USA	Springer Nature
29	Genome Research	9.944	39240	Biochemistry & Molecular Biology; Biotechnology & Applied Microbiology; Genetics & Heredity	USA	Cold Spring Harbor Lab Press, Publications Dept.
30	Cell	36.216	242829	Biochemistry & Molecular Biology; Cell Biology	USA	Elsevier
31	EMBO Journal	11.227	65212	Biochemistry & Molecular Biology; Cell Biology	USA	Wiley
32	Molecular Cell	14.548	62812	Biochemistry & Molecular Biology; Cell Biology	USA	Elsevier
33	Nature Medicine	30.641	79243	Biochemistry & Molecular Biology; Cell Biology; Medicine, Research & Experimental	USA	Springer Nature
34	Insect Biochemistry and Molecular Biology	3.618	7657	Biochemistry & Molecular Biology; Entomology	England	Elsevier
35	Molecular Biology and Evolution	14.797	46915	Biochemistry & Molecular Biology; Evolutionary Biology; Genetics & Heredity	USA	Oxford University Press
36	Molecular Psychiatry	11.973	20353	Biochemistry & Molecular Biology; Neurosciences; Psychiatry	England	Springer Nature
37	Molecular Plant	10.812	9274	Biochemistry & Molecular Biology; Plant Sciences	China	Elsevier

续表

序号	期刊名称	影响因子	总被引频次	学科领域	国家/地区	出版商
38	Plant Cell	8.631	52034	Biochemistry & Molecular Biology; Plant Sciences; Cell Biology	USA	American Society of Plant Biologists
39	Conservation Biology	6.194	21980	Biodiversity Conservation; Ecology; Environmental Sciences	USA	Wiley
40	Global Change Biology	8.88	42119	Biodiversity Conservation; Ecology; Environmental Sciences	England	Wiley
41	eLife	7.551	37014	Biology	England	Elife Sciences Publications Ltd
42	Biosensors & Bioelectronics	9.518	57168	Biophysics; Biotechnology & Applied Microbiology; Chemistry, Analytical; Electrochemistry; Nanoscience & Nanotechnology	Netherlands	Elsevier
43	Nature Biotechnology	31.864	60971	Biotechnology & Applied Microbiology	USA	Springer Nature
44	Genome Biology	14.028	38920	Biotechnology & Applied Microbiology; Genetics & Heredity	England	BMC
45	Molecular Therapy	8.402	16991	Biotechnology & Applied Microbiology; Genetics & Heredity; Medicine, Research & Experimental	USA	Elsevier
46	European Heart Journal	23.239	57358	Cardiac & Cardiovascular Systems	England	Oxford University Press
47	European Journal of Heart Failure	13.965	13107	Cardiac & Cardiovascular Systems	Netherlands	Wiley
48	JAMA Cardiology	11.866	3280	Cardiac & Cardiovascular Systems	USA	American Medical Association
49	Journal of the American College of Cardiology	18.639	100986	Cardiac & Cardiovascular Systems	USA	Elsevier
50	Circulation Research	15.862	52988	Cardiac & Cardiovascular Systems; Hematology; Peripheral Vascular Disease	USA	Lippincott Williams & Wilkins
51	Circulation	23.054	166484	Cardiac & Cardiovascular Systems; Peripheral Vascular Disease	USA	Lippincott Williams & Wilkins
52	JJACC-Cardiovascular Imaging	10.975	8801	Cardiac & Cardiovascular Systems; Radiology, Nuclear Medicine & Medical Imaging	USA	Elsevier
53	Journal of Thoracic and Cardiovascular Surgery	5.261	29599	Cardiac & Cardiovascular Systems; Respiratory System; Surgery	USA	Elsevier
54	Cell Stem Cell	21.464	24628	Cell & Tissue Engineering; Cell Biology	USA	Elsevier
55	Nature Cell Biology	17.728	40615	Cell Biology	England	Springer Nature

续表

序号	期刊名称	影响因子	总被引频次	学科领域	国家地区	出版商
56	Genes & Development	8.99	54563	Cell Biology; Developmental Biology; Genetics & Heredity	USA	Cold Spring Harbor Lab Press, Publications Dept.
57	Cell Metabolism	22.415	34829	Cell Biology; Endocrinology & Metabolism	USA	Elsevier
58	Ageing Research Reviews	10.39	6539	Cell Biology; Geriatrics & Gerontology	Ireland	Elsevier
59	Science Translational Medicine	17.161	30485	Cell Biology; Medicine, Research & Experimental	USA	American Association for the Advancement of Science
60	Sensors and Actuators B-Chemical	6.393	82189	Chemistry, Analytical; Electrochemistry; Instruments & Instrumentation	Switzerland	Elsevier
61	Annual Review of Analytical Chemistry	8.721	2184	Chemistry, Analytical; Spectroscopy	USA	Annual Reviews
62	Carbohydrate Polymers	6.044	66166	Chemistry, Applied; Chemistry, Organic; Polymer Science	England	Elsevier
63	Dyes and Pigments	4.018	16510	Chemistry, Applied; Engineering, Chemical; Materials Science, Textiles	England	Elsevier
64	Food Hydrocolloids	5.839	23287	Chemistry, Applied; Food Science & Technology	USA	Elsevier
65	Food Chemistry	5.399	104574	Chemistry, Applied; Food Science & Technology; Nutrition & Dietetics	England	Elsevier
66	Inorganic Chemistry	4.85	93363	Chemistry, Inorganic & Nuclear	USA	American Chemical Society
67	European Journal of Medicinal Chemistry	4.833	34925	Chemistry, Medicinal	France	Elsevier
68	Journal of Medicinal Chemistry	6.054	69945	Chemistry, Medicinal	USA	American Chemical Society
69	Journal of The American Chemical Society	14.695	550343	Chemistry, Multidisciplinary	USA	American Chemical Society
70	Nature Chemistry	23.193	32858	Chemistry, Multidisciplinary	England	Springer Nature
71	ACS Nano	13.903	152659	Chemistry, Multidisciplinary; Chemistry, Physical; Nanoscience & Nanotechnology; Materials Science, Multidisciplinary	USA	American Chemical Society
72	Advanced Functional Materials	15.621	95431	Chemistry, Multidisciplinary; Chemistry, Physical; Nanoscience & Nanotechnology; Materials Science, Multidisciplinary; Physics, Applied; Physics, Condensed Matter	Germany	Wiley

续表

序号	期刊名称	影响因子	总被引频次	学科领域	国家地区	出版商
73	Advanced Materials	25.809	229186	Chemistry, Multidisciplinary; Chemistry, Physical; Nanoscience & Nanotechnology; Materials Science, Multidisciplinary; Physics, Applied; Physics, Condensed Matter	Germany	Wiley
74	Nano Letters	12.279	163570	Chemistry, Multidisciplinary; Chemistry, Physical; Nanoscience & Nanotechnology; Materials Science, Multidisciplinary; Physics, Applied; Physics, Condensed Matter	USA	American Chemical Society
75	Energy & Environmental Science	33.25	81176	Chemistry, Multidisciplinary; Energy & Fuels; Engineering, Chemical; Environmental Sciences	England	Royal Society of Chemistry
76	Green Chemistry	9.405	45125	Chemistry, Multidisciplinary; Green & Sustainable Science & Technology	England	Royal Society of Chemistry
77	Journal of Controlled Release	7.901	47630	Chemistry, Multidisciplinary; Pharmacology & Pharmacy	Netherlands	Elsevier
78	Organic Letters	6.555	100313	Chemistry, Organic	USA	American Chemical Society
79	Journal of Materials Chemistry A	10.733	126338	Chemistry, Physical; Energy & Fuels; Materials Science, Multidisciplinary	England	Royal Society of Chemistry
80	Advanced Energy Materials	24.884	50724	Chemistry, Physical; Energy & Fuels; Materials Science, Multidisciplinary; Physics, Applied; Physics, Condensed Matter	Germany	Wiley
81	Applied Catalysis B-Environmental	14.229	74797	Chemistry, Physical; Engineering, Environmental; Engineering, Chemical	Netherlands	Elsevier
82	Applied Surface Science	5.155	92186	Chemistry, Physical; Materials Science, Coatings & Films; Physics, Applied; Physics, Condensed Matter	Netherlands	Elsevier
83	Nature Materials	38.887	97792	Chemistry, Physical; Materials Science, Multidisciplinary; Physics, Applied; Physics, Condensed Matter	England	Springer Nature
84	Journal of Physical Chemistry Letters	7.329	45404	Chemistry, Physical; Nanoscience & Nanotechnology; Materials Science, Multidisciplinary; Physics, Atomic, Molecular & Chemical	USA	American Chemical Society
85	Alzheimers & Dementia	14.423	13341	Clinical Neurology	USA	Elsevier
86	Lancet Neurology	28.755	30748	Clinical Neurology	England	Elsevier
87	Neurology	8.689	89258	Clinical Neurology	USA	Lippincott Williams & Wilkins
88	Annals of Neurology	9.496	37336	Clinical Neurology; Neurosciences	USA	Wiley
89	Brain	11.814	52970	Clinical Neurology; Neurosciences	England	Oxford University Press

续表

序号	期刊名称	影响因子	总被引频次	学科领域	国家地区	出版商
90	Acta Neuropathologica	18.174	20206	Clinical Neurology; Neurosciences; Pathology	Germany	Springer Nature
91	Journal of Neurology Neurosurgery and Psychiatry	8.272	29660	Clinical Neurology; Psychiatry; Surgery	England	BMJ Publishing Group
92	IEEE Transactions on Neural Networks and Learning Systems	11.683	27444	Computer Science, Artificial Intelligence; Computer Science, Hardware & Architecture; Computer Science, Theory & Methods; Engineering, Electrical & Electronic	USA	IEEE
93	Medical Image Analysis	8.88	7694	Computer Science, Artificial Intelligence; Computer Science, Interdisciplinary Applications; Engineering, Biomedical; Radiology, Nuclear Medicine & Medical Imaging	Netherlands	Elsevier
94	IEEE Transactions on Evolutionary Computation	8.508	12841	Computer Science, Artificial Intelligence; Computer Science, Theory & Methods	USA	IEEE
95	Information Fusion	10.716	4746	Computer Science, Artificial Intelligence; Computer Science, Theory & Methods	Netherlands	Elsevier
96	IEEE Transactions on Pattern Analysis and Machine Intelligence	17.73	55828	Computer Science, Artificial Intelligence; Engineering, Electrical & Electronic	USA	IEEE
97	IEEE Transactions on Dependable and Secure Computing	6.404	2439	Computer Science, Hardware & Architecture; Computer Science, Information Systems; Computer Science, Software Engineering	USA	IEEE
98	IEEE Wireless Communications	11	7804	Computer Science, Hardware & Architecture; Computer Science, Information Systems; Engineering, Electrical & Electronic; Telecommunications	USA	IEEE
99	Communications of the ACM	5.41	18700	Computer Science, Hardware & Architecture; Computer Science, Software Engineering; Computer Science, Theory & Methods	USA	Association for Computing Machinery
100	IEEE Transactions on Multimedia	5.452	8222	Computer Science, Information Systems; Computer Science, Software Engineering; Telecommunications	USA	IEEE
101	IEEE Internet of Things Journal	9.515	6119	Computer Science, Information Systems; Engineering, Electrical & Electronic; Telecommunications	USA	IEEE
102	IEEE Communications Surveys and Tutorials	22.973	16408	Computer Science, Information Systems; Telecommunications	USA	IEEE
103	Computer-Aided Civil and Infrastructure Engineering	6.208	3090	Computer Science, Interdisciplinary Applications; Construction & Building Technology; Engineering, Civil; Transportation Science & Technology	USA	Wiley

续表

序号	期刊名称	影响因子	总被引频次	学科领域	国家/地区	出版商
104	IEEE Transactions on Medical Imaging	7.816	19545	Computer Science, Interdisciplinary Applications; Engineering, Biomedical; Engineering, Electrical & Electronic; Imaging Science & Photographic Technology; Radiology, Nuclear Medicine & Medical Imaging	USA	IEEE
105	Journal of Statistical Software	11.655	20164	Computer Science, Interdisciplinary Applications; Statistics & Probability	USA	Journal Statistical Software
106	ACM Transactions on Graphics	6.495	21302	Computer Science, Software Engineering	USA	Association for Computing Machinery
107	Mathematical Programming	3.785	10771	Computer Science, Software Engineering, Operations Research & Management Science; Mathematics, Applied	Germany	Springer Nature
108	IEEE Transactions on Information Forensics and Security	6.211	9811	Computer Science, Theory & Methods; Engineering, Electrical & Electronic	USA	IEEE
109	Energy and Buildings	4.495	36886	Construction & Building Technology; Energy & Fuels; Engineering, Civil	Switzerland	Elsevier
110	Building and Environment	4.82	24741	Construction & Building Technology; Engineering, Environmental; Engineering, Civil	England	Elsevier
111	Cement and Concrete Research	5.618	34278	Construction & Building Technology; Materials Science, Multidisciplinary	England	Elsevier
112	American Journal of Respiratory and Critical Care Medicine	16.494	63074	Critical Care Medicine; Respiratory System	USA	American Thoracic Society
113	The Lancet Respiratory Medicine	22.992	7600	Critical Care Medicine; Respiratory System	England	Elsevier
114	Journal of Clinical Periodontology	4.164	14049	Dentistry, Oral Surgery & Medicine	Denmark	Wiley
115	Journal of Dental Research	5.125	20078	Dentistry, Oral Surgery & Medicine	USA	Sage
116	Clinical Oral Implants Research	3.825	13819	Dentistry, Oral Surgery & Medicine; Engineering, Biomedical	Denmark	Wiley
117	Dental Materials	4.44	14193	Dentistry, Oral Surgery & Medicine; Materials Science, Biomaterials	England	Elsevier
118	British Journal of Dermatology	6.714	27173	Dermatology	England	Wiley
119	Journal of the American Academy of Dermatology	7.102	27929	Dermatology	USA	Elsevier
120	Ecology Letters	8.699	32776	Ecology	England	Wiley

续表

序号	期刊名称	影响因子	总被引频次	学科领域	国家地区	出版商
121	Frontiers in Ecology and the Environment	10.935	10483	Ecology; Environmental Sciences	USA	Wiley
122	Nature Ecology & Evolution	10.965	3206	Ecology; Evolutionary Biology	England	Springer Nature
123	ISME Journal	9.493	23603	Ecology; Microbiology	England	Springer Nature
124	Journal of Animal Ecology	4.364	16556	Ecology; Zoology	England	Wiley
125	Academic Medicine	5.083	15669	Education, Scientific Disciplines; Health Care Sciences & Services	USA	Lippincott Williams & Wilkins
126	Medical Education	4.619	10341	Education, Scientific Disciplines; Health Care Sciences & Services	England	Wiley
127	Annals of Emergency Medicine	5.209	13355	Emergency Medicine	USA	Elsevier
128	Diabetes	7.199	53532	Endocrinology & Metabolism	USA	American Diabetes Association
129	Diabetes Care	15.27	71305	Endocrinology & Metabolism	USA	American Diabetes Association
130	The Lancet Diabetes & Endocrinology	24.54	7961	Endocrinology & Metabolism	England	Elsevier
131	Journal of Pineal Research	15.221	10695	Endocrinology & Metabolism; Neurosciences; Physiology	Denmark	Wiley
132	Applied Energy	8.426	81221	Energy & Fuels; Engineering, Chemical	England	Elsevier
133	Nature Energy	54	11113	Energy & Fuels; Materials Science, Multidisciplinary	England	Springer Nature
134	Nature Biomedical Engineering	17.135	1540	Engineering, Biomedical	England	Springer Nature
135	Biomaterials	10.273	109384	Engineering, Biomedical; Materials Science, Biomaterials	Netherlands	Elsevier
136	Journal of Membrane Science	7.015	68302	Engineering, Chemical; Polymer Science	Netherlands	Elsevier
137	Desalination	6.035	40252	Engineering, Chemical; Water Resources	Netherlands	Elsevier
138	IEEE Transactions on Intelligent Transportation Systems	5.744	13098	Engineering, Civil; Engineering, Electrical & Electronic; Transportation Science & Technology	USA	IEEE
139	Journal of Hydrology	4.405	54625	Engineering, Civil; Geosciences, Multidisciplinary; Water Resources	Netherlands	Elsevier
140	Transportation Research Part B-Methodological	4.574	11541	Engineering, Civil; Operations Research & Management Science; Transportation Science & Technology	England	Elsevier

续表

序号	期刊名称	影响因子	总被引频次	学科领域	国家地区	出版商
141	IEEE Transactions on Smart Grid	10.486	22572	Engineering, Electrical & Electronic	USA	IEEE
142	Proceedings of the IEEE	10.694	34533	Engineering, Electrical & Electronic	USA	IEEE
143	IEEE Communications Magazine	10.356	24753	Engineering, Electrical & Electronic; Telecommunications	USA	IEEE
144	Chemical Engineering Journal	8.355	95055	Engineering, Environmental; Engineering, Chemical	Switzerland	Elsevier
145	Journal of Hazardous Materials	7.65	96476	Engineering, Environmental; Environmental Sciences	Netherlands	Elsevier
146	Water Research	7.913	87258	Engineering, Environmental; Environmental Sciences; Water Resources	England	Elsevier
147	International Journal of Rock Mechanics and Mining Sciences	3.78	20189	Engineering, Geological; Mining & Mineral Processing	England	Elsevier
148	International Journal of Machine Tools & Manufacture	6.039	14467	Engineering, Manufacturing; Engineering, Mechanical	England	Elsevier
149	Mechanical Systems and Signal Processing	5.005	18529	Engineering, Mechanical	England	Elsevier
150	Advances in Applied Mechanics	10.667	1381	Engineering, Mechanical; Mechanics	USA	Elsevier
151	International Journal of Engineering Science	9.052	10680	Engineering, Multidisciplinary	England	Elsevier
152	Composites Part B-Engineering	6.864	30167	Engineering, Multidisciplinary; Materials Science, Composites	England	Elsevier
153	Computer Methods in Applied Mechanics and Engineering	4.821	29875	Engineering, Multidisciplinary; Mathematics, Interdisciplinary Applications; Mechanics	Netherlands	Elsevier
154	Journal of Pest Science	5.133	2661	Entomology	Germany	Springer Nature
155	Global Biogeochemical Cycles	5.733	15026	Environmental Sciences; Geosciences, Multidisciplinary; Meteorology & Atmospheric Sciences	USA	American Geophysical Union
156	Marine Pollution Bulletin	3.782	31308	Environmental Sciences; Marine & Freshwater Biology	England	Elsevier
157	Nature Climate Change	21.722	23544	Environmental Sciences; Meteorology & Atmospheric Sciences	England	Springer Nature
158	Environmental Health Perspectives	8.049	42165	Environmental Sciences; Public, Environmental & Occupational Health; Toxicology	USA	US Dept. Health Human Sciences Public Health Science
159	Remote Sensing of Environment	8.218	54482	Environmental Sciences; Remote Sensing; Imaging Science & Photographic Technology	USA	Elsevier

续表

序号	期刊名称	影响因子	总被引频次	学科领域	国家地区	出版商
160	Fish and Fisheries	6.655	4382	Fisheries	England	Wiley
161	Reviews in Aquaculture	7.19	1267	Fisheries	Australia	Wiley
162	Fish & Shellfish Immunology	3.298	16578	Fisheries; Immunology; Marine & Freshwater Biology; Veterinary Sciences	England	Elsevier
163	Developmental and Comparative Immunology	3.119	8452	Fisheries; Immunology; Zoology	England	Elsevier
164	Gastroenterology	19.233	74469	Gastroenterology & Hepatology	USA	Elsevier
165	Gut	17.943	43400	Gastroenterology & Hepatology	England	BMJ Publishing Group
166	Hepatology	14.971	65892	Gastroenterology & Hepatology	USA	Wiley
167	Journal of Hepatology	18.946	40643	Gastroenterology & Hepatology	Netherlands	Elsevier
168	Alimentary Pharmacology & Therapeutics	7.731	20998	Gastroenterology & Hepatology; Pharmacology & Pharmacy	England	Wiley
169	American Journal of Human Genetics	9.924	36007	Genetics & Heredity	USA	Elsevier
170	Nature Genetics	25.455	93920	Genetics & Heredity	USA	Springer Nature
171	IEEE Transactions on Geoscience and Remote Sensing	5.63	43741	Geochemistry & Geophysics; Engineering, Electrical & Electronic; Remote Sensing; Imaging Science & Photographic Technology	USA	IEEE
172	ISPRS Journal of Photogrammetry and Remote Sensing	6.942	11576	Geography, Physical; Geosciences, Multidisciplinary; Remote Sensing; Imaging Science & Photographic Technology	Netherlands	Elsevier
173	Geology	5.006	37975	Geology	USA	Geological Society of America
174	Journal of Metamorphic Geology	4.182	5941	Geology	England	Wiley
175	Earth-Science Reviews	9.53	17382	Geosciences, Multidisciplinary	Netherlands	Elsevier
176	Gondwana Research	6.478	13210	Geosciences, Multidisciplinary	Netherlands	Elsevier
177	Nature Geoscience	14.48	24174	Geosciences, Multidisciplinary	England	Springer Nature
178	Earth System Science Data	10.951	2351	Geosciences, Multidisciplinary; Meteorology & Atmospheric Sciences	Germany	Copernicus Gesellschaft MBH
179	Paleoceanography	3.087	7947	Geosciences, Multidisciplinary; Oceanography; Paleontology	USA	American Geophysical Union

续表

序号	期刊名称	影响因子	总被引频次	学科领域	国家地区	出版商
180	*Hydrology and Earth System Sciences*	4.936	18405	Geosciences, Multidisciplinary; Water Resources	Germany	Copernicus Gesellschaft MBH
181	*Health Affairs*	5.711	17240	Health Care Sciences & Services	USA	Project Hope
182	*Journal of Medical Internet Research*	4.945	13602	Health Care Sciences & Services; Medical Informatics	Canada	JMIR Publications, Inc
183	*Blood*	16.562	161827	Hematology	USA	American Society of Hematology
184	*Social Studies of Science*	2.427	3508	History & Philosophy of Science	USA	Sage
185	*Immunity*	21.522	51051	Immunology	USA	Elsevier
186	*Nature Immunology*	23.53	44298	Immunology	USA	Springer Nature
187	*The Lancet HIV*	14.753	2417	Immunology; Infectious Diseases	England	Elsevier
188	*Clinical Infectious Diseases*	9.055	64031	Immunology; Infectious Diseases; Microbiology	USA	Oxford University Press
189	*Journal of Experimental Medicine*	10.892	63983	Immunology; Medicine, Research & Experimental	USA	Rockefeller University Press
190	*The Lancet Infectious Diseases*	27.516	23088	Infectious Diseases	England	Elsevier
191	*Journal of Antimicrobial Chemotherapy*	5.113	30927	Infectious Diseases; Microbiology; Pharmacology & Pharmacy	England	Oxford University Press
192	*Limnology and Oceanography*	4.325	29814	Limnology; Oceanography	USA	Wiley
193	*Oceanography and Marine Biology*	6.286	2485	Marine & Freshwater Biology; Oceanography	England	Taylor & Francis
194	*Materials Today*	24.372	12566	Materials Science, Multidisciplinary	England	Elsevier
195	*Acta Materialia*	7.293	73990	Materials Science, Multidisciplinary; Metallurgy & Metallurgical Engineering	USA	Elsevier
196	*Corrosion Science*	6.355	37952	Materials Science, Multidisciplinary; Metallurgy & Metallurgical Engineering	England	Elsevier
197	*Journal of Nuclear Materials*	2.547	30454	Materials Science, Multidisciplinary; Nuclear Science & Technology	Netherlands	Elsevier
198	*Cellulose*	3.917	13067	Materials Science, Paper & Wood; Materials Science, Textiles; Polymer Science	Netherlands	Springer Nature
199	*Acta Mathematica*	3.045	4401	Mathematics	Sweden	INT Press Boston, Inc
200	*Acta Numerica*	7.417	1999	Mathematics	USA	Cambridge University Press

续表

序号	期刊名称	影响因子	总被引频次	学科领域	国家地区	出版商
201	*Annals of Mathematics*	4.165	12419	Mathematics	USA	Annals Mathematics, Fine Hall
202	*Inventiones Mathematicae*	2.906	9739	Mathematics	Germany	Springer Nature
203	*Journal of the American Mathematical Society*	4.091	3694	Mathematics	USA	American Mathematical Society
204	*Siam Review*	7.224	8996	Mathematics, Applied	USA	SIAM PUBLICATIONS
205	*Advances in Nonlinear Analysis*	6.636	478	Mathematics, Applied; Mathematics	Germany	Walter De Gruyter Gmbh
206	*Communications on Pure and Applied Mathematics*	3.138	9332	Mathematics, Applied; Mathematics	USA	Wiley
207	*Forum of Mathematics Pi*	5.25	130	Mathematics, Applied; Mathematics	England	Cambridge University Press
208	*Communications in Nonlinear Science and Numerical Simulation*	3.967	11888	Mathematics, Applied; Mathematics, Interdisciplinary Applications; Mechanics; Physics, Fluids & Plasmas; Physics, Mathematical	Netherlands	Elsevier
209	*Structural Equation Modeling-A Multidisciplinary Journal*	4.426	15561	Mathematics, Interdisciplinary Applications	USA	Taylor & Francis
210	*Econometrica*	4.281	35295	Mathematics, Interdisciplinary Applications; Statistics & Probability	England	Wiley
211	*American Journal of Bioethics*	5.786	2285	Medical Ethics	USA	Taylor & Francis
212	*Clinical Chemistry*	6.891	27151	Medical Laboratory Technology	USA	American Association for Clinical Chemistry
213	*Annals of Internal Medicine*	19.315	57057	Medicine, General & Internal	USA	American College of Physicians
214	*BMJ-British Medical Journal*	27.604	112901	Medicine, General & Internal	England	BMJ Publishing Group
215	*JAMA Internal Medicine*	20.768	15215	Medicine, General & Internal	USA	American Medical Association
216	*JAMA-Journal of the American Medical Association*	51.273	156350	Medicine, General & Internal	USA	American Medical Association
217	*The Lancet*	59.102	247292	Medicine, General & Internal	England	Elsevier
218	*Nature Reviews Disease Primers*	32.274	4339	Medicine, General & Internal	England	Springer Nature
219	*New England Journal of Medicine*	70.67	344581	Medicine, General & Internal	USA	Massachusetts Medical Society

续表

序号	期刊名称	影响因子	总被引频次	学科领域	国家地区	出版商
220	*PLOS Medicine*	11.048	30689	Medicine, General & Internal	USA	Public Library Science
221	*EMBO Molecular Medicine*	10.624	7507	Medicine, Research & Experimental	Germany	Wiley
222	*Journal of Clinical Investigation*	12.282	108879	Medicine, Research & Experimental	USA	American Society for Clinical Investigation
223	*Nature Microbiology*	14.3	4996	Microbiology	England	Springer Nature
224	*Cell Host & Microbe*	15.753	17787	Microbiology; Parasitology; Virology	USA	Elsevier
225	*PLOS Pathogens*	6.463	43751	Microbiology; Parasitology; Virology	USA	Public Library Science
226	*Veterinary Microbiology*	2.791	15799	Microbiology; Veterinary Sciences	Netherlands	Elsevier
227	*Nature*	43.07	745692	Multidisciplinary Sciences	England	Springer Nature
228	*Nature Communications*	11.878	243793	Multidisciplinary Sciences	England	Springer Nature
229	*Proceedings of the National Academy of Sciences of the United States of America*	9.58	661118	Multidisciplinary Sciences	USA	National Academy of Sciences
230	*Science*	41.037	680994	Multidisciplinary Sciences	USA	American Association for the Advancement of Science
231	*Science Advances*	12.804	21901	Multidisciplinary Sciences	USA	American Association for the Advancement of Science
232	*Nature Human Behaviour*	10.575	1230	Multidisciplinary Sciences; Neurosciences	England	Springer Nature
233	*Fungal Diversity*	15.596	4234	Mycology	China	Springer Nature
234	*Nature Nanotechnology*	33.407	63245	Nanoscience & Nanotechnology; Materials Science, Multidisciplinary	England	Springer Nature
235	*Nature Neuroscience*	21.126	63390	Neurosciences	USA	Springer Nature
236	*Neuron*	14.403	95348	Neurosciences	USA	Elsevier
237	*Neuroimage*	5.812	99720	Neurosciences; Neuroimaging; Radiology, Nuclear Medicine & Medical Imaging	USA	Elsevier
238	*Neuropsychopharmacology*	7.16	25672	Neurosciences; Pharmacology & Pharmacy; Psychiatry	England	Springer Nature
239	*Biological Psychiatry*	11.501	43122	Neurosciences; Psychiatry	USA	Elsevier
240	*Journal of Comparative Neurology*	3.239	30418	Neurosciences; Zoology	USA	Wiley

续表

序号	期刊名称	影响因子	总被引频次	学科领域	国家地区	出版商
241	International Journal of Nursing Studies	3.57	9728	Nursing	England	Elsevier
242	Journal of Nursing Scholarship	2.54	2873	Nursing	USA	Wiley
243	Advances in Nutrition	7.24	4896	Nutrition & Dietetics	USA	Oxford University Press
244	American Journal of Clinical Nutrition	6.568	59513	Nutrition & Dietetics	USA	Oxford University Press
245	Clinical Nutrition	6.402	12594	Nutrition & Dietetics	Scotland	Elsevier
246	American Journal of Obstetrics and Gynecology	6.12	40864	Obstetrics & Gynecology	USA	Elsevier
247	Fertility and Sterility	5.411	37019	Obstetrics & Gynecology; Reproductive Biology	USA	Elsevier
248	Human Reproduction	5.506	31338	Obstetrics & Gynecology; Reproductive Biology	England	Oxford University Press
249	Annals of Oncology	14.196	40751	Oncology	England	Oxford University Press
250	CA-A Cancer Journal for Clinicians	223.679	32410	Oncology	USA	Wiley
251	Journal of Clinical Oncology	28.245	154029	Oncology	USA	American Society of Clinical Oncology
252	The Lancet Oncology	35.386	48822	Oncology	England	Elsevier
253	Cancer Cell	23.916	36056	Oncology; Cell Biology	USA	Elsevier
254	Journal of Operations Management	7.776	10651	Operations Research & Management Science	USA	Wiley
255	Ocular Surface	9.108	2304	Ophthalmology	USA	Elsevier
256	Ophthalmology	7.732	38634	Ophthalmology	USA	Elsevier
257	Light-Science & Applications	14	5894	Optics	China	Chinese Academy of Sciences, Changchun Institute of Optics, Fine Mechanics and Physics
258	Nature Photonics	31.583	43932	Optics; Physics, Applied	England	Springer Nature
259	Journal of Physiotherapy	5.551	1189	Orthopedics; Rehabilitation	Australia	Australian Physiotherapy Association
260	American Journal of Sports Medicine	6.093	35110	Orthopedics; Sport Sciences	USA	Sage

续表

序号	期刊名称	影响因子	总被引频次	学科领域	国家/地区	出版商
261	*Journal of Bone and Joint Surgery-American Volume*	4.716	46190	Orthopedics; Surgery	USA	Lippincott Williams & Wilkins
262	*Marine Micropaleontology*	2.663	3799	Paleontology	Netherlands	Elsevier
263	*PLOS Neglected Tropical Diseases*	4.487	26842	Parasitology; Tropical Medicine	USA	Public Library Science
264	*American Journal of Surgical Pathology*	6.155	21132	Pathology; Surgery	USA	Lippincott Williams & Wilkins
265	*JAMA Pediatrics*	12.004	8016	Pediatrics	USA	American Medical Association
266	*Pediatrics*	5.401	80070	Pediatrics	USA	American Academy of Pediatrics
267	*Journal of the American Academy of Child and Adolescent Psychiatry*	6.391	19942	Pediatrics; Psychiatry	Netherlands	Elsevier
268	*British Journal of Pharmacology*	6.583	34006	Pharmacology & Pharmacy	England	Wiley
269	*Clinical Pharmacology & Therapeutics*	6.336	16170	Pharmacology & Pharmacy	USA	Wiley
270	*Nature Physics*	20.113	36156	Physics, Multidisciplinary	England	Springer Nature
271	*Physical Review Letters*	9.227	448064	Physics, Multidisciplinary	USA	American Physical Society
272	*Physical Review X*	12.211	13462	Physics, Multidisciplinary	USA	American Physical Society
273	*Reviews of Modern Physics*	38.296	50151	Physics, Multidisciplinary	USA	American Physical Society
274	*Journal of Experimental Botany*	5.36	44813	Plant Sciences	England	Oxford University Press
275	*Nature Plants*	13.297	3979	Plant Sciences	USA	Springer Nature
276	*New Phytologist*	7.299	52069	Plant Sciences	England	Wiley
277	*Plant Cell and Environment*	5.624	22073	Plant Sciences	England	Wiley
278	*Plant Journal*	5.726	43424	Plant Sciences	England	Wiley
279	*Plant Physiology*	6.305	80841	Plant Sciences	USA	American Society of Plant Biologists
280	*Journal of Ecology*	5.687	19532	Plant Sciences; Ecology	England	Wiley
281	*Macromolecules*	5.997	102131	Polymer Science	USA	American Chemical Society

续表

序号	期刊名称	影响因子	总被引频次	学科领域	国家地区	出版商
282	British Journal of General Practice	4.434	6489	Primary Health Care; Medicine, General & Internal	England	Royal College of General Practitioners
283	American Journal of Psychiatry	13.655	43025	Psychiatry	USA	American Psychiatric Association
284	World Psychiatry	34.024	5426	Psychiatry	Italy	Wiley
285	Psychotherapy and Psychosomatics	13.744	3892	Psychiatry; Psychology	Switzerland	Karger
286	Annual Review of Clinical Psychology	14.098	5555	Psychology	USA	Annual Reviews
287	Psychological Bulletin	16.405	50710	Psychology	USA	American Psychological Association
288	Psychological Review	6.266	28522	Psychology	USA	American Psychological Association
289	International Journal of Epidemiology	7.339	23097	Public, Environmental & Occupational Health	England	Oxford University Press
290	The Lancet Global Health	15.873	6109	Public, Environmental & Occupational Health	England	Elsevier
291	MMWR-Morbidity and Mortality Weekly Report	14.874	26534	Public, Environmental & Occupational Health	USA	Centers Disease Control & Prevention
292	Journal of Adolescent Health	3.957	15535	Public, Environmental & Occupational Health; Pediatrics	USA	Elsevier
293	Journal of Nuclear Medicine	7.354	27551	Radiology, Nuclear Medicine & Medical Imaging	USA	Society of Nuclear Medicine and Molecular Imaging
294	Radiology	7.608	54641	Radiology, Nuclear Medicine & Medical Imaging	USA	The Radiological Society of North America
295	Annals of the Rheumatic Diseases	14.299	44754	Rheumatology	England	BMJ Publishing Group
296	Soil Biology & Biochemistry	5.29	36977	Soil Science	England	Elsevier
297	British Journal of Sports Medicine	11.645	21929	Sport Sciences	England	BMJ Publishing Group
298	Medicine and Science in Sports and Exercise	4.478	36988	Sport Sciences	USA	Lippincott Williams & Wilkins
299	Journal of the American Statistical Association	3.412	36025	Statistics & Probability	USA	American Statistical Association

续表

序号	期刊名称	影响因子	总被引频次	学科领域	国家/地区	出版商
300	*Journal of the Royal Statistical Society Series B-Statistical Methodology*	3.278	24232	Statistics & Probability	England	Wiley
301	*Addiction*	6.851	19945	Substance Abuse; Psychiatry	England	Wiley
302	*Annals of Surgery*	9.476	50355	Surgery	USA	Lippincott Williams & Wilkins
303	*JAMA Surgery*	10.668	6432	Surgery	USA	American Medical Association
304	*American Journal of Transplantation*	7.163	24285	Surgery; Transplantation	Denmark	Wiley
305	*Energy*	5.537	64992	Thermodynamics; Energy & Fuels	England	Elsevier
306	*Energy Conversion and Management*	7.181	51652	Thermodynamics; Energy & Fuels; Mechanics	England	Royal Society of Chemistry
307	*International Journal of Heat and Mass Transfer*	4.346	59146	Thermodynamics; Engineering, Mechanical; Mechanics	England	Elsevier
308	*European Urology*	17.298	30782	Urology & Nephrology	Netherlands	American Chemical Society
309	*Journal of the American Society of Nephrology*	8.547	38177	Urology & Nephrology	USA	Royal Society of Chemistry
310	*Kidney International*	8.306	42627	Urology & Nephrology	USA	Wiley
311	*Mammal Review*	4.706	1917	Zoology	England	Elsevier

注：表格按照学科字母顺序排列，学科内按照期刊名称字母顺序排列，数据来自 JCR 报告 2018 版。